EDIÇÕES BESTBOLSO

Meu nome não é Johnny

Guilherme Fiuza nasceu no Rio de Janeiro em 1965. Jornalista, desde 1987 atua como repórter, editor e articulista. Trabalhou em *O Globo*, no *Jornal do Brasil* e no site *NoMínimo*. É colunista da revista *Época*. Escreveu também *3.000 dias no bunker* e *Amazônia 20º andar*. Em 2008, *Meu nome não é Johnny* foi adaptado para o cinema, com Selton Mello no papel principal. O filme foi assistido por mais de 2 milhões de espectadores.

GUILHERME FIUZA

MEU NOME NÃO É JOHNNY

RIO DE JANEIRO – 2010

CIP-BRASIL. CATALOGAÇÃO-NA-FONTE
SINDICATO NACIONAL DOS EDITORES DE LIVROS, RJ

Fiuza, Guilherme, 1965-
F585m Meu nome não é Johnny: a viagem real de um filho da burguesia à elite do tráfico / Guilherme Fiuza. – Rio de Janeiro: BestBolso, 2010.

ISBN 978-85-7799-239-3

1. Estrella, João Guilherme. 2. Narcotraficantes – Brasil – Biografia. I. Título.

10-0073 CDD: 920.93641
CDU: 929.343.575

Meu nome não é Johnny, de autoria de Guilherme Fiuza.
Título número 156 das Edições BestBolso.
Primeira edição impressa em março de 2010.
Texto revisado conforme o Acordo Ortográfico da Língua Portuguesa.

www.edicoesbestbolso.com.br

Design de capa: Carolina Vaz. Capa adaptada da edição publicada pela Editora Record (Rio de Janeiro, 2007) com a imagem do cartaz do filme *Meu nome não é Johnny* (Atitude Produções e Empreendimentos/ Sony Pictures Entertainment/ Globo Filmes/ TeleImage/ Apema).

Direitos exclusivos de publicação em língua portuguesa para o Brasil em formato bolso adquiridos pelas Edições BestBolso um selo da Editora Best Seller Ltda. Rua Argentina 171 – 20921-380 – Rio de Janeiro, RJ – Tel.: 2585-2000.

Impresso no Brasil

ISBN 978-85-7799-239-3

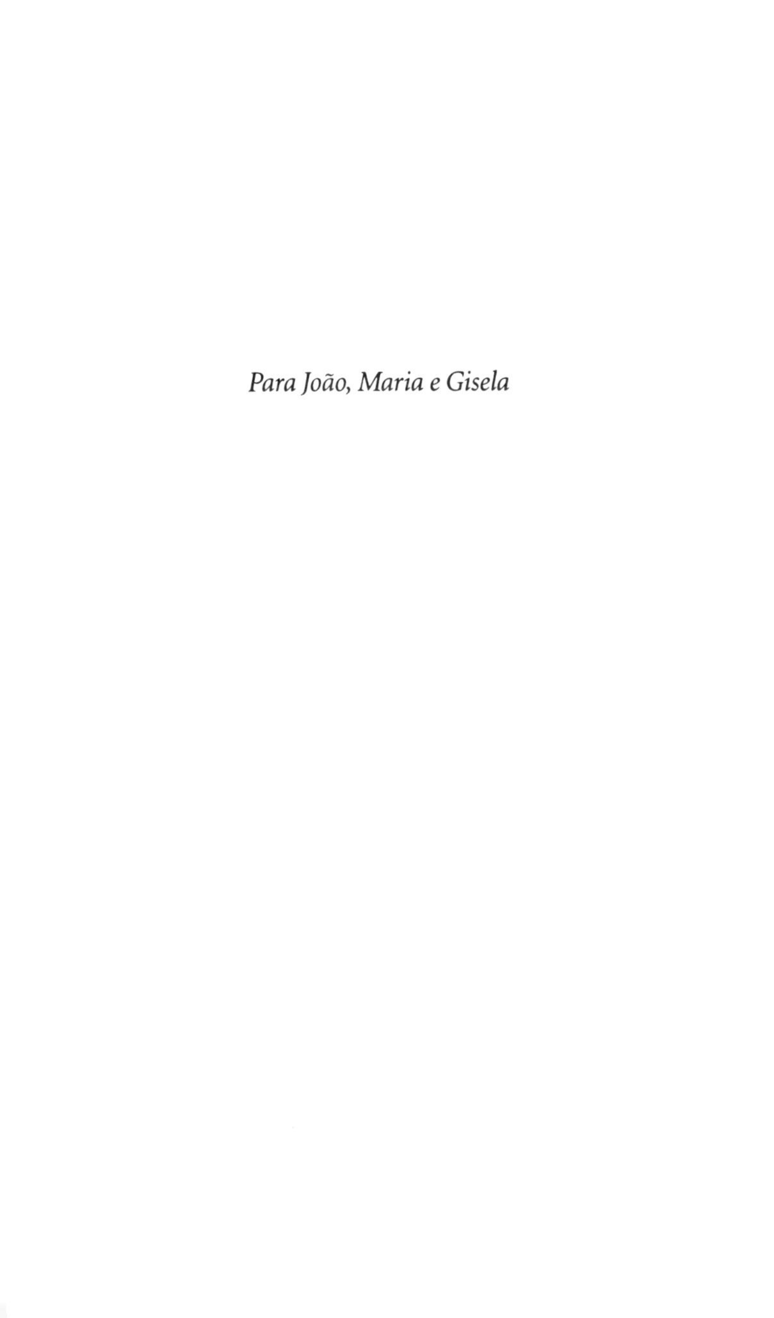

Para João, Maria e Gisela

Nota do autor

Em julho de 2001 procurei João Guilherme Estrella e lhe propus que publicássemos a sua história. Considerando traumas, feridas abertas e riscos que estavam em jogo, não sabia como ele reagiria à minha condição central: revelar seu nome verdadeiro. Minha intenção era explicar-lhe que não desejava contar uma história verossímil, parecida com a realidade, ou apenas baseada em fatos verídicos (por mais excitantes que eles fossem): só me interessava a própria história real. E a verdadeira identidade do protagonista seria a pedra fundamental dessa autenticidade.

Mas não precisei explicar nada. João Guilherme foi logo dizendo: "Pode botar o meu nome." Topou no ato. Mesmo assim, para resguardar o projeto de eventuais reviravoltas, propus que ele refletisse sobre o assunto sem pressa, e amadurecesse sua decisão junto à família, aos amigos, ao seu advogado. Tivemos algumas conversas preliminares para delimitar o escopo do livro, e só voltei a procurá-lo três meses depois. João estava firme, mais decidido do que nunca a contar tudo: sua ascensão ao baronato da cocaína no Rio de Janeiro, suas aventuras entre a elite boêmia e o submundo carioca, seus voos, seus tombos. E a mostrar sua cara.

Com a mesma convicção com que João aceitou o projeto, Luciana Villas-Boas apostou nele de saída, desde a primeira vez que lhe propus a publicação da história. Contei com seu incentivo nos menores detalhes, inclusive na decisão de que o livro trafegaria em mão dupla: mergulhando no fato criminal em si, mas também se distanciando dele – para procurar, à sua volta, a conjunção de tempo, espaço e gente da qual aquela história provinha.

Agradeço especialmente ao leitor número um deste livro, cuja agenda no final de 2003 mal lhe permitia ler as manchetes dos jornais, mas que o atravessou detidamente, página por página, devolvendo-nos seus comentários, seu parecer e – pretensão nossa – sua bênção: Zuenir Ventura.

A história foi escrita a partir de cerca de 30 horas de entrevistas gravadas com João Guilherme Estrella e com autoridades policiais e penitenciárias, familiares do protagonista e frequentadores da noite carioca, além de registros da imprensa e documentos da Justiça. Os personagens que são apresentados sem sobrenome tiveram seus nomes verdadeiros trocados, por questões de privacidade e de segurança. Os que aparecem com sobrenome estão com seus nomes autênticos. Todos os fatos narrados são reais.

1
O gosto amargo da vitória

Guadalajara, 3 de junho de 1970.

O avião que sobrevoa a Guatemala rumo à cidade mexicana, trazendo um punhado de brasileiros para ver a Copa do Mundo, é repentinamente sacudido. Não há sinal de turbulência no ar. O que abala a aeronave é uma comunicação extraordinária do piloto aos passageiros: ele anuncia que a Copa começou, e a seleção brasileira acaba de derrotar a Tchecoslováquia por 4 x 1. Explosão de alegria a bordo. Era o primeiro passo para a histórica conquista do tricampeonato, que daria ao país a sonhada posse definitiva da Taça Jules Rimet.

Do aviso da cabine em diante, cada grito de "Pelé!" transforma sumariamente dois desconhecidos vizinhos de poltrona em amigos de infância. No meio de uma congregação de brasileiros íntimos que nunca tinham se visto antes, fundada nos céus do México em menos de dois minutos, João Rodrigues Estrella está dividido. Brinda calorosamente com os que, como ele, teriam o privilégio de ver a Copa ao vivo. Mas não consegue parar de imaginar o que o pequeno João Guilherme estaria fazendo àquela hora. Com a goleada sobre os tchecos, aquele espoleta estaria no mínimo escalando as paredes do apartamento no Leblon.

Aos 38 anos, João era um profissional de finanças em rápida ascensão. Tornara-se gerente especial do Banco Nacional, e em pouco tempo era homem da confiança de José Luís Magalhães Lins, um dos principais banqueiros do país. O "banco do guarda-chuva", como ficaria conhecido o Nacional, encontrava-se em franca expansão, e João Estrella era figura de proa nessa ofensiva. Frequentemente, era o nome escalado para levantar a mais nova agência do banco em algum ponto do Rio de Janeiro. Além da excelência técnica, seu carisma e seu charme lhe rendiam bons negócios e amizades a cada esquina. Gostava de gente. E de futebol.

Foi dessa combinação que surgiu, na circulação pelos salões da elite carioca, a aproximação com João Havelange. Do todo-poderoso comandante do futebol nacional (e depois mundial), então presidente da CBD (Confederação Brasileira de Desportos), viria o convite para ir assistir à Copa do México. João fora sozinho, com o coração pela metade e uma câmera Super-8 na mão. Chegara a uma fase da vida em que certas emoções só lhe pareciam reais se divididas com os três filhos – mesmo que em videotape. Festejou no avião o jogo que não chegara a tempo de ver, mas só sentiu de fato o sabor do triunfo sobre a Tchecoslováquia quando pisou numa agência dos correios em Guadalajara.

Dali despachou o primeiro cartão-postal para João Guilherme, 9 anos, seu filho mais velho e depositário de seus melhores sonhos e projetos: "Eu só fiquei imaginando os gritos que você deu a cada *goal* que o Brasil marcava. Sinto muito a sua falta. Do pai que te adora, João." O menino não só tinha gritado muito, como, para o espanto de sua mãe, Maria Luiza, parecia ter assumido o lugar de João Estrella como promotor-geral da bagunça. Sem nenhuma combinação prévia, tomara sozinho a iniciativa de arregimentar a rua em torno de fogos, bandeirolas e batucada. Saíra fazendo tudo exatamente como seu pai faria se estivesse ali. E a chegada do cartão-postal o motivaria ainda mais. Além da mensagem triunfal, impressionara-o no verso a imagem imponente do estádio Azteca, templo daquela que seria, na Cidade do México, a última de uma arrebatadora sequência de vitórias brasileiras.

João era um obcecado por vitórias, comemorava até par ou ímpar. Queria ensinar o primogênito a também tomar gosto por elas. Subira na vida impulsionado, antes de tudo, pelo desejo simples e bruto de estar no topo. Competir era importante, vencer era fundamental. E o futebol era uma ótima escola para mostrar que o que vale é ser o primeiro.

Qualquer que fosse o páreo, sempre que podia, João Estrella chegava na frente. E não poderia deixar de ser o primeiro da rua a ter uma TV em cores, quatro anos depois da viagem ao México. O Brasil ia disputar o tetracampeonato na Alemanha, e só na casa dele, comprada num belo condomínio do Jardim Botânico pouco mais de um ano antes, os vizinhos saberiam que o amarelo era amarelo e o azul era azul. Estava armado o circo para mais uma vitória ao lado de João Guilherme. Mas era chegada a hora, no futebol e na vida, de adiar os sonhos. Alguns, para sempre.

RIO DE JANEIRO, 17 de julho de 1994.

O Brasil finalmente é tetracampeão mundial de futebol. Vinte anos depois da primeira TV em cores de João Estrella. Dez anos depois da sua morte. Num casarão no bairro de Santa Teresa, João Guilherme é mais uma vez o organizador da bagunça. Só que dessa vez, em lugar dos fogos e bandeirolas, ele distribui cocaína pura em bandeja aos presentes. O menino criado para vencer chegara ao topo. Mas agora o alvo dos melhores sonhos do pai é o alvo dos melhores homens da Polícia Federal.

Em Los Angeles, contra a mesma Itália que João Estrella vira cair diante de Pelé e companhia, o Brasil ganha a Copa dos Estados Unidos. Naquele exato momento, entre os desconhecidos íntimos que a euforia da conquista produzia, João Guilherme conhece a pessoa que virá a ser a ponte para a chegada da sua droga à Europa. Enquanto o Brasil voltava a ter um futebol de primeira linha, ele se firmava como traficante de primeira grandeza.

Nos jornais, estouravam as primeiras denúncias do escândalo do Banco Nacional. Fraudes contábeis e um rombo de quase 10 bilhões de dólares levariam a instituição à falência em menos de 12 meses. Também no ano seguinte, não muito depois do primeiro aniversário do tetracampeonato, as páginas policiais estampariam a prisão de um peixe-grande do reinado da cocaína no Rio de Janeiro. Com um lauto churrasco na delegacia da Praça Mauá, a Polícia Federal comemorava a captura de João Guilherme. O mundo de João Estrella tinha virado do avesso.

2
No lado escuro da Lua

No Natal de 1972, aos 41 anos, João Rodrigues Estrella podia ser um garoto-propaganda do "milagre econômico" brasileiro. Às vésperas do primeiro choque do petróleo, que reduziria drasticamente o dinheiro em circulação no mundo no ano seguinte, o país vivia a euforia do progresso acelerado. O ministro da Fazenda, Delfim Netto, anunciava um crescimento extraordinário de 10,4% do PIB (Produto Interno Bruto), e João anunciava à sua família a mudança do apartamento alugado no Leblon para uma bela casa própria no Jardim Botânico.

Naquele fim de ano, como sempre fazia, ele atualizaria as fichas em que registrava, passo a passo, o crescimento dos filhos. Estava especialmente orgulhoso de ter mandado João Guilherme pela primeira vez à Disneylândia. E ainda mais orgulhoso da performance dele, que aos 11 anos viajara sem os pais e voltara triunfante, dono de si, cheio de histórias para contar. Não havia dúvidas: aquele ia longe.

Filho de comerciantes portugueses, João Estrella já ultrapassara com folga os pais na escada social. Apesar de ter sido um mau aluno na escola, e de ter passado a adolescência muito mais dedicado à rua do que aos estudos, revelara-se um profissional abnegado. A turma da rua São Clemente mal reconhecia um de seus líderes debruçado sobre uma máquina de escrever, entretido em seu primeiro emprego. Numa agência bancária ali mesmo em Botafogo, esquina de Voluntários da Pátria com rua das Palmeiras, se algum parceiro de boemia e confusão o cumprimentava da calçada, ele apenas levantava ligeiramente os olhos e mergulhava-os de novo nas teclas. Agora, com 20 anos de carreira bem-sucedida, o graduado funcionário do Banco Nacional preparava o terreno para que seus filhos também o ultrapassassem na escada social.

Força, competitividade, personalidade incisiva eram alguns dos atributos valorizados em casa. Em parte, uma forma de reverter um sentimento atávico de humildade, herdado da colônia portuguesa. A paixão fanática pelo Vasco da Gama – clube de massa com alma de minoria – era a tradução futebolística desse salto da modéstia para a afirmação total. Frequentando os Magalhães Lins e outras famílias da elite carioca, com um arco de relações que se estendia até o campo artístico (tinha boas amizades no grupo MPB-4 e na Jovem Guarda), João ia abrindo as melhores portas da sociedade para os filhos.

No condomínio do Jardim Botânico, na rua Pacheco Leão, ao lado da sede da TV Globo, eles se acostumariam a ver seu pai jogar futebol aos sábados com o vizinho Renato Aragão (também vascaíno). Cresceriam ao lado dos filhos do "trapalhão", do diretor Daniel Filho e de outros notáveis. A porta da escola também levava aos círculos da burguesia culta do Rio de Janeiro. No Instituto Souza Leão, colado ao Parque Lage, netos do ex-governador Carlos Lacerda, filhos do jornalista Hélio Fernandes, dono da *Tribuna da Imprensa*, e do cirurgião plástico Ivo Pitanguy estavam entre os colegas de João Guilherme. Repetindo o pai, o colégio seria para ele um lugar menos propício ao estudo que à proliferação de grandes amizades e a dedicação às artes (no sentido endiabrado do termo).

Crianças no poder. Este era um dos lemas da infância dourada criada por João Estrella para os filhos. Se algum deles tinha um plano, era encorajado a levá-lo até o fim. Pingue-pongue na cama dos pais? Tudo bem. Um voluntário para trazer as madeiras e outro para buscar as raquetes, comandava o dono do quarto. Futebol na sala de estar? Ok, deixa que eu afasto os móveis. João Guilherme levava a filosofia ao pé da letra, e naquela mesma Copa do México, quando Jairzinho fez o gol salvador contra a Inglaterra, ouviu-se um estrondo sob a televisão. O menino tinha explodido uma bombinha de São João dentro de casa.

João amava ver seus moleques voando solo, passando alto por sobre as convenções e voltando aos seus braços agradecidos, lambuzados de liberdade. Cada vez mais, os filhos eram a sua vida. Muito antes do que ele pudesse imaginar, porém, João Guilherme voltaria alto demais de seu voo. E já não seria mais possível alcançá-lo com seus braços.

Durante 15 anos João Estrella foi o gerente-geral da bagunça. Às vezes anunciava uma surpresa com uma semana de antecedência, e os meninos sabiam que valia a pena esperar. Podia ser uma viagem relâmpago a São Paulo para um passeio inesquecível pelo Simba Safári, vendo leões passeando à solta através do vidro do carro. Ou a inauguração no Brasil do Walk Moon, no Aterro do Flamengo, um pula-pula gigante simulando a gravidade lunar – com direito a ficarem acordados até meia-noite, num dia de semana em que seus coleguinhas já estariam há horas na cama. Mal trocara seu Volkswagen TL por um Ford Corcel do ano, João abarrotava o carro novo de crianças para uma jornada numa praia mais distante e vazia, apresentando de cara seus estofados ao lado selvagem da vida.

Provia tudo aos filhos, mas queria também vê-los exercitando as próprias pernas. Aos 13 anos, graduado em matéria de praia, João Guilherme pediu-lhe uma prancha de surfe.

– Eu topo – respondeu o pai –, desde que você pague a metade.

– Eu? Mas eu não tenho dinheiro, pai.

– Bom, aí é problema seu.

O garoto mexeu, virou e acabou descolando um emprego de entregador de jornais. Pegava uma kombi do *Jornal do Brasil* às cinco horas da manhã e era deixado com a mercadoria no alto da rua Lopes Quintas, vizinha ao seu condomínio. Pulava então em seu skate e seguia ladeira abaixo, arremessando os exemplares de casa em casa.

Em seis meses tinha sua prancha, e continuava acordando às cinco da manhã, agora para madrugar na praia, com dois ou três amigos mais arrojados. Largou o *JB*, mas como ainda tinha alguns boletos para cobrança das assinaturas, resolveu fazer algumas visitas "extras" por conta própria. Batia na porta do cliente uns dois dias antes do vencimento, convencia a vítima a liquidar logo a fatura, embolsava a grana e convidava os amigos para alguma sessão pornô no cinema.

Para ver o sol nascer no mar, na maioria das vezes iam a pé do Jardim Botânico até Ipanema. O point era o píer, estrutura erguida para a construção do emissário submarino, que produzia uma ondulação especialmente boa. A caminhada eventualmente se estendia até a Barra da Tijuca, cobrindo mais de dez quilômetros – cumprindo à risca o script de andar com as próprias pernas. Numa dessas epopeias, João Guilherme fumou maconha pela primeira vez, aos 14 anos. Tinha medo, mas um dos colegas surfistas em quem mais confiava, dois anos mais velho, garantiu que não tinha nada demais. Na ligação do

Canal de Marapendi com o Quebra-Mar, onde seu pai o ensinara a pescar, ele agora queimava fumo e delirava sobre as ondas. O gerente da bagunça começava a não caber mais na sua agenda.

João Estrella jamais exigiu satisfações, mas pressentia os acontecimentos. Enxergava as pegadas do filho se afastando dos seus domínios, e o peito apertava. De repente, estava descobrindo que não se preparara para ser coadjuvante nas peripécias dele. Tentou não perder o passo, e ao sentir que o negócio do surfe ia ficando sério, deu uma de suas cartadas espetaculares. Importou dos Estados Unidos uma prancha Garry Lopez, a grife do maior surfista do mundo, raridade no Brasil. Fundo laranja, frente branca com um raio vermelho, quilha móvel e *shape* para enfrentar as ondas do Havaí, a nova prancha de João Guilherme era a sensação da praia do Leblon, e foi parar nas primeiras revistas de surfe do país.

Mas não havia mais como virar o jogo. E o golpe fatal tinha que ser no terreno do futebol, centro da roda de emoções em que construíra sua relação com os filhos. Se essa relação tinha um templo sagrado, ele era o Maracanã. Os meninos eram íntimos do maior estádio do mundo. Mal haviam tirado as fraldas, já frequentavam-no para vibrar com o Vasco e a seleção brasileira. Mas agora, aos 15 anos, João Guilherme vinha com o pedido profanador: o Vasco ia jogar e ele queria saber se poderia ir ao Maracanã sozinho com os amigos. O pai absorveu o soco no estômago, engoliu a dor calado e respondeu simplesmente:

– Claro. Toma aqui o dinheiro.

Deixou para soltar as lágrimas à noite, ao falar do episódio com Maria Luiza, que poucas vezes o vira tão devastado:

– Acabou. Não tem mais lugar pra mim. O João Guilherme não precisa mais de mim.

TOCOU O SINAL do recreio e o grupo pôs imediatamente o plano em prática. Um "colaborador", contratado por um picolé, saiu na frente para executar a estratégia diversionista. Foi até o porteiro do Souza Leão e avisou-lhe que tinha caído um galho de árvore enorme no meio do campo de futebol. Levou-o até lá, onde não havia galho nenhum, enquanto no lado oposto do terreno três alunos e uma aluna do primeiro ano científico pulavam o muro que dava para o Parque Lage. Já do outro lado, numa pequena clareira entre duas grandes árvores, cercados de mata por todos os lados, João Guilherme acendeu o baseado. Era a terceira vez que executavam a operação clandestina, e àquela altura não podia haver nada mais emocionante do que cometer a infração tripla num só ato: fugir da escola, invadir o Parque Lage e fumar maconha.

João estava sempre na tropa de elite das armações. Para o bem ou para o mal, a lealdade e a criatividade eram traços claros de sua personalidade. Por isso, tinha sempre bons amigos e ótimos planos. E quando dava tudo errado, não costumava se esconder da responsabilidade. Só não gostava de ser culpado pela encrenca dos outros. Certa vez, uma colega de ginásio chamada Astrid, descendente de alemães, entrou na sala aos prantos dizendo que haviam roubado um álbum de fotos suas numa corrida de Stock Car em Berlim. A professora acompanhou-a numa varredura de carteira em carteira, mas na sua vez João recusou-se a abrir a sua.

– Estou dizendo que não fui eu. Estou falando a verdade. Não vou deixar mexer nas minhas coisas.

A professora e a garota então tiveram certeza de que tinham encontrado o culpado. João foi levado com sua mochila à sala do diretor, professor Roberto, que se encarregou da intimação:

– Sabemos que as fotos estão com você. Se entregar por bem, não vai te acontecer nada.

Os olhos de João se encheram d'água e ele despejou todo o conteúdo de sua mochila na mesa do diretor.

– Uma escola que não acredita na palavra tem mesmo é que revistar aluno. Pronto, tá tudo aí, podem começar o exame

– desabafou, retirando-se da direção e deixando seu material para trás.

No fim do dia, foi chamado novamente pelo diretor, dessa vez para um pedido de desculpas. E para receber a mochila de volta, devidamente arrumada.

Com a moda das incursões clandestinas ao Parque Lage, os professores pelo menos podiam começar a se despreocupar com as cruentas guerras de giz. Havia chegado um momento em que alguns mestres mal conseguiam adentrar a sala de aula, tal a intensidade do fogo cruzado. Mas Fernandes, um professor de Física com pouco mais de metro e meio de altura, conseguira uma misteriosa trégua. Os outros professores não entendiam como, em suas aulas, não era disparado um só bólido branco. Seu segredo: um belo dia subiu numa cadeira e, aos gritos, sugeriu um pacto.

– Rapaziada, proponho um cessar-fogo. Se vocês toparem, prometo patrocinar uma grande guerra no fim do semestre, e aí eu vou entrar também – radicalizou o mestre.

Ele garantia ainda que a tal batalha final teria o dobro da munição, divisão da sala em trincheiras e duração de duas aulas seguidas. O acordo foi aceito e cumprido por ambas as partes. Fernandes vendera a alma ao diabo.

Agora as guerras de giz, como transgressão, tinham perdido a graça. Iam ficando para trás, junto com as pescarias ao lado do pai. O garotão que "viajava" na mata do Parque Lage e ia ao Maracanã sozinho reforçava, com sua brusca transformação física, a sensação de perda de João Estrella. O cabelo tinha encrespado e ficado totalmente preto, perdendo as mechas castanho-claras adquiridas na praia. O corpo gorducho agora era esguio, já com o definitivo 1,73m de altura. As bochechas haviam sumido. O sorriso largo continuava doce, mas os olhos verdes contrastados com a pele morena tinham perdido a candura. A rebeldia logo migraria do surfe para a música. Nada contra a família, apenas não tinha mais tempo para ela. Queria rua, vida direto na veia. De certa forma, cumpria regiamente o mandamento de liberdade que seu pai lhe transmitira.

Country Club, Souza Leão, Hípica, Praia do Pepino. Esses se tornariam os pontos cardeais de João Guilherme e sua imensa turma de amigos, algumas dezenas de jovens que viviam em bando, numa espécie de pátria particular e itinerante. Eram parte de uma geração que misturava saúde e boemia na virada dos anos 70 para os 80, bando do qual sairiam talentos para as artes, os negócios e o esporte – dentre os quais os pioneiros do voo livre no Rio.

Havia também os que se perderiam pelo caminho, como um herdeiro de tradicional família do Parque Guinle. Querido por todos, bonito e inteligente, ele se envolvera com tráfico de drogas e acabara ligando-se a uma perigosa quadrilha de estelionatários. Sua trajetória impressionara João, mas ele não se surpreendeu quando soube que o amigo fora achado morto por *overdose* de cocaína. Era um filme pesado chegando ao seu final óbvio.

Desde que testemunhara o histórico show da banda inglesa Genesis no Maracanãzinho, em 1977, João estava cada vez mais voltado para a música. Começou a aprender cavaquinho junto com o irmão André, que se especializava rapidamente no chorinho, enquanto ele insistia em tentar extrair rock'n'roll do delicado instrumento. Quando conheceu o violonista Alexandre Quental, irmão da cantora Dulce Quental, ambos excelentes intérpretes de rock, compreendeu que Pink Floyd não podia ser tocado em cavaquinho. Para alívio dos fãs de "Brasileirinho", comprou um violão.

E assistiu da primeira fila à revolução do pop-rock brasileiro, que até então se resumia aos furacões Rita Lee e Raul Seixas. Viu Lulu Santos surgir em 1982 num pequeno palco da boate Papagaio, de Ricardo Amaral, cantando "Tempos modernos"

("Vamos viver tudo o que há pra viver, vamos nos permitir..."). A vida na rua prometia tudo sob o sol. Mas o tempo em casa fechava rapidamente.

Seu pai tinha perdido um pulmão para o cigarro (Hollywood sem filtro, dois maços por dia) e, antes disso, começara a perder algo mais vital: sua vontade de se divertir e divertir os outros. Uma combinação de circunstâncias, tendo à frente o crescimento dos filhos e sua ociosidade como capitão da bagunça, apagara aquele João Estrella carismático, romântico e sarcástico. A depressão foi ganhando terreno, combinada com um enfisema no pulmão que escapara do câncer. Ele se tratou, voltou a dar expediente no banco, mas seu velho ânimo para o trabalho não voltaria com ele. Retornava cada vez mais cedo para casa, de onde não saía mais.

Na contramão dele, João Guilherme quase não parava em casa. Se não estava em Petrópolis, em Angra dos Reis ou na Bahia, chegava e saía rapidamente, às vezes só para trocar de roupa. Seu quarto ficava colado ao dos pais, na ala frontal do segundo andar, e num desses encontros a jato no corredor João Estrella colheu-o com um abraço silencioso. Surpreendido, sentiu o pai, com lágrimas nos olhos, segurá-lo com força. Por alguns instantes, parecia querer ter o filho de novo para si. Com a voz embargada, pondo de lado o orgulho e o protocolo, conseguiu dirigir algumas palavras a João Guilherme, basicamente dizendo que estava tudo muito difícil para ele. Era o pai, enfim, pedindo ajuda. Mas o filho não estava preparado para corresponder. Esperou o abraço afrouxar e fugiu.

A vida não podia esperar. Desde que vira a performance de Lulu Santos, desenhara-se para ele pela primeira vez a figura do showman brasileiro. Passou a trabalhar tecnicamente sua voz grave e sonora, e a derramar no papel a expressão poética que lhe ocorria desde menino. Como vocalista e letrista, encaixou-se com perfeição numa banda formada pelo irmão André (que trocara o cavaquinho pela guitarra), pelo baixista Rodrigo Santos (que mais tarde integraria o Barão Vermelho) e pelo ator Marcelo Serrado (gaita e vocal de apoio). Era o Prisma – citação ao símbolo do antológico disco *The dark side of the moon*, do Pink Floyd –, que estrearia no Teatro Galeria em 1984, ano da morte de João Estrella.

A atmosfera musical não evitaria que, nos dois anos anteriores, a casa número 13 do Parque Residencial Jardim Botânico vivesse também seu filme pesado – com final razoavelmente previsível. O funcionário exemplar do Banco Nacional decidira se aposentar, confinara-se em casa e logo se restringiria ao raio do seu próprio quarto. A doença separara-o de Maria Luiza, que fora morar com a mãe. Alérgico ao vazio e ao desalento, João Guilherme recolonizou o espaço à sua maneira. Promovia rodadas de pôquer na sala de jantar madrugada adentro, liberando a maconha e qualquer outra droga que os visitantes quisessem consumir.

O clima de cassino e a ausência total de censura foram transformando o primeiro andar de sua casa numa espécie de território livre. O portão passara a ficar aberto e ninguém precisava mais se anunciar. Gente de todo tipo batia ponto lá, dos amigos de fé aos parasitas absolutos. Havia sempre música e fumaça no ar. Ainda que involuntariamente, o demolidor do *status quo* deixava ali, mais uma vez, sua inconfundível assinatura – agora em seu próprio quintal.

Embora ainda preferisse fumar maconha, João já tinha experimentado cocaína. Achava a maior graça nos versos malditos de Jackson Browne que descobrira num disco, com a gravação de narizes fungando ao fundo e uma curiosa submissão do sexo ao vício:

"You take Sally and I'll take Sue/ There is no difference between the two:/ Cocaine/ Running 'round my brain" (Você fica com a Sally, eu com a Sue/ Não há diferença entre as duas:/ Cocaína/ Correndo pelo meu cérebro).

Achava incrível como um manifesto daquele pudesse ter sido gravado e comercializado sem repressão. Antes de tomar gosto pelos efeitos do pó branco, encantara-se com a possibilidade de ousadia e transgressão que ele significava.

Na sua embaixada também não havia repressão, e ele gostava de abri-la para a confluência de figuras desse universo maldito. Amigos que queriam comprar cocaína podiam marcar encontro com o traficante (que também virava amigo) lá mesmo, desde que não fosse dia de carteado. Valendo-se do território livre, João também incrementaria suas aquisições de maconha. Para conseguir melhores preços e mais qualidade, fazia uma lista de interessados e encomendava até 1 quilo de uma vez. Na hora da partilha, a droga era espalhada pelo chão, ocupando praticamente toda a sala de estar. Ele centralizava a responsabilidade pelo negócio, operava a arrecadação e pagava em dia ao fornecedor, que confiava nele. Não se sentia fazendo tráfico, mas um delegado de polícia não pensaria da mesma forma.

Aos olhos de João Guilherme, a vida continuava a mesma – uma permanente busca por liberdade e prazer. Mas a recíproca não era verdadeira. A vida o via enredar-se cada vez mais num filme estranho, pesado, previsível. Ele chegara a passar no vestibular para Comunicação Social na PUC, mas dentro da universidade não chegaria a passar do bar – o efervescente Creptomania. Seus hábitos, suas relações e seus caminhos o levavam inequivocamente a um outro tipo de graduação. E o submundo carioca não demoraria a conceder-lhe seu diploma.

Naquela segunda metade dos anos 80, ainda batalhando sua carreira musical, ele trocara a maconha pela cocaína. Com dois amigos, adquirira o hábito de cheirar para compor. Só que logo passariam a compor para cheirar. Enquanto as letras e canções se reduziam, as carreiras aumentavam, até o dia em que encomendaram 5 gramas de pó – dose que já não era leve para três narizes e uma noite. Em cima da hora, porém, os dois parceiros simplesmente desistiram do negócio. João queria esfolá-los, mas primeiro precisava abrir a porta para o traficante, que não tinha nada com isso.

Era Rogério, um sujeito sisudo, porém jovem, morador de Ipanema, e seu pó era de ótima qualidade. O freguês teve que abrir o jogo. Disse que fora abandonado na transação e não tinha como pagar aquilo tudo. Mas antes que o mal-estar terminasse de se instalar, João resolveu dar uma cartada:

– Deixa a brizola comigo. Segunda-feira o dinheiro tá na tua mão.

Era noite de sexta-feira, portanto o prazo era apertado e o fornecedor mal o conhecia. Recusou a proposta, mas ele foi firme na insistência e Rogério acabou topando o risco. Ainda no domingo receberia o telefonema: a grana já estava inteirinha na mão. O traficante sabia que tamanha dedicação era artigo raro no mercado, e convidou o cliente para um chope.

– Você trabalha bem – disse-lhe Rogério, entre um gole e outro. – Quer pegar 50 gramas? Te dou um mês pra vender.

João Guilherme nunca sequer vira uma quantidade daquela na sua frente, mas seu olho brilhou. Topou na hora. E ali começava a confirmar, por vias tortas, o prognóstico feito pelo pai na volta da Disney: aquele menino ia longe.

3
Brilhando no topo do mundo

Depois de encurralar Saddam Hussein no Iraque, George Bush era encurralado no Rio de Janeiro. Ele acabara de inaugurar a era da guerra pela TV, popularizando a saga dos mísseis

Scud e Patriot nos céus do Golfo Pérsico, ou melhor, na tela da rede CNN. Agora era bombardeado pela opinião pública mundial no Brasil. Naquele ano de 1992, pouco mais de dez anos antes de seu filho destronar o ditador iraquiano, o presidente americano saía da maior cúpula de chefes de Estado da História pela porta dos fundos – e não era por causa de sua guerra. No auge da cruzada contra os poluidores do planeta, a onda ecológica escolhera seus símbolos: Bush era o vilão, e o Rio era a capital do mundo.

Era um Rio que sonhava com a despoluição da Baía de Guanabara, à qual Caetano Veloso declarava seu amor cego, com os tênis enfiados na "esteira rolante de areia branca e óleo diesel" da Praia de Botafogo. Sentindo-se um estrangeiro ("menos no lugar que no momento"), Caetano já não ia ao Baixo Leblon, que também perdera Cazuza para a Aids. Menos romântica e mais nervosa, a noite carioca assumia a atmosfera que motivaria a famosa frase do delegado Hélio Luz, atirada ao ventilador dois anos depois: "Ipanema brilha à noite." Já brilhava nos anos 80, mas agora não era mais uma esquina aqui, uma roda ali: assim como os cabos da CNN tinham ganho capilaridade planetária, a cocaína tinha caído na corrente sanguínea da cidade.

Foi naquele ano que João Guilherme conheceu Alex. E depois desse encontro o "brilho" das noites da Zona Sul se tornaria mais intenso e puro. João não gostava de vender cocaína misturada, nunca gostou. Cansou de ouvir de veteranos do ramo que o segredo do negócio era o milagre da multiplicação do pó (com adição de farinha, talco, farelo de mármore etc.), que só se ganhava dinheiro grosso assim. Mas ele era, antes de tudo, um usuário exigente. E, antes de algum possível tino comercial, a pureza da mercadoria era para ele quase uma questão de princípio, assim como a venda de uísque batizado é contra a religião de um fanático pelo puro scotch. Neste sentido, se João era a fome, Alex era a vontade de comer.

Nessa época, João já movimentava grandes quantidades. O espírito de traquinagem colegial ao som de Jackson Browne tinha sumido completamente na poeira da sua estrada. De degrau em degrau, ele ingressara no clube do quilo. Mas seria na dobradinha com Alex que ele chegaria ao baronato do pó na cidade. Chegando a receptar remessas de 15 quilos, ele se tornaria um dos maiores distribuidores diretos da Zona Sul do Rio.

Como não poderia deixar de ser, João descobriu Alex com seu faro de consumidor. Desde que passara a movimentar quantidades maiores, não encontrara uma qualidade tão boa quanto aquela das primeiras transações, quando projetou seu nome no mercado. Numa noite de sexta-feira (ou "sexta-cheira", como parte dos cariocas passara a chamar seu dia mais "brilhante"), atendeu o telefone e teve que dizer a Raul, um velho parceiro de noitadas, algo que há muito tempo não dizia a ninguém: seu fornecedor estava num atraso monstruoso e não lhe sobrara um papelote sequer em casa. Estava caidaço. Mas Raul não pareceu desanimar:

– Fica frio, João. Te pego aí em meia hora, no caminho eu explico.

Descendo a rua Jardim Botânico já no carro do amigo, João foi apresentado, ali mesmo, no banco do carona, a uma das melhores "brizolas" que seu nariz já tinha tido o prazer de aspirar. O primeiro sinal era a suavidade no contato do pó com a mucosa, sem a irritação que as misturas grosseiras costumavam causar. Na chegada ao sistema nervoso, a droga só faltava pedir licença antes de entrar: nada de maxilares trancados, suores gelados e solavancos de adrenalina (normalmente acentuados pela adição pesada de anfetamina). Era pura ligação, e o freguês podia sentir-se o dono do mundo em paz – sem que suas sensações corporais lhe sugerissem que não passava de um réptil. O mundo não podia continuar girando enquanto João não descobrisse a origem daquela maravilha. Raul repassou-lhe um número de telefone e ainda naquele fim de semana, dois intermediários depois, ele já havia chegado a Alex.

O homem da mala não tinha mais que 30 anos, e seu humor radiante contrastava com sua condição física. Preso a uma cadeira de rodas, ficara paraplégico num acidente de carro cinco anos antes. Na época, não era traficante. Tinha uma confecção de roupas em Petrópolis com sua namorada de muitos anos, que acabou morrendo no acidente. João ainda não tinha ideia do tamanho de Alex na escada do tráfico, só sabia da estupenda qualidade do seu produto. Logo descobriria que uma coisa estava ligada à outra. Assim como o pó, o papo de Alex também era do bom, e na terceira vez que João procurou os seus serviços (comprando para consumo próprio, nunca acima de 5 gramas), já pintava um entrosamento no ar. Encaixou então sua proposta: queria 100 gramas em consignação, pagaria assim que vendesse o último papel. Alex não era de hesitar. Era sempre sim ou não, na lata. Ele topou a aposta. E não se arrependeu.

O dinheiro não apenas retornou rápido, como retornou na quantia integral, nem um centavo a menos (num ramo em que é comum o intermediário acabar cheirando uma parte da carga, renegociar a quantia, enfim, embolar a transação). Uma vez selada a confiança mútua, João logo descobriria que tinha chegado ao dono da mina. Ao lado de Alex, o céu era o limite.

A "mina", nesse caso, era um dos maiores laboratórios de refino de cocaína da América do Sul, situado na cidade de Rondonópolis, Mato Grosso, a cerca de 400 quilômetros da fronteira com a Bolívia. Além da proximidade com as plantações de coca do país vizinho, Rondonópolis tinha posição estratégica no território brasileiro, por ser uma cidade-entroncamento. Estava exatamente entre a BR-364 e a BR-163, duas rodovias importantes de ligação Norte–Sul, além de próxima a hidrovias. Tinha, portanto, a enorme facilidade de escoamento dos grandes centros, sem atrair as atenções e a vigilância comuns às cidades de maior porte. Vinha se urbanizando aos poucos, mas ainda se baseava em atividades agropastoris, como a venda de gado Nelore para a Bolívia.

No início do século XX, aquela localidade ainda estava entregue a disputas entre índios bororo e aventureiros em busca de ouro e pedras preciosas. Rondonópolis tornara-se um município há menos de 40 anos. Tivera um surto de crescimento nos anos 80 e, com cerca de 130 mil habitantes, estava no ponto ideal para empreendimentos clandestinos: a infraestrutura já era forte, e o Estado ainda era fraco.

Não é que Alex fosse o dono do laboratório, mas era como se fosse um acionista graúdo. De seu entreposto na Serra do Mar, na cidade imperial, ele era a cabeça de ponte para o Grande Rio, o maior mercado nacional da droga. Montava as conexões rodoviárias sincronizadas com a demanda carioca, majoritariamente proveniente dos chefes dos morros. Despachava caminhões com até 100 quilos de cocaína, em geral disfarçada em carregamento de toras, perfuradas e recheadas com o ouro branco.

Por motivos estratégicos, a chegada de um caminhão desses era anunciada somente na véspera aos receptadores. Estes deveriam mobilizar-se rapidamente para estar nos locais e horários arranjados e desfazer aquele "flagrante" explosivo, sumindo no mundo com o seu quinhão. João logo se tornaria uma dessas peças receptoras, e com o estímulo entusiasmado de Alex passaria a abocanhar sozinho volumes iguais ou superiores aos de uma boca de fumo inteira. Em dois anos, no varejo da planície asfaltada da Zona Sul, João Guilherme Estrella tornara-se um peixe de primeira grandeza.

Como poucas, a cocaína de João era de grife. Ela saía do laboratório com o selo "Nelore Puro" – que atestava, como qualquer marca industrial, a excelência daquele determinado processo de produção – e chegava a uma mesa qualquer do Baixo Gávea exatamente com a mesma composição. Isto não existia mais na Zona Sul do Rio. E se Alex tinha o mapa da mina Nelore (homenagem ao gado criado na fazenda que hospedava o laboratório), João tinha o mapa do acesso à casta mais efervescente e endinheirada da sociedade carioca. Boêmio, enfronhado no showbusiness, com alto poder de fogo tanto em qualidade quanto em quantidade, ele logo tornou-se o provedor das altas-rodas.

Profissionais liberais, músicos, artistas de TV, jornalistas – a clientela vip de João era numerosa. Além da grife do produto, tratava-se do clássico traficante gente boa, limpeza, discrição total. Um famoso casal de atores de novela, que andava preocupado em desintoxicar sua reputação depois de alguns escândalos, recorria a ele sem medo. Praticamente toda semana João recebia em casa a visita de um secretário do casal, uma figura afeminada, inteligente e engraçada, que ia lá buscar a droga e sempre acabava vazando alguma fofoca. Mas o babado morria ali, porque o sigilo era a alma do negócio – principalmente com clientes cujo filme andava meio queimado na crônica da noite carioca. Estrella não expunha as estrelas, não era exposto por elas, e o negócio do brilho seguia em frente nos subterrâneos da confiança absoluta.

Mesmo sem querer, muitas vezes acabava participando da vida do cliente. A regularidade e o vulto das transações, a cordialidade e a confiança, tudo favorecia uma certa sensação de intimidade, que o próprio João procurava evitar. Às vezes não conseguia, como acabou sendo o caso com o Dr. Danilo, um de seus clientes mais refinados (que se tornaria um dos principais entre os que compravam para consumo próprio).

Psiquiatra bem-sucedido, 50 anos, dono de um consultório amplo e elegante no Largo dos Leões, em Botafogo, ele conhecera o Nelore Puro por intermédio de um amigo que trabalhava na Bolsa de Valores. Este, que até já parara de cheirar, tinha por sua vez recebido a dica de uma antiga colega de escola de João no Instituto Souza Leão – e era assim, pela teia das instituições e famílias tradicionais da aldeia carioca, que o filho de bom berço da Zona Sul ia esticando rapidamente seus tentáculos. Nunca imaginara encontrar tanta gente culta em busca da tal alegria química. Gente como o Dr. Danilo, um dos que, de tanto buscá-la, acabaria perdendo sua alegria real para sempre.

– Danilo, já pedi pra você não me ligar a essa hora. Meia-noite e meia, porra!

– Desculpe, João. Bota mais essa na conta da nossa amizade. Se estou ligando, é porque realmente estou precisando. Você também parece que não tá a fim de vender, caramba...

De fato, mesmo sendo uma transação de varejo, ali já não estava um cliente qualquer. O psiquiatra era um consumidor voraz, que começara comprando cerca de 50 gramas de cocaína por semana. Cheirava com amigos e com colegas, parecia misturar o lado fútil do vício com uma certa curiosidade científica. Fora aumentando as encomendas, e agora chegava às vezes a comprar até 200 gramas. Uma loucura. Em menos de seis meses emagrecera violentamente, e seu comportamento, antes equilibrado e cativante, tornara-se inconveniente, profundamente neurótico.

João começou a achar que a coisa ia acabar mal no dia em que marcara um encontro com o Dr. Danilo na rua e o viu chegando a pé, lentamente, quase pele e osso. Perguntou a ele se o carro tinha enguiçado e o médico respondeu que estava "preferindo caminhar". Na verdade, tinha "cheirado" seu automóvel. Vendera-o para comprar droga, provavelmente porque seu consultório vinha se esvaziando – o que dava para notar pela quantidade cada vez maior de tempo livre que ele parecia ter. Os clientes estavam debandando, e não era difícil imaginar por quê. Os telefonemas indesejáveis para a casa do fornecedor aumentavam, agora eventualmente agressivos, e num deles João resolveu acabar com aquilo:

– Cara, é o seguinte: não vou mais fazer negócio com você. Não me liga mais, falou? Não quero mais vender brizola pra você.

– Você não pode fazer isso, seu babaca. Alguma vez eu deixei de te pagar?! – reagiu Danilo, possesso.

– Não é isso. Você tá se destruindo, tá se acabando na minha frente. E tá me enchendo o saco também. Acho que você devia parar pra pensar. Mas se quiser se matar, se mata, só que não vai ser com a minha brizola.

Desligou na cara do psiquiatra, que ainda voltou a telefonar algumas vezes, fazendo ameaças. Disse que conhecia as autoridades de segurança pública, que tinha contatos quentes e ia entregá-lo para a polícia. João sabia que o Dr. Danilo era mesmo uma pessoa influente, ou pelo menos tinha sido, mas não chegou a temer. Estava na cara que, àquela altura do campeonato, a única coisa que poderia vir daquele homem era o seu próprio desespero. Sentiu pena, mas ignorou-o, e nunca mais teve notícias dele.

Para cada cliente vip que ficava pelo caminho, a aldeia da elite carioca despejava-lhe mais dois. Mesmo assim, era impossível a João Guilherme, pela quantidade de cocaína que movimentava, manter uma clientela só de consumidores. Passara a fornecer para outros traficantes, inclusive alguns de seus antigos fornecedores, que um dia conhecera como tubarões – e agora, aos seus olhos, pareciam peixes de aquário.

Entre eles estava Júlio, um mulato forte e bem jovem ligado à banda do tráfico encastelada nos morros. João nunca soube a que facção criminosa ele era ligado, só sabia que sua área de ação era a Zona Oeste da cidade, onde morava, próximo ao Riocentro. Foi com Júlio que ele inseriu a palavra "quilo" no seu vocabulário de comerciante. E que viveu sua fase mais tensa no tráfico.

Nos encontros no acostamento da avenida Ayrton Senna, na Barra da Tijuca (simulavam uma pane mecânica para disfarçar o repasse da droga), Júlio sempre surgia em seu Passat velho com ar grave, fechado, quase monossilábico – sinais de sua retaguarda violenta, que agoniavam João. Certa vez, João atrasou o pagamento além do normal, coisa rara, e estava confiando na sua lábia para contornar a situação. Até que, pela voz fria e robotizada de Júlio, soube que sua pele estava valendo pouco no mercado futuro.

– Cara, é o seguinte. A grana não apareceu, e já passou um tempo. Agora neguinho lá em cima tá querendo saber quem é, pra dar uma dura – avisou o fornecedor. Fosse o que fosse a tal "dura", a única certeza era de que seria muito dura. E que seu escalpo não estava em bons lençóis.

Era impossível não lembrar desse sufoco depois que a roda do mundo tinha colocado João olhando de cima para Júlio, agora um humilde cliente. Mas nenhuma ameaça havia se concretizado e não havia motivo para rancores contra o antigo fornecedor, fora a péssima qualidade da sua cocaína.

João dificilmente se indispunha com alguém seriamente. Ao contrário, costumava fazer amigos por onde passava – mesmo entre os tipos mais inusitados. Uma dessas amizades improváveis floresceu com Dona Marly, uma senhora de quase 70 anos, mas bastante jovial, moradora de uma cobertura alugada em Copacabana. Quem a visse dando repetidos conselhos de prudência a João provavelmente imaginaria tratar-se de uma tia cega às tramas do sobrinho. Doce engano. Assim como Júlio, Dona Marly era mais um caso de fornecedor que João ultrapassava na hierarquia do tráfico. A boa senhora passara então a integrar a família do Nelore Puro, e não escondia de João que seu balcão à beira-mar nunca tinha estado tão próspero.

Olhos claros e espertos, enxuta, cabelos bem pintados e passos firmes, Dona Marly não parecia uma senhora de 70 anos, muito menos uma traficante de cocaína. Mas quando João passava de carro em frente ao seu prédio, na rua Santa Clara, quadra da praia, para entregar a droga, ela aparentava 90 anos. Cobria a cabeça com um xale, se curvava toda e ia da portaria ao meio-fio com um passinho curto e uma fragilidade de dar pena. Uma ótima atriz. Então a pobre velhinha estendia a mão para dentro do carro e voltava para casa com seus 50 gramas semanais de pó, que revenderia para cerca de 20 clientes mais ou menos fixos. Um negócio de 5 mil dólares mensais líquidos, aproximadamente.

Mas ela não gostava desse ritual. Vivia dizendo a João que o contato seria mais seguro na sua cobertura:

– Olha, hoje vamos fazer um esquema mais precavido – disse a ele um dia pelo telefone, no tom didático da tia responsável que fixa regras de conduta. – Você vem um pouco mais cedo, estaciona, sobe e tomamos um chazinho, está bom?

– Dona Marly, estou passando na sua portaria em 15 minutos. Se a senhora não estiver lá eu vou embora, e aí combinamos outro dia – devolveu João, com pouca paciência e muita pressa, como sempre.

– De jeito nenhum, meu filho. Meu telefone não para de tocar, tá todo mundo querendo, eu tenho que pegar isso hoje! – reagiu Dona Marly, já conformando-se com a ideia de encarnar mais uma vez sua personagem desamparada.

Por duas ou três vezes João cedeu e foi entregar a encomenda no apartamento da cliente. Era um ambiente cafona, excessivamente mobiliado, decoração de péssimo gosto, mas Dona Marly era uma simpatia. Ia direto à cozinha fazer-lhe um chá, mesmo ele dizendo que não queria. Mas acabava tomando, e o papo fluía bem, com vista para o mar tranquilo de Copacabana. Se João se distraísse, acabaria achando que estava mesmo visitando uma tia zelosa, preocupada com os perigos da vida moderna: "Você tem que tomar cuidado, às vezes você chama muita atenção, está se expondo demais", aconselhava – e João sabia, no fundo, que ela estava certa.

O fato é que o movia uma confiança indestrutível de que tudo daria certo – algo que ele mesmo chamava de intuição, mas poderia ser chamado de onipotência. Apesar de elevar os riscos, essa ousadia cega também lhe abria fronteiras. Uma delas levava ao interior do Fórum do Rio de Janeiro, provavelmente o lugar mais estranho onde João negociaria drogas. Comprara certa vez no Leblon uma cocaína de excelente qualidade, e passara a recorrer com frequência a esse fornecedor. A certa altura, com a regularidade que os encontros passaram a ter – e talvez decidido, como Dona Marly, a parar de dar bandeira no meio da rua –, o sujeito disse a João que, se quisesse continuar comprando, o procurasse na 6ª Vara de Família.

Entendendo que deveria ser um ponto de encontro, João foi até lá e logo localizou seu fornecedor. Ele era funcionário do Fórum, e recebeu-o como se atendesse um advogado interessado em consultar algum processo. Encaminhou-o então a uma pequena sala anexa e ali mesmo retirou de uma caixa um saco de pó branco com os 50 gramas de cocaína encomendados. João ainda manifestou um certo receio de sair andando com aquela quantidade indecente da droga pelos corredores do Fórum, mas o parceiro não pareceu preocupado:

– Não tem erro, não. Aqui no Fórum é limpeza.

A operação se repetiu várias vezes, e os dois chegariam até a cheirar algumas carreiras dentro da 6ª Vara de Família. Uma vez ligado, o funcionário ficava bastante tenso, mas também falava mais. E explicou que aquela cocaína era razoavelmente pura porque resultava de apreensão pela polícia em áreas de fronteira. Uma advogada mancomunada com responsáveis pela custódia da droga fazia o repasse dentro do próprio Fórum. Estava explicado por que, para o fornecedor, a boca do lobo passara a ser o lugar mais seguro de todos. João que se virasse para entrar e sair dela sem ser mordido.

Aquilo acontecera muito antes dele conhecer Dona Marly, e agora era só mais um caso para contar em volta de uma xícara de chá. A velha senhora só repetia nervosamente "que loucura, que loucura!", e queria se certificar de que ele abandonara as transações suicidas no seio do Poder Judiciário. Seu filho mais velho, que morava com ela, ficava à distância durante aqueles encontros. Obviamente, sabia dos negócios da mãe, mas não tinha nada a ver com o tráfico, e não queria ter. Na casa de Dona Marly, a cocaína entrava e saía sem que ninguém tocasse nela. Ela própria garantia nunca ter sequer experimentado, e tudo indicava que realmente não tinha – seu jeito e seu ritmo eram mesmo de uma viciada em chá.

Um dia João estava passando de carro por Copacabana com sua amiga Laura, meio sem rumo, e surgiu a ideia de desembainhar giletes e canudos para um pouco de diversão. Ele tinha bastante cocaína estocada, mas a carga estava na casa de Laura e os dois queriam evitar o entra e sai do "depósito". Resolveram então passar na casa de Dona Marly e pedir-lhe 2 gramas, que ela certamente não se incomodaria em ceder. Lá chegando, viram que em frente à portaria do prédio havia uma ambulância estacionada, e João foi perguntar ao porteiro se havia alguém passando mal. O porteiro respondeu-lhe que a velhinha da cobertura tinha tido um enfarte e não resistira. Dona Marly acabara de morrer.

Aquela vida tinha dessas coisas estranhas. Se morria alguém como Dona Marly, era como se a pessoa nunca tivesse existido. João não iria ao enterro, não mandaria flores, não teria parentes para consolar, nem procuraria os clientes de Dona Marly para terem juntos recordações da boa senhora. Só deu para responder ao porteiro "morreu?!", engolir a emoção em seco, virar as costas e tocar a vida para a frente.

Na verdade, nessa época João acabava não se fixando muito em nenhum fato específico do seu cotidiano. A realidade passava pela sua cabeça de forma um tanto vertiginosa. Era o efeito da enorme quantidade de cocaína que cheirava quase diariamente, e que, percebeu anos depois, mantinha sua consciência ancorada no momento presente – nem um palmo atrás ou adiante. A abundância era tal que podia cheirar à vontade e ainda presentear os amigos, sem comprometer mais do que uma fração insignificante de seus lucros. Na primeira vez em que receptou 15 quilos de Alex, João chegou a parar e dizer para si mesmo: "Caralho, que monstruosidade! O que eu tô fazendo com isso?"

A monstruosidade ficava ainda mais realçada pelo cenário familiar à sua volta. Em pleno estacionamento da Cobal, mercado de frutas e hortaliças no Leblon, João usava as sacolas de papelão do próprio mercado (onde fazia pequenas compras como disfarce) para transportar a droga. Estava morando na Selva de Pedra, um condomínio de classe média a poucos metros da Cobal, e saía a pé mesmo, carregando aquelas três ou quatro sacolas abarrotadas e sorrindo para as donas de casa que cruzavam seu caminho. Se Dona Marly visse aquela cena, já teria enfartado há mais tempo. Mas toda essa loucura e monstruosidade eram adoçadas por ganhos que estavam rondando os 25 mil dólares mensais.

O estilo de Alex também o encorajava. No topo daquele *big business*, que já seria tenso mesmo se não fosse criminoso, o comparsa nunca perdia a serenidade e o bom humor. Chegava dirigindo um Gol adaptado para paraplégicos, com todos os comandos nas mãos, e jamais se limitava ao contato comercial – tinha sempre uma história ou uma piada para contar. Volta e meia aparecia com uma mulher bonita do lado, entre as várias namoradas que tinha, o que intrigava João. Afinal, Alex podia ter grana, carisma e até uma boa pinta (moreno de traços finos e estatura mediana), mas era paralítico.

O companheirismo entre os dois foi crescendo, e um dia João fez a pergunta inevitável: como era sua relação com as mulheres, se estava paralisado da cintura para baixo? Alex explicou que não sentia seus pés, nem seus joelhos, mas que dali para cima surgia alguma sensibilidade, que na região genital até se acentuava um pouco.

– Mas você consegue ficar de pau duro? – quis saber João.

Alex respondeu que, espontaneamente, não. Mas tinha conseguido nos Estados Unidos uma maquininha "sensacional", que envolvia o pênis num tubo de membrana, semelhante a uma camisinha, acoplado a uma bomba de sucção que levava sangue para o órgão.

– Dá pra trepar na boa. E eu ainda tenho uma vantagem sobre você: eu não brocho nunca! – arrematou às gargalhadas.

Os contatos também aconteciam no estacionamento do supermercado Carrefour, na Barra da Tijuca. Os dois paravam os carros lado a lado, à luz do dia, e ainda tiravam um dedo de prosa antes de escoar o pó branco pela última perna da Conexão Nelore. Mas quando entrava no carro, João voava pela avenida das Américas (principal artéria da Barra, que ainda não tinha sinais de trânsito) a 160 km/h – por adrenalina e também por pressa, pois, àquela altura, em geral, a pressão da clientela já se tornara insalubre. Ele inclusive decidira não mais avisar previamente os clientes sobre a chegada da droga. O assédio telefônico e pessoal chegara ao ponto de tornar impraticável o trabalho de pesagem, separação e acondicionamento da cocaína, que demandava tempo e concentração. A euforia nervosa da noite carioca não sabia esperar.

O Rio tumultuado de Leonel Brizola, cujo governo terminara com vários casos de sequestro e passeatas do movimento Reage, Rio, dava lugar a mais uma tentativa reformadora. Com um general no comando da segurança pública, o governador Marcello Alencar assumia com a promessa de apoio da Polícia Federal (o novo presidente, Fernando Henrique Cardoso, era do seu partido) e um plano de linha-dura e vigilância implacável contra o crime.

Era 1995, e o reinado de Alex e João logo sentiria efeitos colaterais da nova postura dos homens da lei. Já no início do ano, João estranhou um atraso fora do comum na remessa e, antes que conseguisse localizar Alex pelo telefone, encontrou a notícia na TV: o caminhão da Conexão Nelore, com 50 quilos de cocaína pura, havia sido apreendido na rodovia Washington Luís. Depois de um dia e uma noite de angústia, finalmente conseguiu comunicar-se com Alex, que mantinha a serenidade de sempre. Tinha sido uma perda, admitia ele, mas um caminhão de 50 quilos se repõe com outro caminhão de 50 quilos. E que João ficasse tranquilo, porque o esquema que operavam era à prova de rastreamento.

João ficou tranquilo. Mas não deveria. Em pouco tempo descobririam que, dessa vez, o cerco dos homens da lei seria algo bem mais sério do que imaginavam.

4
Um trem fantasma em Copacabana

A polícia nunca esteve nos planos de João Guilherme. E não era onipotência de barão. Desde a virada dos anos 90, quando começou a se meter no ramo, agia com a desinibição de um vendedor da Avon. Não era desdém, apenas uma crença ancestral de que tudo daria certo para ele. Só ali para fins de 1991, quando já sabia o que era ter mais de 1 quilo de cocaína em casa, começou a evitar a entrega da droga em encontros no meio da rua. Com uma clientela que se espalhava pelas páginas do seu caderninho, ficar andando para cima e para baixo com "papéis" de vários gramas encaixados no sapato já era um esquema artesanal demais, para dizer o mínimo. Mas naquele dia claro de primavera carioca ia ser assim. A confiança estabelecida com alguns clientes permitia que a transação se desse dentro de casa (do fornecedor ou do comprador), mas esse não era o caso de Ernesto, a quem João ia entregar 5 gramas. Marcaram num ponto final de ônibus no Cosme Velho, próximo à saída do Túnel Rebouças.

Na avaliação de João, Ernesto era muito pouco confiável. Ex-piloto de Stock Car, dirigia com rara perícia, atravessando o trânsito do Rio de Janeiro como se estivesse num Grande Prêmio de Mônaco. O próprio João já testemunhara de dentro do carro dele, suando frio, um desses shows de pilotagem. Nascido numa família de classe média baixa, morador do Jardim Botânico, Ernesto vendia seus serviços para fuga de assaltos a banco. Também costumava ser solicitado na praça para os golpes do seguro contra acidentes, jogando carros em alta velocidade contra postes e muros, para que tivessem perda total.

Existem os picaretas metódicos, desses que conseguem ser caxias dentro das regras da delinquência, mas nem isso ele era. Se há gente que Deus já põe no mundo com cara de traidor, ali estava um exemplar típico – e já tinham avisado a João que, no caso de Ernesto, as aparências não enganavam. Por isso é que o encontro ia ser na rua, e João já estava em cima da hora. Tinha perdido um pouco a noção do tempo na deliciosa aula de violão com André, seu professor e irmão mais novo. Como músico, João sempre foi do tipo força cega, um cantor instintivo sempre em dívida com a técnica instrumental. André, um virtuoso da prática e da teoria musical, ajudava-o a abater essa dívida. Os dois formavam uma química fértil (se eles fossem os Beatles, seria o encaixe entre o talento rude de John Lennon e a perícia cirúrgica de George Harrison, origem de sonoridades imortais do pop). João e André já tinham levado aquela química várias vezes ao palco, mas entre quatro paredes ela também funcionava – às vezes até melhor. O problema é que Ernesto, aquela figura estranha, já devia estar quase chegando ao ponto de encontro. João acordou do transe musical e cumpriu em cinco minutos o trajeto de pouco mais de um quilômetro entre a casa do irmão, em Laranjeiras, e a boca do Túnel Rebouças.

Mas Ernesto não estava lá. Sem poder ficar parado ali, com 5 gramas de cocaína no pé, João acelerou em frente e sentiu um calafrio na espinha. A ausência do cliente não era normal, e podia indicar que algo mais estava dando errado. Bateu a paranoia. Sabia que, por mais que tentasse controlar o circuito de pessoas e informações em torno do seu negócio, o risco de vazamento crescia junto com a expansão da "empresa". Passou na sua cabeça a cena de Ernesto dando com a língua nos dentes, imaginou até a possibilidade de estar no centro de uma cilada. Tinha que se mandar daquele lugar o mais rápido possível. Olhando mais para os retrovisores do que para a frente, decidiu que o mais seguro era ir direto para casa. De lá tentaria averiguar o que havia acontecido. Depois que atravessou o túnel e teve certeza de que não estava sendo seguido, João finalmente relaxou, sem pressentir que estava escorregando suavemente para dentro da boca do lobo.

Havia já algum tempo, João tivera que começar a pensar na questão do armazenamento da cocaína. Pela quantidade de droga que estava movimentando, não dava mais para ser um esconderijo doméstico qualquer. Um dos mandamentos do tráfico reza que a droga e o dono da droga não devem dormir sob o mesmo teto. Um expediente muito usado é descobrir uma maloca em local público – um matagal desses remanescentes na cidade, na cara de todo mundo, tão óbvio que se torna seguro. Mas João nunca gostou dessa alternativa, e preferia usar a do "inquilinato". A droga ficava na casa de alguém que não despertasse suspeitas – em geral um consumidor –, e esse alguém era pago com o direito de suprir seu próprio nariz com uma lasca do tijolo em torno de 40 gramas, o que para um usuário é uma verdadeira fortuna.

Era isto o que estava deixando-o especialmente tenso aquele dia. Tinha recebido recentemente 2,5 quilos de cocaína e, por esses favores adicionais que de vez em quando se pede ao anjo da guarda, havia deixado aquele barril de pólvora em casa mesmo. Mais uma vez, abusou da sorte. Estava pensando nisso quando entrou em sua rua, Engenheiro Alfredo Duarte, uma pequena via de paralelepípedo e sem saída, endereço de um punhado de casas e pequenas mansões. No final dela, havia um largo e um único prédio, fincado na montanha que, alguns metros abaixo, era perfurada pelo Túnel Rebouças. João estava morando naquele prédio. Mal tinha percorrido os primeiros metros da rua, ele observou um Fiat velho, bastante maltratado, meio mal estacionado do lado direito. Teve uma sensação péssima, mas seguiu adiante. Devia ser só mais uma paranoia. Caía a noite, e no momento em que parou, quase no fim da rua, dois carros estacionados acenderam os faróis na sua direção. Teve o reflexo de engatar a ré mas, ao olhar para trás, viu que o Fiat velho tinha saído do lugar e estava logo atrás dele, fechando a passagem. De repente, seis homens armados cercavam o seu carro.

João sentiu uma vertigem parecida com aquela dos pesadelos de criança, que sonha que está caindo de um prédio e o chão nunca chega. Por alguns segundos, o chão do seu carro e o da sua rua desapareceram. Devia ter um jeito de voltar um pouquinho aquele filme, para poder dispensar a tempo os 5 gramas pela janela do carro, para dar meia-volta ao ver aquele Fiat suspeito. No meio do sufoco, sentindo como se um air bag imaginário empurrasse seu peito contra o banco, lembrou de Ernesto. Filho da puta! Foi ele. Não era paranoia. E se foi ele, esses caras devem saber de tudo. João ainda esboçou uma reação, do tipo "o que vocês querem comigo?", mas não deu outra:

– Não adianta, não adianta! Você tá dado! A gente sabe que tu tem... – falou ríspido um dos homens à paisana, que cresceu para cima dele dispensando a liturgia de apresentações ou identificações. Era o jeitão de policial civil que João já conhecia.

Passaram a revistá-lo e logo encontraram o papelote no sapato. Procurando dominar os nervos, João tentou iniciar uma negociação em torno daqueles 5 gramas, mas não teve êxito. Os caras estavam mesmo bem-informados:

– Agora vamo lá na tua casa pegar o resto.

Apesar do aparato da "blitz", ainda não tinha havido escândalo. Mas entrar no seu prédio e pegar o elevador com aqueles seis sujeitos mal-encarados transformariam a já inevitável derrota em circo romano. Com razoável dose de frieza, João negociou um "habeas corpus" moral, conseguindo subir sem algemas e acompanhado de apenas dois dos seus algozes. E mais um pedido:

– Olha, não vou dificultar nada. Mas a minha mulher tá dormindo e queria evitar que ela acordasse, porque é capaz dela ter uma crise nervosa.

Parecia um pedido um tanto insólito, considerando que o apartamento seria revistado, móveis arrastados, luzes acesas etc. Ou melhor, as luzes não seriam acesas, porque a energia do apartamento estava desligada devido a um problema na fiação. Por preguiça de fazer o conserto, João e Sofia estavam vivendo à luz de velas havia um tempão. A busca teria portanto que ser feita na penumbra. Mas não houve dificuldade. Os policiais de cara acharam 2 quilos de cocaína numa gaveta do móvel da sala.

Ainda remexeram um pouco aqui e ali, mas logo encerraram a varredura. Estava mais que bom para eles. Sofia continuava dormindo como uma pedra, não viu nada. Os invasores até que respeitaram seu sono, procurando não falar alto, e acabaram involuntariamente "respeitando" também mais meio quilo de cocaína, que estava sob o colchão dela. Havia ainda 300 gramas de maconha, espalhados no chão de outro quarto, que por obra e graça da falta de luz também foram "respeitados".

Com cuidado para não fazer barulho, João fechou a porta do apartamento sem saber quando voltaria. Talvez anos depois.

Aquela quantidade de cocaína era suficiente para virar sua vida de cabeça para baixo. Estava com 30 anos, talvez reencontrasse o mundo só depois dos 40. Essa perspectiva o torturava enquanto entrava no elevador, que parecia pequeno demais para ele e seus dois "convidados" – ambos altos, fortes e de aparência pouco amigável, um negro e mais gordo, o outro branco e enxuto. A tensão da situação não permitira ainda diálogos mais fluentes. João queria insinuar a possibilidade de negociar sua liberdade – seu último cartucho –, mas sabia que uma tentativa de suborno podia piorar ainda mais a sua situação. Estavam saindo do prédio e João já soltara umas duas frases do tipo "vamos tentar resolver isso de uma forma menos trágica", mas não obteve qualquer sinal de volta. Será possível que dessa vez a honestidade dos homens da lei não estava à venda? Que país era esse, afinal? Que polícia era essa?

Enquanto tentava descobrir em que direção a vida o estava levando, João viu que seu destino mais imediato era conhecer por dentro aquele maldito Fiat caindo aos pedaços, que menos de uma hora antes o encurralara em sua própria rua. Era um Fiat 147 verde desbotado, caquético, embalagem perfeita para um conteúdo pouco simpático: duas escopetas, uma pistola e duas granadas. Ao pequeno arsenal juntavam-se agora 2 quilos de cocaína pura. João Guilherme ainda não sabia, mas passaria muitas horas refém daquele trem fantasma. Circulando perigosamente pelas ruas do Rio madrugada afora, viveria um interminável jogo de blefes e ameaças sob a mira daquela artilharia pesada.

Logo que entraram no carro, João finalmente ouviu uma resposta às suas indiretas sobre "acharem juntos um final feliz":

– O que você está querendo dizer com isso? O que você sugere?

Era a senha. Estava aberta a negociação. Não iriam direto para a delegacia. Mas isto significava também que, a partir daquele momento, tornavam-se invisíveis ao Estado de Direito. O Fiat 147 passava a ser território bandido. Em outras palavras, João tinha conseguido não ir preso, mas por enquanto estava sequestrado.

A conversa começou já com o carro em marcha, e começou mal. João fez a primeira sondagem sobre quanto custaria a sua liberdade e ouviu o que não queria. Os policiais deram início à linguagem do terror, explicaram-lhe que sua vida poderia estar acabando ali, e pediram 50 mil dólares para libertá-lo. João levou um susto e, quando viu, já tinha devolvido de bate-pronto:

– Isso é um absurdo! – disparou cheio de razão, como se estivesse numa negociação comercial à luz do dia e da lei.

Seus interlocutores obviamente não gostaram da reação, e só nessa hora João ficou sabendo que, na "ficha" que tinham dele, constava além da cocaína uma quantia de 100 mil dólares em espécie. Não era verdade. Como sempre, João torrava quase tudo o que arrecadava, e como ainda estava começando a vender os 2,5 quilos, o caixa encontrava-se praticamente zerado. Tornou a lembrar do Ernesto, aquele escroto: além de traidor, era mentiroso. Pela primeira vez passou pela sua cabeça encomendar a morte de alguém. É o que qualquer traficante faria num caso desses – não só por vingança, mas por segurança e afirmação de autoridade. Dois minutos depois, porém, a ideia já havia evaporado. Não tinha jeito, ele não dava para essas coisas. O Ernesto que se fodesse sozinho.

Naquela noite de sexta-feira, João tinha mil dólares no bolso e nem um centavo a mais em lugar nenhum. Se os policiais continuavam acreditando na tal informação sobre os 100 mil dólares, que voltassem à casa dele e revirassem tudo de novo. Mas eles acabaram se convencendo de que sua presa falava a verdade, e fizeram a primeira escala da noite, no bar Garota de Botafogo. Era melhor negociar em volta de uma mesa, não dava para ficar desfilando pela cidade naquele carro-bomba, altamente suspeito.

Na primeira rodada de chope, pedida para forjar normalidade, o preço do resgate caiu para 25 mil dólares. Para tentar levantar a grana, João fez os primeiros contatos de um orelhão em frente ao bar – ainda não havia telefone celular na época. Mas estava difícil achar alguém em casa numa sexta-feira à noite. Os dois civis estavam relativamente tranquilos, mas foram se enervando com a quantidade de ligações feitas pelo refém, sempre dizendo que ainda não tinha localizado as pessoas certas e precisava ligar novamente. Começaram a desconfiar que João pudesse estar articulando uma operação salvamento, um "bonde" armado para resgatá-lo, ou algo assim.

A situação se complicou de vez depois de um telefonema em especial. Na tentativa de acelerar a busca pelo dinheiro, João tinha ligado para casa e acordado Sofia (com jeitinho, na medida do possível), colocando-a em campo para disparar telefonemas. Nervosa, Sofia pedira a um casal amigo que fosse à sua casa lhe fazer companhia e ajudar na solução da enrascada. Em cinco minutos, Douglas e Patrícia, fiéis companheiros de boemia e anfetamina, estavam ao lado de Sofia – e de uma garrafa de uísque, que ajudaria a fermentar a criatividade do grupo. Quando João voltou a ligar do orelhão, Douglas já tinha um plano. E começou a detalhá-lo animadamente para o amigo, sem saber que do outro lado da linha um dos policiais marcava João homem a homem, com o ouvido praticamente encostado ao aparelho.

– João, é o seguinte: eu tenho um amigo desembargador, amigo de fé mesmo, que me ajudaria em qualquer roubada. Vamos armar uma cilada pra esses caras! Eu ligo pra ele agora e a gente vira esse jogo, tranquilo, é só você...

Furioso, o meganha, que tinha ouvido quase tudo, meteu a mão no gancho interrompendo a ligação.

– Que porra é essa de desembargador, caralho?!

João ainda tentou contornar. Disse que o amigo estava bêbado, aliás nem exatamente amigo era, tinha arrancado o telefone da mão de Sofia e não estava entendendo nada do que se passava, mas o tempo fechou assim mesmo. Os policiais pagaram a conta e voltaram para o Fiat.

Na orla de Copacabana, um bar e uma rodada de chope depois, os policiais-sequestradores concluíram que não era possível continuar dando mole por aí daquela maneira, e decidiram: os três se hospedariam num hotel, ali mesmo em Copacabana. Lá passariam o fim de semana, e João faria seus contatos para arranjar o dinheiro de dentro do "cativeiro". A ideia atormentou João. Ele achou que aquela custódia forçada já estava indo longe demais, e o nível de risco agora se multiplicaria. Além disso, acreditava que não conseguiria a grana se não tivesse liberdade para ir atrás dela. Mencionou a possibilidade do "habeas corpus", mas os dois reagiram de forma ríspida: não iam soltá-lo assim de graça porque não eram otários, e era bom que ele entendesse que não estavam ali de brincadeira, porra. Mas o refém não se intimidou e soltou o verbo, jogando todas as fichas numa ofensiva de persuasão à base de franqueza e lógica:

– Olha só, é o seguinte: o que eu quero é a minha liberdade. E liberdade pra mim não é viver escondido, fugindo de alguém. Vocês sabem onde eu moro, sabem tudo de mim. A liberdade que eu quero é poder cruzar com vocês na rua e dizer "E aí, tudo bem?", e continuar o meu caminho. Não me interessa sumir do mapa. Meus amigos, minha família, minha vida tá no Rio de Janeiro, não sei viver em outro lugar. Tudo o que eu quero agora é levantar essa grana, mas fechado num hotel no meio de um fim de semana isso vai ser difícil.

A clareza da oratória fez efeito. Pela pausa dos policiais, se eles possuíam algum milímetro quadrado de bom senso, a flechada atingira o alvo. Decidiram então parar em mais um bar, próximo à boate Help – tradicional ponto da *low life* copacabanense –, para que João tentasse novos contatos, enquanto decidiam o que fariam com ele. Os chopes e as horas de convívio, apesar dos incidentes, já propiciavam alguma intimidade (ou algo parecido com isso) entre as partes. O refém até se deu o luxo de pedir permissão para comer uma pizza. Foi atendido. E tinha mais um pedido urgente: precisava ir ao banheiro.

– Depois desse chope todo, não tá dando mais pra segurar... – explicou João.

– Pode ir – disse um dos policiais.

– Se quiserem vir comigo, tudo bem – lubrificou.

– Não precisa – retribuiu o outro, confirmando o ambiente de relativa confiança mútua que começava a se estabelecer. Mas aquele ensaio de civilidade era obviamente precário, e estava prestes a ir pelos ares.

Ao voltar do banheiro, João deparou com a cena insólita: os dois policiais civis encontravam-se no mesmo lugar, mas sua mesa estava cercada por seis policiais militares, mais o gerente do bar e dois garçons. "Fudeu", pensou ele, na fração de segundo em que tentava descobrir o que fazer. A poucos metros da mesa, daquelas com guarda-sol que ficam espalhadas pela calçada da orla, emoldurava a cena o Fiat 147 com o armamento pesado e os 2 quilos de pó. Era a dançada dentro da dançada. Muito azar.

Não dava para fugir, e à medida que foi se aproximando da mesa notou que os dois civis não pareciam acuados. Ao contrário, argumentavam ativamente. Percebeu, então, o que se passava: o gerente chamara a PM achando que aqueles três sujeitos altamente suspeitos (o refém incluído) iriam assaltar o bar. Mas o Fiat ainda estava incógnito, a dupla já sacara suas carteiras policiais e faltaria agora explicar a companhia de João, que vinha voltando do banheiro atordoado com a "surpresa". O jeito era transformá-lo em policial civil.

– Aí, colega, os caras acharam que a gente ia roubar o estabelecimento! – disse um dos civis a João, com um riso canastrão, dando-lhe a deixa sobre seu novo papel.

– Que isso, pô?! Assaltante não pede pizza... – emendou João, bonachão, entrando completamente no personagem, distribuindo sorrisos e tapinhas nas costas, e rezando para que nenhum dos PMs tivesse a ideia de pedir sua identificação policial. Não pediram, e ainda apresentaram a ele, como aos outros dois, um pedido de desculpas pela abordagem inconveniente. O gerente do bar também se desculpou, constrangido.

Na volta ao Fiat, aquele início de clima amistoso azedou novamente. Revoltados com o risco que correram, os dois policiais estavam de novo nervosos e ameaçadores. Por outro lado, o episódio vinha reforçar o ponto de vista de João Guilherme sobre o perigo e a ineficácia de permanecerem os três juntos, dando bandeira na noite do Rio, cavando dólar em orelhão. A cumplicidade no teatro para os PMs também tinha reforçado um pouco a sensação mútua de confiança, e o jeito foi reabrir as negociações. Arpoador, Ipanema, Arpoador de novo, de volta à avenida Atlântica, Botafogo. O Fiat-bomba estava chegando ao Humaitá quando saiu o acordo.

– Tudo bem, vamos te deixar aqui. Em cinco dias vamos à tua casa pegar a grana. É bom que você esteja lá, e os 25 mil também – avisou o negro, que era meio porta-voz da dupla.

– Cinco dias, não. Me dá até sexta-feira. Uma semana. Sábado e domingo não conta, não tem nem banco aberto. Só vou conseguir encontrar as pessoas na segunda-feira – regateou João.

Àquela altura, depois de horas de tensão, sustos, vários chopes e até alguma conversa-fiada, o tom entre os três era quase amigável, e a proposta de prazo foi aceita sem problemas. Na hora da "despedida", ouviu o que se poderia chamar de ameaça fraternal, se isso não fosse um paradoxo.

– Tem gente que numa situação dessa bota a cabeça no travesseiro, se vê sozinho e resolve sumir no mundo. Não vai fazer nenhuma besteira, hein? – falou o policial, quase como se aconselhasse um irmão mais novo. Só faltou dizer "juízo", "te cuida".

João reafirmou seu compromisso, disse que ficassem tranquilos, abriu a porta do carro e ganhou a rua. Enquanto atravessava em direção ao grande posto Petrobras situado numa bifurcação entre Humaitá e Botafogo, viu com o rabo do olho o Fiat indo embora. Deu vontade de saltar e dar um soco no ar, que nem Pelé, tamanha a sensação de alívio que o invadia. Antes disso, ligou do orelhão do posto para Sofia e contou a boa-nova: estava livre. Ou melhor, tinha comprado a liberdade, só faltava pagar. Quer dizer, estava em liberdade condicional, o que naquele momento dava no mesmo – ela podia ir buscá-lo no posto Petrobras. Sofia não conseguia parar de chorar e João não conseguia parar de rir, um riso frouxo, típico de quando a adrenalina cai de mil a zero em segundos. Como ninguém é de ferro, foram os quatro – João, Sofia, Douglas e Patrícia – para o Baixo Gávea, brindar à liberdade.

Na manhã de segunda-feira começou a corrida contra o tempo, e o primeiro telefonema foi para Fred, um jovem empresário carioca, amigo de infância e de algumas loucuras na juventude também. Não era seu único amigo rico, mas era o mais íntimo. Uma das últimas vezes que estiveram juntos havia sido em torno de algumas carreiras de pó. Continuava sendo um telefonema delicado, mas pelo menos o assunto não seria estranho ao outro. João ligou e não fez rodeios:

– Fred, dancei. Tô na mão dos caras. Preciso de 10 mil dólares pra sair fora. É muita grana, eu sei, mas quero saber se posso contar contigo.

Na cabeça de João, Fred seria o principal "benemérito" do seu resgate. Os outros 15 mil, batalharia no varejo. Dez mil dólares não significavam nem um arranhão no patrimônio do amigo, mas ninguém solta uma grana assim sem mais nem menos.

– Pera aí, João. Onde é que você tá? Tá preso onde?

– Não, tá tudo bem. Tô em casa. Mas tô na mira dos caras.

Fred ficou abalado com o drama do amigo, mas não foi paternal. Sabia que João estava metido com tráfico pesado, e já o havia censurado mais de uma vez. Perguntou se ele teria como pagá-lo. João tinha um terreno na Bahia, próximo a Porto Seguro, e ficou combinado que iria empenhá-lo como garantia para a dívida.

Com 10 mil dólares garantidos no primeiro dia de pescaria, desenhava-se um cenário azul. João chegou até a ir à praia, aliviado e confiante num final feliz para aquele pesadelo. Mas os dias seguintes foram diferentes. Na quinta-feira, penúltimo dia do prazo, o placar continuava parado nos 10 mil, e Sofia decidiu queimar sua poupança de 4 mil dólares. Na sexta, como combinado, o porta-voz dos policiais telefonou. João atendeu e foi logo dizendo:

– Olha, já arrumei alguma coisa, mas preciso até segunda-feira pra ir atrás do resto.

– Porra, meu irmão, aí tá complicando – reagiu o outro. – A gente vai ter que conversar pessoalmente, nós vamos até aí ver o que tá acontecendo...

– Não adianta conversar – cortou João. – Eu tô em casa, você não me achou em casa? Então eu não fugi. Me dá até segunda-feira.

Mais uma vez acabou merecendo a confiança dos policiais-bandidos. Concentrado, há vários dias sem cheirar e quase sem beber, João jogou toda a energia nos cartuchos finais que tinha conseguido selecionar. Mas não teve jeito. Segunda-feira chegou e das suas "fontes" não pingara nem mais um centavo. Os caras telefonaram e João confirmou o encontro, sem dizer nada sobre a grana. Entre preocupado e resignado, tinha ficado algum tempo contemplando os 14 mil dólares empilhados em notas de 100 sobre a mesa da sala. Era apenas pouco mais da metade do combinado, mas ali, ao vivo e em cores, aquele maço verde era imponente. "Eu não conseguiria recusar", pensou João, enxergando um fio de esperança de que o acordo pudesse vingar.

Anoiteceu e na hora marcada João desceu do apartamento para o largo mal iluminado que ficava no fim de sua rua sem saída, onde era o ponto de encontro. Os policiais civis já estavam lá. João cumprimentou-os educadamente, sacou o bolo de dólares e fez seu discurso de uma vez só. Pelo menos tentaria evitar a desconfiança de que tivesse baixado o valor do resgate por esperteza.

– O que deu pra arrumar foi isso. Aqui tem 14 mil dólares. Estou todo endividado, amigos me ajudaram, não tenho mais de onde tirar nem um centavo. Se tivesse, estava na mão de vocês, pode crer, porque pra mim o que interessa é me ver livre dessa história. Vocês sabem disso. Se pra vocês não valer a pena, podem me levar preso. Não tenho mais o que oferecer.

– Porra, mas não foi esse o combinado! – reagiu com rispidez o porta-voz dos meganhas.

Houve uma pausa, os policiais se entreolharam, trocaram comentários contrariados ("Complicou a situação do cara", "É, agora complicou"), testaram com algum terror psicológico o discurso de João, que não disse mais nada. Um dos dois se afastou e, pelo rádio do carro, conversou longamente com um dos seis colegas que tinham participado do "bote" dez dias antes. Possivelmente era uma espécie de coordenador da operação, que parecia ter poder de autorização ou veto. Por intermináveis minutos, João ficou ali em pé, com seu destino por um fio e a cabeça em disparada ("14 divididos por 6 dá 2 e pouco pra cada um... Quanto será que ganham esses caras?.. De repente vale mais pra eles me ver fodido na prisão... Porra, essa conversa não acaba...”). Finalmente, o policial desligou o rádio e voltou, agora com a voz empostada e uma pose de general que anuncia a retirada de suas tropas em nome da paz:

– Então vamos fazer assim. Tá tudo certo. Você fica tranquilo que a gente não vai mais te incomodar.

O alívio geral foi tamanho que, consumado o pagamento, em vez de seguir cada um para o seu lado, ficaram os três ali, na calçada, jogando conversa fora por um bom tempo. Durante o papo, um dos policiais brincava com uma granada, jogando-a de uma mão para a outra. João pediu-a emprestado para vê-la melhor, pois nunca tinha visto aquele modelo. O policial passou-lhe a granada, e seu colega não acreditou no que via:

– Que isso, rapaz? Tá maluco? Como é que você põe uma granada na mão do cara? E se ele resolve explodir a gente?

– Que nada, tudo certo. Era só curiosidade – disse João, devolvendo o artefato. Os três riram juntos da situação.

Dois dias depois de terminado o pesadelo toca o telefone, ele atende e reconhece a voz de um dos seus sequestradores. Pedindo desculpas pelo incômodo, o policial diz que só queria saber se o ex-refém não gostaria de comprar de volta os 2 quilos de cocaína apreendidos em sua casa. Sem se alterar, João respondeu polidamente:

– Não, obrigado. Decidi parar com esse negócio, dá muito problema.

Desligou o telefone e nunca mais teve notícia dos tais policiais. Mas seu discurso era blefe. Com a perda dos 2 quilos, ficara devendo 12 mil dólares ao seu fornecedor de cocaína. Este, no entanto, não só manteve a confiança nele, como demonstrou satisfação por não ter sido delatado pelo cliente – o que, nos meios mafiosos, é uma atitude que não tem preço. Por isso, decidiu perdoar-lhe metade da dívida (6 mil), e ainda lhe cedeu 1 quilo da droga para que pudesse reerguer-se e voltar para o mercado. Naquele Natal de 1991 o traficante seria o seu melhor

Papai Noel. Como inseto que fica mais forte com o inseticida, depois do susto João estava pronto para novos voos – que se tornariam ainda mais altos, a partir do ano seguinte, na garupa do poderoso Nelore Puro.

5
O Eldorado é mais em cima

— Mamma mia! Tem um casal na cabine da rouparia!

O alarme foi dado tarde da noite, aos gritos, por um servente do trem que fazia a ligação entre Milão e Amsterdã, no verão europeu de 1994. O jovem barão carioca da Conexão Nelore acabara de fincar sua bandeira do outro lado do Atlântico, concluindo com sucesso uma operação de venda de 3 quilos de cocaína para a Holanda. Com 70 mil dólares distribuídos em maços nos bolsos do casaco, João Guilherme saíra para passear com sua mulher Sofia, comemorando a conquista da Europa. Sem destino certo, o único critério para as escolhas do casal, dos hotéis aos vinhos, era só consumir o que houvesse de melhor. Não valia hotel quatro estrelas. Naquele parque de diversões ilimitado, uma noite de amor a bordo de um trem em movimento fora um dos primeiros brinquedos escolhidos. Na hora de comprar os bilhetes, olharam para o topo da tabela de preços, como sempre faziam, e solicitaram uma cabine na primeira classe.

Embarcaram animados e dirigiram-se à suíte presidencial ambulante que imaginavam ter reservado. Lá chegando, porém, levaram um susto. Aquilo só era suíte presidencial se o presidente fosse dormir com seus ministros. A cabine tinha seis camas, três em cada lado, sendo que em um dos lados já havia uma alegre família instalada. João e Sofia se entreolharam perplexos, mas o trem já se preparava para partir e não houve tempo para qualquer manobra salvadora.

A viagem começou com o mau humor do casal pesando mais do que todas as bagagens juntas. Sofia se atracou com um livro e João resolveu dar uma circulada pelo trem. Quando reapareceu, não muito tempo depois, parecia subitamente mais alegre e comunicativo. Ela logo adivinhou: o caminho do bar fora descoberto e ele já estava na segunda cerveja. O parceiro ensaiava meia-volta para novo passeio pelos corredores quando Sofia, conhecendo bem o potencial de encrenca que havia naquela alegria súbita, aconselhou-o a ficar quieto na cabine.

– Fica tranquila, eu sei o que eu tô fazendo – reagiu convicto o forasteiro.

– É exatamente esse o meu medo – emendou ela, ainda destilando o mau humor, enquanto ele sumia porta afora para nova incursão exploratória pelo território desconhecido.

Mais 15 minutos e ele reaparece triunfante:

– Achei a nossa cabine. Pode trazer as coisas.

– Como assim, achou? A nossa é essa aqui mesmo, cara. Não pira... – Mas não deu nem para terminar a frase. Foi puxada pela mão e em 30 segundos estava dentro de uma cabine menor do que a outra, sem cara de suíte presidencial, mas inteiramente desocupada. Havia apenas duas pilhas de toalhas e lençóis sobre uma das duas camas beliche, sem a menor cara de ser bagagem de alguém. Enfim sós. Radiante, o casal abasteceu o local com um pequeno suprimento de cerveja, cigarro e cocaína, trancou a porta e finalmente pôs em prática a programação romântica original.

Tudo ia bem até o momento em que ouviram batidas na porta. Numa hora daquelas, já entrando pela madrugada, devia ser um engano. Optaram por não responder, mas as batidas se intensificaram. A insistência eliminava a hipótese de engano, mas eles não queriam saber. Já tinham sido incomodados muito além do que passageiros de primeira classe deveriam tolerar. Decidiram ignorar o impertinente. Que arrombasse a porta, se quisesse.

Mas a situação foi se complicando à medida que a criatura passou a esmurrar a porta e a soltar gritos que iam acabar acordando o trem inteiro. João então resolveu abrir, antes que se consumasse um escândalo. Do lado de fora, o funcionário uniformizado que interrompera a diversão do casal parecia não acreditar no que via. Os dois passageiros tranquilamente instalados, cercados de cervejas, em plena rouparia do trem. Exaltado, passou a repreendê-los em italiano, diante da expressão vazia e muda de João, que não entendia uma só palavra da descompostura, fora os "mamma mia". O funcionário só se acalmou ligeiramente com a chegada ao local do comissário do expresso, acionado com a informação de que havia um incidente na rouparia.

Forrados de drogas e dólares em espécie, o casal não estava em condições de comprar briga com ninguém. Mas o comissário parecia um homem sereno e civilizado, e João, num portunhol auxiliado pelo italiano rarefeito de Sofia, decidiu contar-lhe a verdade, ou quase:

– Compramos bilhetes de primeira classe achando que teríamos uma cabine exclusiva. Estamos em lua de mel, não queremos atrapalhar ninguém, só aproveitar esse momento especial a dois.

O comissário, um gentleman, pediu apenas licença para que o funcionário apanhasse algumas peças de cama e mesa para uso imediato, riu e desejou-lhes boa viagem. A rouparia estava oficialmente transformada em suíte nupcial.

Com uma bela fatia da Zona Sul carioca na palma da mão, João Guilherme passara a sonhar com a conquista do Velho Continente desde o dia em que soube qual era a cotação da cocaína por lá. Pagava-se até 30 mil dólares por 1 quilo de pó, nada menos que cinco vezes o preço no mercado brasileiro. Era a versão moderna do Eldorado, uma mina preciosa de consumidores endinheirados e ávidos pelo ouro branco. Mas tinha um detalhe, quase mítico, de tanto que já ouvira repetido quase nas mesmas palavras: a Europa só cheira cocaína pura. Aquilo era um obstáculo intransponível para a maioria dos negociantes urbanos brasileiros, e um trunfo para ele. Seu Nelore Puro seria capaz de transformar os exigentes colonizadores em dóceis colonizados. Enquanto não lhe aparecia o mapa da mina, porém, o sonho europeu às vezes parecia inatingível, como o próprio Eldorado. Até o dia em que conheceu Felipe.

Não era um dia qualquer. Naquele 17 de julho, Brasil e Itália iam disputar a final da Copa do Mundo de 94, em Los Angeles. Para os brasileiros, era o dia de realizar um sonho de 24 anos – a conquista do tetra. Para João e umas duas dezenas de amigos, mais um pretexto para realizar o sonho de todos os dias – festejar, beber, enlouquecer. A seleção que fizesse a sua parte no estádio Rose Bowl, porque eles iam fazer a deles num casarão no bairro de Santa Teresa. A "concentração" é que seria um pouco diferente da dos jogadores: como estimulante principal, em vez das preleções de Parreira e Zagalo, cocaína servida em bandejas por João.

Desde que ascendera ao baronato da brizola, movimentando volumes colossais e alcançando alta lucratividade, ele se dera o luxo de despoluir certos rituais da cheiração de pó. Os espetáculos de mesquinharia, por exemplo, comuns nessas rodas – sobretudo no momento de repartir o produto –, estavam proibidos na sua presença. Não admitia mais ver ninguém brigando porque sua carreira estava meio centímetro menor que a do vizinho, e a melhor maneira de fazer cumprir sua lei era tirar o dinheiro da roda. Aos amigos mais chegados – e ele tinha muitos amigos mais chegados – garantia cocaína boa, farta e gratuita. Notas de real ou dólar só saíam das carteiras se fosse para virar canudo.

Naquela tarde fresca de inverno, assim como nas inúmeras outras jornadas quase diárias de prazer e loucura que aquela gente vivia na época, João estava no comando. Não que tivesse ou quisesse ter qualquer liderança sobre os amigos. Mas sua vocação notória para as artes da diversão boêmia, e sua condição de provedor do combustível químico das cabeças, davam-lhe inevitavelmente um ar de regente da orquestra. Só que naquele dia havia um outro regente no recinto. João não o conhecia, mas ele logo chamou sua atenção por ser também um provedor. Sua droga, porém, era então praticamente desconhecida dos brasileiros: o skank. Variação da maconha, só que muito mais potente devido ao cultivo em estufa, o novo psicotrópico estava tendo a sua primeira série de incursões comerciais no Brasil pelas mãos de Felipe.

Magro, alto, pele branca e cabelo bem cortado, discretamente sedutor, ele transparecia na forma e no conteúdo os seis anos de vida na Europa, a maior parte deles na Holanda. Falava bem de qualquer assunto, demonstrando cultura vasta, especialmente musical. Trouxera discos e apresentara aos amigos, entre outros, o som do Oasis, que viria a ser uma das maiores bandas de rock inglesas. Na ocasião, o grupo apenas acabara de lançar seu primeiro sucesso, "Supersonic", e ninguém no Brasil sabia o que era. Aos 36 anos, Felipe morava em Amsterdã com a namorada inglesa num apartamento que era ao mesmo tempo seu escritório de exportação de drogas – e, para fazer brilhar os olhos de João, de importação também.

O jogo estava prestes a começar, e a torcida pela seleção brasileira acabou tendo que ser muito mais compacta do que o imaginado. Entre os atrativos para a sessão futebolística no casarão de Santa Teresa despontava uma televisão de 29 polegadas, dimensões extraordinárias para a época. Na hora, porém, a imponente tela apagou e não havia santo, chave de fenda ou tapa que a fizesse voltar do desmaio. O jeito foi transplantar de um dos quartos para o salão uma nanica de 14 polegadas, diante da qual a esfuziante torcida teve que se comprimir para tentar distinguir o Romário do Dunga. Aquele bolinho de gente espremida no centro de uma sala que não acabava mais tornou a torcida ainda mais vibrante no casarão de Santa Teresa – e nas outras casas e bares por onde o grupo passaria as horas (e os dias) seguintes, celebrando o tetra.

Atraídos por mútua curiosidade, João e Felipe atravessaram lado a lado a maratona de festejos. Foram ficando amigos e não demorou para que começassem a falar de negócios. Como a objetividade era uma característica dominante nos dois, logo descobriram por que a vida marcara aquele encontro entre eles: sim, o Eldorado existia, e Felipe tinha a chave da porta da frente. Com seu portfólio de grandes clientes selecionados a dedo durante três anos, e a qualidade rara da cocaína oferecida por João, poderiam formar uma conexão de alta performance, cercada de confiança por todos os lados. Numa mesa de bar, entre gritos de "Brasil!" e "Romário!", iniciaram imediatamente os acertos para a primeira Operação Amsterdã.

– Que quantidade você pode enviar? – sondou o brasileiro radicado na Holanda.

– A que você quiser – devolveu o homem do Nelore, exibindo seu poder de fogo. – Quanto você sugere?

– Três quilos é um bom começo.

Os narizes europeus não perdiam por esperar. Mas faltava articular uma perna da operação, que era a logística para o transporte da droga. Leôncio era o homem certo. Violonista clássico de razoável sucesso profissional, 38 anos, alto, forte e pacato, ele já tivera negócios com João. Iniciaram uma sociedade, tentando inclusive uma exportação para a Espanha – que acabou em fracasso justamente pela falta de um agente qualificado na ponta europeia, como Felipe. Mas além de supervisionar a mula (a pessoa que levaria a carga consigo), cuidando de toda a parte de passagens, rotas e hotéis, Leôncio dominava as mais avançadas técnicas do disfarce.

A chave do esquema era o personagem do "artesão", um costureiro aliciado por ele para submeter casacos comuns a uma transformação cirúrgica. Eles eram inteiramente desmanchados e praticamente refeitos com cocaína dentro. O forro era retirado e no lugar dele eram colocados centenas de saquinhos cheios de cocaína, por sua vez costurados entre si, um a um, como escama de peixe. O novo "forro" era ainda revestido de carbono e lã de vidro, para embaçar a fiscalização por raios x, e recebia um spray repelente para cadelas no cio, que afastava os cães farejadores e tinha efeito por no mínimo 24 horas. A vestimenta era então reconstituída em detalhes, com suas costuras desenhadas e reforçadas exatamente como no original. O serviço saía tão perfeito que, depois de vendida a cocaína, retirá-la dali era trabalho para várias horas.

João ligou para Leôncio, chamando-o para a empreitada, mas sequer referiu-se a Felipe:

– Agora eu vou te mostrar como é que se faz pra vender na Europa – provocou, aludindo ao fracasso da tentativa anterior, toda conduzida pelo homem dos casacos.

Leôncio supervisionaria a viagem da mula, mas dessa vez João iria pessoalmente fechar o negócio. E como se não bastasse a excitação de uma operação daquele porte, era também, aos 33 anos, sua primeira viagem à Europa. Quando finalmente ficou tudo pronto, menos de um mês depois daquela final de Copa do Mundo, ele revelou o plano a Sofia e guardou para o final a parte mais bombástica da notícia: ela estava "convocada" para acompanhá-lo na missão.

A aterrissagem europeia da Conexão Nelore não poderia ser mais suave e segura. Felipe não contara nem um milímetro de prosa: comandava mesmo um esquema de gente grande – eficiente, discreto e rápido. Tinha acesso direto a alguns dos maiores receptadores do mercado de Amsterdã, não mais que meia dúzia de grandes facções russas, israelenses e colombianas, e estavam todos previamente avisados. Quando a cocaína chegasse, receberiam uma confirmação e amostras para atestar a pureza. Do momento em que João desembarcou até a consumação da transação, transcorreram pouco mais de 48 horas. Foi o tempo de encontrar a mula – que vinha pela Bélgica, uma rota menos visada – e internarem-se no apartamento de Felipe para, armados de faca, tesoura e muita paciência, "desconstruir" os dois casacos, com 1,5 quilo de cocaína cada. De repente, no meio daquela trabalheira, como se tivesse dado um pulo na esquina para comprar pão, o anfitrião apareceu com o pagamento da transação: 90 mil dólares, dinheiro vivo, pago no ato. Business de verdade, impróprio para iniciantes.

Daquele total, 10 mil seriam da mula, o brasileiro que levara a droga acondicionada nos casacos. Seu nome era Jonas, um carioca de classe média que tinha o perfil exato para a função: era discreto, frio, conhecia bem a Europa e falava quatro idiomas. João o convidara para substituir as mulas indicadas por Leôncio. Outros 10 mil dólares ficariam com Felipe. Alex, o fornecedor do Nelore Puro, receberia 18 mil (6 mil por quilo) e os outros 52 mil dólares eram de João e Leôncio, meio a meio. Depois de celebrar num jantar de reis o sucesso da Operação Amsterdã e a nova sociedade, brindando com champanhe até de madrugada com Sofia, Felipe e sua namorada inglesa, João Guilherme tinha seus vários bolsos cheios de dinheiro e nenhuma pressa. Retornar ao Brasil? Colocar aqueles dólares a salvo? Impulsionar seus negócios no Rio? Nada disso era mais urgente do que pagar para ver, ali mesmo, o que a vida tinha para lhe dar. Depois de amanhã era longo prazo, semana que vem era futuro remoto. A vida era agora.

O casal acordou, pagou a conta do hotel e se mandou para a estação ferroviária, *easy rider*, sem guias, mapas, nem um telefonema sequer. Iriam embalados pela curiosidade e pela grana.

Assim iniciavam a viagem dourada de 15 dias na qual João gastaria nada menos que 80% do dinheiro que lhe rendera a transação.

– Vamos pra Paris – propôs Sofia, que já conhecia a Europa, ao entrarem no táxi.

João topou, mas na hora de comprar os bilhetes souberam que era preciso visto para entrar na França. Tudo bem, iriam para a Itália. Nada mais saboroso que começar o passeio pelo país de Roberto Baggio, o homem que acabara de dar a Copa do Mundo ao Brasil chutando um pênalti para fora. Na chegada a Veneza, só foram pensar em hospedagem já desembarcados do trem. A escolha não era difícil: queriam apenas a melhor suíte do melhor hotel. Pouco acostumado à arquitetura europeia, especialmente a mediterrânea, João a princípio estranhou um pouco a construção baixa, quase plana, onde passariam as próximas horas, ou dias, o que desse na telha. Mas em alguns minutos ali dentro seus sentidos já estavam devidamente arrebatados pelo padrão local de conforto e estética. A primeira visão interna da suíte lembrou-lhe os salões dos apartamentos antigos da avenida Rui Barbosa, no Flamengo, pela amplidão e o aproveitamento contínuo do espaço. Estava admirando o belo equilíbrio entre madeiras e mármores quando deu de cara com o banheiro. Ali quase dava para jogar uma partida de futebol de salão, sendo que na banheira de hidromassagem caberia o casal e mais umas duas italianas (embora apenas Sofia estivesse nos seus planos). A rigor, seu plano mais imediato era mesmo jogar-se sozinho naquela banheira e deixar o mundo do lado de fora.

– Amore, vou testar esse banho veneziano. Se me ligarem, diz que estou em reunião.

Ligou a água bem quente, adicionou bastante espuma, fechou a porta e desabou naquela banheira semiolímpica. Era sua primeira pausa de verdade desde que iniciara a megaempreitada, e sua cabeça pôs-se a repassar toda a Operação Amsterdã, desde o primeiro encontro com Felipe em Santa Teresa. Jamais imaginaria que um mês depois de ver os italianos caírem diante do Brasil ele próprio estaria com a Itália a seus pés. Fora mais simples do que supunha, agora até parecia um filme. Mas o bom é que era tudo real. Os dólares, o banho de espuma em Veneza, a liberdade para fazer o que bem entendesse da vida. Aquilo tudo tinha um nome: poder. Sentiu orgulho da sua ousadia, da sua intuição, das suas manobras certeiras no fio da navalha. Montaria mais e melhores Operações Amsterdã, nada poderia detê-lo. Na calma daquele banheiro cinematográfico, com o vapor acariciando-lhe a face, sentiu-se invencível.

Mas a atmosfera de calma foi repentinamente quebrada por uma série de estampidos ao longe. João estranhou, achou que devia ter sido só impressão, mas o ruído se repetiu, agora bem mais próximo. Seu coração disparou: parecia som de tiros. Veio outra sequência, ainda mais alta, parecendo vir já de dentro do seu apartamento, agora acompanhada de gritos de mulher. Era a voz de Sofia! Meu Deus, tinham sido descobertos. Não era possível, tudo fora tão benfeito... Ou seriam bandidos no rastro do dinheiro? João tentou levantar-se da banheira para ir ao encontro da mulher, mas não conseguiu. Algo o prendia ao fundo, talvez a força de sucção dos ralos, que deveriam ter-se destampado. Sua mulher gritou novamente, chamando seu nome em tom de desespero, e ele, reunindo todas as forças, agarrou-se à borda da banheira e finalmente conseguiu erguer-se.

Olhou em volta e não acreditou no que via: o banheiro estava inundado, com água a um palmo de altura e espuma quase alcançando a pia. Ele tinha ferrado no sono, e o barulho das "rajadas" era Sofia espancando a porta trancada do banheiro (os gritos desesperados eram reais). A água do banho já invadira o quarto e, como João não respondia, ela começara a temer o pior. Ainda zonzo, ele gritou que estava tudo bem, enquanto fechava as torneiras às pressas. Como sempre acontece nessas horas, o susto dela foi se transformando em raiva – mas o dele, em compensação, foi se transformando em alívio. Quando destrancou a porta, os olhos de Sofia faiscavam. Ele abraçou-a para acalmá-la, ela o abraçou para não estrangulá-lo. Beijaram-se longamente, e a alta-tensão foi sendo convertida em apetite um pelo outro. A drenagem do banheiro teria que ficar para depois.

O amor sugeria um bom vinho, o vinho sugeria uma cheiradinha, que sugeria uma cerveja, que sugeria mais um pouco de cama. Na primeira noite em Veneza, a cidade e o casal não veriam a cara um do outro. Internados na monumental suíte, os dois só largariam o primeiro brinquedo do parque de diversões ao raiar do dia seguinte.

Acordaram já de tarde e partiram direto para o brinquedo seguinte, inevitável: navegar os famosos canais de Veneza. Mas como João não era o homem do ópio, e sim da cocaína, aquelas gôndolas lhe pareceram lentas demais.

– Sofia, nessa velocidade aí eu não vou aguentar. Vamos de lancha.

Alugaram uma só para eles, e disseram ao marinheiro para atravessar toda a cidade navegável, só parando quando anoitecesse. Antes de desembarcar, deslumbrados e já ligeiramente bêbados de novo, pediram a indicação de um restaurante com música ao vivo. Havia um ótimo atrás da Piazza San Marco, bem perto de onde estavam. Sentaram-se próximos ao cantor, que se acompanhava com um violão elétrico, tocando músicas de várias partes do mundo. Pediram mais bebida – agora vinho branco – e foram estabelecendo uma empatia com o artista, aplaudindo seus números e batucando de leve na mesa. Da parte de João, era tudo, no fundo, uma enorme vontade de tomar para si o violão e apresentar-se para aquela animada plateia italiana, cada vez mais numerosa com o avançar da noite. Numa das pausas, o cantor finalmente mostrou ter decifrado seu desejo e o chamou até lá, convidando-o para executarem um número juntos.

João tinha bebido um pouco mais do que o ideal para concentrar-se em afinação e timbre vocal, por isso escolheu uma das músicas que costumava interpretar com mais segurança – "Marina", de Dorival Caymmi, que por sorte o músico local sabia tocar.

– "Marina, morena, Marina, você se pintou" – atacou o brasileiro oferecido, logo sentindo um frio na espinha diante da indiferença do público com os primeiros versos. Estariam estranhando sua presença ali? Nem Sofia sorria para ele. Estaria sua voz soando distorcida? Talvez estivesse cantando perto demais do microfone... Mas agora não podia encolher-se, como jogador de futebol que fica tímido quando lhe dão a bola. Foi soltando a voz, e quando a música se aproximou de seu clímax melódico ("Eu já desculpei tanta coisa/ Você não arranjava outro igual..."), soaram algumas palmas. Foram curtas e não muito intensas, mas suficientes para enchê-lo de confiança e levá-lo a duplicar refrões e estrofes, esticando animadamente o improviso. A plateia não chegou a pedir bis, mas aplaudiu bastante no final. Era o que bastava para que ele pudesse se orgulhar de sua "canja" na cidade mais romântica do mundo – e contar muita vantagem sobre ela.

Sofia recebeu-o na mesa orgulhosa, encheu-o de beijos, mas levantou-se e saiu. João perguntou-lhe aonde ia e ela respondeu, sem olhar para trás, que ia ao banheiro. Sua caminhada sinuosa denunciava a quantidade de bebida ingerida – já estavam na sexta garrafa de vinho – e ele pediu que tomasse cuidado. Lembrou-a de que, além de tudo, tinha drogas de vários tipos na bolsa.

O cantor titular já reassumira seu posto, e João sentou-se para assistir. Uma música, duas, três, e Sofia não voltava. Não devia tê-la deixado ir sozinha. Foi atrás dela, preocupado, e não a viu pelo caminho. Seria possível que ainda estivesse dentro do banheiro? Foi até lá, bateu na porta, gritou o nome dela, mas ninguém respondia. Não tinha jeito, teve que invadir. Sentada sobre a pia de mármore, encolhida, abraçando as próprias pernas, Sofia chorava baixinho. João correu em direção a ela:

– O que houve?! Você tá passando mal! Devia ter me chamado!

– Nunca me senti tão bem – disse ela sorrindo, com os olhos cheios d'água. Tinha começado a cantar, gostara de se ouvir na acústica favorável do banheiro e ficara ali deixando a emoção aflorar. Só isso.

Pagaram a conta, deram as mãos e saíram cantando pela madrugada, agora praticamente deserta. Uma canja particular para as pedras medievais de Veneza, que terminaria com os dois estatelados no chão da Piazza San Marco, vidrados nas estrelas. O transe do casal só seria interrompido pelo aparecimento de uma patrulha noturna muito pouco amistosa, e dessa vez não era sonho. Em impressionantes fardas amarelas e pretas, os guardas não pediram que se identificassem. Apenas avisaram que iriam detê-los se não se retirassem dali imediatamente. Isso não era jeito de cortar a viagem dos outros, e nenhum dos dois era de levar desaforo para casa. Mas como estavam tão longe de casa acharam melhor engolir aquele sapo e se recolher.

João e Sofia tinham em comum o pavio curto, e o hábito de não guardar pólvora para o dia seguinte. Talvez por isso, sob a mistura do cansaço, da ressaca e do baixo-astral daquela abordagem ríspida, os desaforos não ditos aos guardas acabaram metralhados um contra o outro. O casal se estranhou, se agrediu, se xingou. Foram dormir brigados. Eles eram assim mesmo, como na música de Herbert Vianna: precisavam se odiar um pouco, para depois se amarem mais. Na Europa ou no

Nirvana, se o tempo não fechasse furiosamente de vez em quando entre eles, não eram João e Sofia.

Em Milão também haveria um princípio de estranhamento. Por motivos de segurança e por temperamento, João não costumava dar detalhes dos seus negócios. Da própria Operação Amsterdã, embora tivessem viajado juntos, Sofia não conhecia todos os dados. Às vezes, ela desconfiava que a permanência dos dois no continente poderia estar ligada a outras operações. Numa tarde, João lhe disse que fosse andar pelas lojas, fizesse as compras que desejasse, porque ele ia sair para caminhar sozinho um pouco. Separaram-se com algumas nuvens negras sobre suas cabeças, e ele caminhou até sumir do campo de visão dela. Então tomou um táxi e rumou para o outro lado da cidade, mostrando um cartão ao motorista e pedindo que o levasse àquele endereço. Mas a empreitada nada tinha a ver com tráfico ou qualquer outra armação inconfessável. O destino era uma joalheria, onde Sofia na véspera se apaixonara por um colar e dois brincos em pedra granada e ouro. Era o único tipo de joia que sua mulher apreciava – peças ricas mas sóbrias, em estilo quase rústico –, e ele pegara o cartão da loja sem que ela visse.

Quando chegaram ao local, porém, a joalheria tinha acabado de fechar. Decidido a não voltar sem o presente, João pulou do carro e viu que ainda havia uma pessoa lá dentro. Pôs-se a bater na porta de vidro, e não parou até que a vendedora, já uma senhora, se aproximasse desconfiada. Sem saber explicar o que queria, ele só apontava para as joias que escolhera. Diante daquela figura duvidosa, parada em sua porta numa rua já quase deserta devido ao fim do expediente, a vendedora não se movia. João usou então o único argumento que lhe restava: enfiou a mão em um dos bolsos do inseparável casaco e sacudiu no ar um grosso maço de dólares. A expressão da assustada senhora se modificou imediatamente e ela abriu a porta.

O cliente confirmou as joias que queria, a vendedora lhe disse que o colar e o par de brincos saíam por 2 mil dólares, e ele já se preparava para entregar-lhe o dinheiro quando ela fez sinal para que esperasse. Perguntou-lhe então seu nome e onde estava hospedado, foi para o telefone e contactou o gerente do hotel. João percebeu que a velha senhora estava checando se havia alguma suspeita contra ele. Em seguida, sem disfarçar, ela ligou para a polícia. Informou a área do hotel e a da joalheria, perguntando se havia algum registro de assalto, ou algum alerta sobre despejo de dólares falsos. Finalmente autorizada a compra, ele teve vontade de deixar aquela criatura amarrada no banheiro com a cara dentro da privada, mas preferiu apenas pagar e voltar para o táxi. Até porque a intuição da velhinha estava certa: aqueles dólares eram realmente sujos. Ou melhor, tinham sido. Agora, haviam acabado de se transformar em duas joias lindas – e, olhando assim, ninguém diria que elas descendiam de 3 quilos de cocaína.

Sofia não caiu para trás porque não era do seu feitio se derreter, mas se emocionou profundamente – não só com as preciosidades em si, mas com toda a manobra secreta de João. Era um casal que, no fundo, saboreava viver entre desencontros e reencontros. Ambos gostavam de surpreender e ser surpreendidos, de ter que administrar alguma incerteza em relação ao outro. Em geral, preferiam devorar a vida com um pouco de pimenta, adrenalina e riscos. Era o que não faltava naquelas andanças para cima e para baixo com os bolsos cheios de cocaína, haxixe, LSD e dezenas de milhares de dólares. Num dos deslocamentos entre Amsterdã e Milão, porém, a sorte pareceu ter-se cansado de tanto deboche.

A encarregada do bar havia estranhado o passageiro que pedira sua segunda cerveja. O hábito corrente naquele trajeto era tomar apenas uma lata, até porque seu volume era de meio litro. Mas ela ainda não tinha visto nada. Não muito tempo depois, com a maior naturalidade do mundo, ele estaria debruçando no balcão para pedir sua sétima cerveja. A culpada era Sofia, que para variar não parava de ler e deixara-o sozinho com sua inquietude crônica. Observando o vaivém cada vez mais animado do parceiro, e conhecendo bem a peça, ela soltou o aviso tradicional, sem nem tirar os olhos do livro:

– Fica quieto que você vai fazer merda.

Mas ele estava excitado demais para ficar parado. E comentava justamente que adorava viajar em pé no trem, que dá para sentir melhor os movimentos e blá-blá-blá quando o vagão deu um solavanco mais forte e ele perdeu o equilíbrio. Teria desabado como um pacote flácido se não tivesse agarrado uma alavanca salvadora que pendia do teto, bem a seu lado. Na mesma hora, ouviu-se um guincho ensurdecedor e o trem deu uma freada violenta, parando completamente em poucos segundos. João Guilherme tinha acionado o freio de emergência.

Os dois viram de cara o tamanho da enrascada em que haviam se metido. Sofia ficou petrificada na mesma posição. João se atirou na cabine ao lado e fingiu que estava dormindo. Logo os comissários que percorriam a composição para averiguar o ocorrido chegaram à cabine deles. Ela falava um pouco de italiano, mas caprichou tanto no personagem que parecia não falar língua nenhuma:

– Hein? Freio? Alavanca? Trem? Não, não vi. Não sei...

Percebendo que Sofia estava sob pressão, o autor da lambança desistiu de se esconder e voltou à sua cabine. Tentou endossar a dissimulação dela, mas os comissários já tinham verificado que o lacre do freio estava rompido. Só restou admitir a culpa e tentar argumentar que fora involuntário, um acidente. Eles não queriam saber. Apenas diziam que o que acontecera era algo muito grave. Mas acabaram se retirando sem fazer referência a qualquer punição, multa ou ordem para que deixassem o trem na estação seguinte. O casal caiu na gargalhada, até porque, no final, a trapalhada parecia ter saído barato.

No meio da madrugada, porém, acordaram com alguém batendo forte na porta da cabine. João levantou sobressaltado, perguntou quem era, mas de fora só veio uma ordem para que abrisse. Ele obedeceu e deu de cara com dois homens fardados. Queriam os passaportes. Provavelmente, era a polícia aduaneira italiana, e a abordagem lhe pareceu especialmente severa.

– Ah, vocês são os brasileiros – disse um deles olhando os passaportes, deixando claro que seus nomes já estavam visados. Em tom levemente ameaçador, repetiram que o ato de frear um trem era uma falta grave e informaram que isso poderia resultar em expulsão do país.

O casal ouviu aquilo tudo meio atordoado de sono, e mal os guardas se retiraram Sofia voltou a dormir. João, porém, não conseguia. Estava certo de que haviam despertado suspeitas, e que a qualquer momento iriam sofrer uma dura para valer. Logo que amanheceu, sacudiu a mulher e lhe transmitiu sua desconfiança. Manteve os dólares no casaco, mas juntou todas as drogas que tinham com eles, comprimiu-as num saco plástico até assumirem um volume pouco menor que uma bola de tênis e disse a ela que escondesse dentro da calcinha. Embora achasse aquilo um certo exagero, ela assim o fez.

Decidiram sair para tomar café e ele pôs a cabeça de fora, olhando nas duas direções para ver se havia alguma movimentação diferente. A princípio não percebeu nada, até que, no fundo do corredor, notou um homem jovem, de camisa de malha comum e calça jeans, andando na direção da sua cabine com um pastor alemão na coleira. João trancou a porta esbaforido, descreveu a figura a Sofia e disse ter certeza de que aquilo era polícia. Ela não deu a menor importância ao alarme:

– Relaxa, cara. As pessoas na Europa andam com seus cachorros em tudo quanto é lugar. Deixa de ser paranoico e vamos tomar café.

Quando abriram a porta, o sujeito com o cachorro chegava exatamente naquele ponto do corredor, mas passou direto, sem nem olhar para o lado. Sofia chegou a piscar o olho para João, como quem diz "não falei?", quando o cachorro reapareceu, avançando para dentro da cabine e indo com o focinho direto entre as pernas dela. No susto, Sofia deu uma pernada no pastor, que recuou uns 2 metros. Logo em seguida, o tal rapaz de jeans e mais outro irromperam porta adentro, dando ordem para que o casal ficasse onde estava porque a cabine ia ser revistada. Era a polícia.

Reviraram tudo, abriram malas, jogaram roupas no chão, arrancaram lençóis e colchões das camas. O cão continuava farejando vorazmente cada centímetro dos aposentos, menos a calcinha de Sofia. Por algum motivo inexplicável, ele não se aproximara mais dela. A blitz terminou sem que nada fosse encontrado. Com a cabine virada de cabeça para baixo, os policiais pediram licença e se retiraram, como se tivessem acabado de fazer uma checagem de rotina. Um enorme alívio tomou conta do casal, mas logo uma ponta de indignação brotou em João. Se eles eram inocentes, mereciam pelo menos um pedido de desculpas pela invasão truculenta.

Estava dizendo isso quando o cachorro deu meia-volta e reapareceu como uma flecha dentro da cabine. "Fudeu, agora vai achar", pensou ele, já notando o retorno também dos policiais. No entanto, o animal novamente passou ao largo de Sofia e dessa vez enfiou o focinho num saco de presunto, começando a tentar rasgá-lo com os dentes. Foi a deixa perfeita para João assumir totalmente o papel do cidadão ultrajado. Misturando um mau espanhol com alguns termos em inglês, partiu para o ataque:

– Isto é um absurdo, uma violência! Nossa bagagem é revirada sem explicação e agora esse cachorro avança na nossa comida! Onde estão os nossos direitos?!

Irremediavelmente constrangidos, os invasores recolheram o farejador trapalhão, pediram desculpas e foram embora.

João e Sofia seguiram viagem, deixando para trás mais uma assombração em seu parque de diversões.

Antes de retornar ao Brasil, o emergente barão do pó voltaria a despachar com Felipe em Amsterdã. Considerando fluxos de fornecimento, *timing* de mercado e outras variáveis da sua conexão, concluíram que no máximo em três meses poderiam realizar a próxima operação. A parceria estava fundada e prometia muitos frutos, embalada pelo entrosamento cada vez maior entre os dois. Mas, apesar da afinidade crescente, ambos tinham alcançado aquele degrau do tráfico a partir de características pessoais quase opostas: se João era intuitivo, arrojado e pouco reverente aos riscos, Felipe era calculista e cismado, beirando a mania de perseguição. Este contraste determinaria destinos completamente diferentes para os dois parceiros.

6
Só para os loucos, só para os raros

Na passagem de 1994 para 1995 João Guilherme estava com um pé no século XIX e outro no século XXI. Tornara-se uma ponte entre o interior arcaico do Mato Grosso – onde estava fincado o superlaboratório de refino da cocaína Nelore Puro – e o coração da Europa pós-industrial, onde se desenhavam as últimas tendências da cultura urbana. No momento em que emergia o conceito da globalização de mercados, a envergadura da conexão que montara faria dele um modelo de traficante moderno, se não tivesse também o seu lado pré-capitalista: João era a própria negação do princípio da acumulação de riquezas. Planejamento, poupança e investimento não faziam parte do seu vocabulário. Dinheiro na sua mão não era capital, era papel vadio a ser trocado por diversão e opulência. Talvez por isso o estilo empresarial de Felipe, seu sofisticado parceiro na Holanda, despertasse tanto a sua curiosidade.

Apesar de terem desenvolvido uma relação estreita, muito favorecida pela origem social comum, na esfera "profissional" Felipe era quase misterioso, indevassável. Não dava qualquer detalhe sobre os mafiosos russos e israelenses que compunham sua clientela, nem sobre há quanto tempo ou onde negociava com eles. Muito menos sobre quanto o tráfico já lhe rendera. João não fazia questão de saber qual dos grupos arrematara sua mercadoria, mas não conseguia saber nem que margem Felipe acrescentava sobre o preço combinado. Uma coisa era certa: o parceiro não dava ponto sem nó, e financeiramente sabia o que queria. Uma vez, num encontro à beira-mar no Rio, otimista com o bom andamento dos negócios, ele baixou um pouco a guarda e acabou comentando um de seus planos:

– Minha meta é juntar 1 milhão de dólares. Aí vou parar pra pensar no passo seguinte.

Dali em diante, sempre que a conversa oferecia uma brecha, João perguntava a que distância Felipe estava da meta:

– Tô chegando lá – respondia com um meio sorriso, sempre sem mencionar valores.

Uma das estratégias que parecia clara no business do parceiro era a diversificação de produtos. Operava o mais regularmente possível com skank, cocaína, ecstasy e LSD (ácido lisérgico), protegendo-se das oscilações de cada um desses mercados. Agendava o seu vaivém entre Amsterdã e Rio sobrepondo ou encaixando em sequência essas operações, mas às vezes era pego no contrapé. Numa dessas, teve de embarcar de volta para a Holanda quando ainda tinha uma grande carga de LSD para vender no Rio. Propôs então a João que assumisse a operação. Mas este recusou, explicando que não tinha clientela formada para ácido, e não teria tempo para pescá-la no mercado.

– João, não vou ficar entrando e saindo de aeroporto com esse flagrante debaixo do braço à toa. Prefiro jogar tudo no lixo. Então, fica pra você. Tu não me deve nada.

Eram nada menos que mil ácidos. Uma monstruosidade, considerando-se que cada um daqueles drops era suficiente para manter alguém uma noite inteira vendo Lucy no céu com seus diamantes. Para os planos de Felipe, contabilizado e absorvido o prejuízo, aquilo passava a ser um acontecimento secundário; para os planos de João, acima de tudo um embaixador do desbunde coletivo, aquele fato iria imediatamente para o topo da agenda. Se nunca tivera metas monetárias, nem de 1 milhão, nem de 1 real, tinha agora uma meta numérica clara: proporcionar mil viagens lisérgicas às cabeças que prometessem as maiores taxas de retorno em divertimento e nonsense. Como na rima gaiata de João Penca e seus Miquinhos Amestrados: psicodelismo em Ipanema, todo mundo fora do sistema.

A temporada do delírio começaria, mais precisamente, pelo Leblon. Naqueles dias, a boemia da Zona Sul andava numa certa busca por sua sede central. O Baixo Leblon fora desbancado pelo Baixo Gávea, e este, após alguns graves episódios de violência – como o assassinato de Maurício Bezerra, irmão de um amigo de adolescência de João –, vivia um período obscuro. Foi nessa fase que alguns grupos começaram a transformar em arena etílica o estacionamento da Cobal, tradicional mercado de frutas e hortaliças no Leblon (e em Botafogo). À noite, sem os carros, sob a luz branda vinda dos botequins geminados que foram se anexando ao mercado, aquele pátio amplo tornava-se um ótimo refúgio na cidade aglomerada e calorenta.

João e seus amigos estavam entre os descobridores dessa alquimia urbana, que chegaria ao final dos anos 90 como um dos principais points noturnos da Zona Sul. Mas na metade da década, com poucas mesas e ainda mais cara de quintal de supermercado do que de celeiro boêmio, o estacionamento irrigado pelos botequins era um enclave alternativo por excelência. E podia tornar-se uma clareira surrealista na selva da cidade para quem fosse "abençoado" com um dos drops púrpura de João, apelidados por ele de *purple rain* (citando o hit de Prince, num trocadilho com o lisérgico "Purple haze" do mestre Jimmy Hendrix). Como um padre louco, ele pousava a pequena pastilha gelatinosa sobre as línguas dos que o procuravam, lembrava aos não iniciados que esperassem dissolver sem engolir, e despachava o fiel:

– Boa viagem, meu filho.

Não era candidato a líder espiritual, mas tinha razoável graduação nos domínios do delírio humano. João foi um dos muitos alunos aplicados da escola "maluco beleza" de Raul Seixas no fim dos anos 70. Ajudou a desbravar uma das últimas fronteiras do sonho hippie no Sul da Bahia, na lendária Arraial d'Ajuda, distrito de Porto Seguro. No embalo do guru diabólico Aleister Crowley, cultuado por Raulzito e Paulo Coelho (que na época não queria nada com Deus), João fez parte da geração que fundou naquele pedaço de paraíso uma espécie de ditadura dos sentidos ("faz o que tu queres, há de ser tudo da lei").

Entre os "exilados" naquela Arraial d'Ajuda ainda sem luz elétrica estava Ary Sobral, um professor de matemática de Niterói (RJ) que jogara tudo para o alto e decidira nunca mais calçar sapatos. Ao lado de uma morena mineira por quem se apaixonara, fixara-se numa espécie de chácara no início do caminho de terra que atravessava a barreira de floresta atlântica rumo ao mar. Naquele retiro espiritual, levou uma vida pacata até o dia em que, de uma velha Brasília coberta de barro, desembarcaram João Guilherme, sua cadela Diana, seu violão e alguns drops de LSD.

Além da esteira de palha e dos livros, Ary tinha em casa um atabaque, com o qual impressionava pela grande variedade rítmica e a resistência incomum: era capaz de tocar a noite inteira quase sem parar. É verdade que tinha pele "cascuda" (apagava cigarro com o dedão do pé), mas a questão não era apenas física. Dependendo da atmosfera e do encaixe sonoro com o parceiro, Ary mergulhava em autênticos transes musicais – como os muitos que viveria ao lado de João. Ambos tinham voz forte e afinada, ambos executavam bem baiões, reggaes e os ritmos mais "quebrados"; ambos queriam a cada momento levar o improviso às últimas consequências, triturar as previsibilidades, levar a sério na música e na vida o mandamento de Jim Morrison: a loucura é tão clara quanto o escuro da lucidez.

Logo João e Ary se tornariam a trilha sonora oficial da aldeia. A dupla ainda agregaria outros sons, como a gaita de Neno – carioca que ficou por lá de vez – e o violão pop-country de Rodrigo, baixista que tocara com João no Prisma. Juntos formaram a banda Água de Coco, que por cinco anos comandaria as noites lisérgicas de Ajuda. No início, vendo o sucesso que o grupo fazia, alguns donos de bares e pousadas tentaram organizar uma agenda de shows pelos points locais (instalados no casario pobre da vila de pescadores que acabaria rebatizada pelos novos frequentadores de "Broadway"). O problema é que na segunda cerveja depois da praia alguém já providenciava o atabaque e o violão. Era só um aquecimento, mas geralmente ele ia até de manhã, fosse onde fosse – a aldeia tinha que andar atrás da banda.

"Colhendo cogumelos na varanda de cristal/ (...) O banheiro era um refúgio, um lugar espiritual/ A estante era um bidê, que continha livros raros/ O Nautilus no teto, bem em cima do vaso/ Só para os loucos, só para os raros..." O psicodelismo maldito do Black Zé era um dos hinos adotados pela banda Água de Coco e pelas plateias descalças que cresciam a cada verão, tragadas pelos tais transes sonoros. Sunga, biquíni, maconha, ácido, floresta, mar, impulsos, paixões. Jean Paul-Sartre precisava ver de perto o que era a verdadeira liberação dos sentidos. Na composição de Ary (ele quase sempre voltava da corrida matinal na praia selvagem com uma música nova na cabeça), o convite para que as consciências seguissem sem freio o que o momento presente lhes ordenasse: "Faço um apelo a quem está aqui e agora/ Vamos juntos manter o futuro lá fora." A vida é aquilo que te acontece enquanto você está ocupado fazendo outros planos, disse John Lennon, e era essa a doutrina dos refugiados de Arraial d'Ajuda: brincar de ser surpreendidos pela vida. Ou seja, um bando de malucos.

No verão de 1984, a Água de Coco balançava os coqueiros na praia da Pitinga, onde se chegava com dez minutos de caminhada pela beira do mar, pela avenida de areia dura que se formava com o recuo da maré. Era noite de lua cheia, e o luar era ainda mais prateado e exuberante para aqueles olhares quimicamente aguçados. No meio da viagem sonora, João e Ary se entreolharam intrigados. Tinham tido a mesma impressão, ao mesmo tempo, de que um outro som se somara ao das suas vozes, violões e atabaque. Continuaram tocando, achando que devia ser apenas mais uma alucinação, mas o tal som reapareceria, agora mais alto, agudo e melódico. De repente, de trás de um arbusto próximo, surgiria a resposta: um homem pequenino e sorridente, empunhando um violino, tirava do instrumento clássico um solo pop, em perfeito encaixe de tempo e harmonia com a banda praiana. João, Ary e as demais testemunhas daquela aparição insólita foram ao delírio.

O violinista misterioso era Jorge Pinchevsky, um argentino formado na Rússia e seguidor de Jean-Luc Ponty, o músico francês que ficou famoso nos anos 70 por liderar com um violino uma banda de rock progressivo. Pinchevsky, que formara a banda Gonge e chegara a participar de *jam sessions* ao lado de Ponty, tornara-se, após 12 anos na Rússia, um fugitivo do frio. Decidira viver andando atrás dos verões, trocando de hemisfério sempre em busca da estação solar – e de novos lugares onde ela fosse mais bela e quente. Assim tinha ido parar em Arraial d'Ajuda, e aquele seria só o primeiro dos verões que passaria lá (e invernos também, quando descobriu que a estação "fria" ali era ensolarada do mesmo jeito). Pinchevsky viraria uma espécie de convidado especial da banda Água de Coco. Sua presença tornava aquela mistura musical ainda mais exótica e mais atraente para os aldeões que vinham de vários cantos do Brasil e do mundo a fim de mandar as convenções para o inferno.

Em Ajuda, havia quase um código de ética não escrito para que as maravilhas do lugar só fossem difundidas para poucas e selecionadas pessoas. O sonho do isolamento era ajudado pela ausência de infraestrutura (não havia telefone, calçamento, posto médico ou farmácia) e sobretudo pela dificuldade de acesso, restrito a uma longa e sofrível estrada de terra, mais acidentada que o solo lunar. Foi com certa surpresa, portanto, que Ary, numa de suas idas cada vez mais raras a Porto Seguro (que considerava uma megalópole), recebeu o recado de que havia uma equipe de TV à sua procura. Relutou, mas concordou que as coordenadas do seu paradeiro fossem fornecidas aos tais jornalistas.

Era o verão de 86, e uma semana depois bateria à porta de seu casebre uma unidade de reportagem da Rede Globo. Estavam ali para filmar um *Globo Repórter* sobre a resistência do romantismo hippie, num dos últimos redutos da chamada vida alternativa.

– Entendi a pauta. O problema dela é que, depois do programa, o reduto vai deixar de ser reduto, né?

A resposta serena e cortante de Ary aos repórteres continha alguma esperança de que a contradição da pauta pudesse dissuadi-los do projeto. Ainda disse a eles que, se ficassem por lá com o microfone e a câmera desligados, iam se divertir muito mais. Mas não adiantou. Os jornalistas acabaram realmente se divertindo, só que filmaram tudo. Ary e João sabiam, por outro lado, que não adiantava tentarem um controle artificial sobre o seu pedaço de paraíso. Se o destino da Broadway de terra batida era virar ponto turístico – como acabou virando –, que assim fosse. Arraial d'Ajuda seria o que Deus quisesse e o Diabo assinasse embaixo. Acabaram colaborando e participando do *Globo Repórter*, que mandaria para todo o Brasil os solos subversivos de Pinchevsky e outras notícias daquela encruzilhada delirante, perdida no sul da Bahia.

EMBORA O ESTACIONAMENTO da Cobal não tivesse nada de paradisíaco, havia um certo romantismo naquela nova temporada lisérgica, proporcionada pelo presente inesperado de Felipe. Metido até a medula na onda nervosa e individualista da cocaína, João pôde lembrar o quanto o LSD induzia a uma atmosfera mais sensível e criativa. Esse era o clima de Arraial d'Ajuda, onde as relações humanas, mesmo não duradouras, tendiam a se aprofundar rapidamente. Ali João teve sua primeira relação sexual, já aos 17 anos e com uma mulher que não era prostituta – destoando da maioria de seus colegas de geração no Rio. Era na verdade uma menina, e transaram pouco depois de se conhecerem, numa daquelas conjunções irresistíveis de magnetismo e liberação afetiva, comuns ao lugar.

A cocaína não era nada disso. Nada romântica, tinha mais a ver com sexo pago. O próprio João, depois da ascensão como traficante, bancara expedições com os amigos a bordéis, em que distribuiu pó até para as prostitutas. Ele mesmo, porém, nunca chegou a transar com uma. Num desses programas, já a sós com a mulher no quarto, depois de cheirar algumas carreiras com ela, não quis ir para a cama. Notando o constrangimento da moça, que afinal estava cheirando à sua custa sem trabalhar, ele procurou despreocupá-la:

– Não é nada contigo não, eu é que não tô a fim. Mas pode cheirar à vontade.

A prostituta não só cheirou, como ainda falou pelos cotovelos.

Quando já usava a droga há alguns anos, e passara para quantidades maiores, João descobriu alguma relação entre cocaína e sexo. Em noitadas mais longas com Sofia, algumas horas depois de cheirar, quando os nervos já estavam amolecidos pelo álcool, surgia o tesão. Mas não era assim com todo mundo. Havia gente que, mal aspirava a primeira carreira, queria ir imediatamente para a cama. Por atuar no ramo, ele acabou conhecendo algumas mulheres assim.

Uma delas, por sinal deslumbrante, estava para ele no hall das inatingíveis. Não só por nunca lhe ter dado atenção, como por ser amiga de sua mulher. Um dia, ela lhe telefonou querendo comprar um papel de 1 grama. João já deixara de vender quantidades pequenas assim há tempos, mas ela sabia que ele abria exceções para amigos. Combinado o negócio, a beldade ficou de passar no apartamento dele, na Selva de Pedra, para buscar a encomenda. A voz dela ao telefone soava fria e distante como sempre. No entanto, ele era capaz de jurar que, depois que se tornara grande no tráfico, aquela mulher passara a olhá-lo com mais curiosidade.

Quando tocou a campainha, ele estava sozinho em casa, mas sequer fez qualquer fantasia com a situação. Recebeu-a profissionalmente e mostrou-lhe o papel com a droga já separada. Antes de pegar e pagar, ela perguntou se ele se importava de ela experimentar um pouco. De jeito nenhum. A própria cliente então bateu uma carreira com sua carteira de identidade, improvisou um canudo tirando uma nota nova da bolsa e sugou metade da carreira com cada narina.

Abriu imediatamente um sorriso trincado, acompanhado de um suspiro abrupto e profundo, que transparecia prazer e tensão. Tirou os cabelos longos da cara, jogando-os para trás, ficando ainda mais bonita, e exaltou a pureza da droga ("que maravilha, que delícia, João") olhando-o nos olhos e aproximando-se um pouco. Ele sentiu a excitação no ar e achou que ela ia convidá-lo a cheirar também, mas ela não lhe passou o canudo. Pousou-o na mesa, levou as mãos aos botões da blusa e em poucos segundos tinha se livrado dela e do sutiã. Sem nem uma palavra, a amiga de sua mulher estava lhe dizendo que decidira comê-lo.

Abraçaram-se, beijaram-se sofregamente e caíram na cama, mas ela subitamente afastou os braços dele e levantou-se, andando em direção à porta do quarto. João estava sem entender nada, quando ela voltou, puxou-o pela mão e levou-o para o quarto ao lado, esclarecendo a questão ética:

– Me recuso a transar com você na cama da Sofia.

DEPOIS DE ALGUNS ajustes de prazo entre as pontas dos séculos XIX e XXI, a Conexão Nelore estava mobilizada para a segunda Operação Amsterdã, marcada para abril de 95. Dessa vez a carga aumentaria para 4 quilos de cocaína – ajudando Felipe a chegar mais rápido ao seu milhão e João Guilherme a aumentar sua milhagem de aventuras radicais. Mas não era só isso. Além de gerar um faturamento três vezes maior em menos de um terço do tempo (potencialmente, portanto, uma lucratividade quase 1.000% maior), a conexão europeia passara a ser, para João, uma estrela a mais na patente de comandante das noites nervosas do Rio. Era o capital do prestígio.

Isto não significava apenas a aproximação de belas mulheres excitadas com o seu status ascendente de barão do pó (e com os efeitos do próprio). Traduzia-se também em aumento do respeito ao seu nome no mercado: tanto por parte de clientes e consumidores, que o procuravam cada vez mais, como dos fornecedores, que lhe ofereciam quantidades maiores da droga e prazos melhores para pagá-la. Desde as primeiras conversas com Felipe, João fizera questão de abrir o jogo com Alex, o homem forte da Conexão Nelore no Sudeste, mesmo sem saber como ele reagiria.

Alex viu logo que se tratava de *big business*, mas não botou qualquer olho-grande no negócio. Deu total apoio, sem criar dificuldades ou inventar pedágios sobre o novo braço da conexão. Mas dali para a frente não deixaria mais de ter ideias megalomaníacas a respeito do assunto. E traria sempre um novo plano a João, discorrendo animadamente sobre como poderiam, juntos, tornar aquela Operação Amsterdã algo muitas vezes maior.

Felipe confirmou a operação apenas dez dias antes da data, e João teve que se virar numa correria louca para administrar os preparativos a toque de caixa – casacos, artesão, preparação da droga, mula, passagens etc. Como na primeira vez, ele decidira que não viajaria sozinho. Mas dessa vez Sofia não poderia acompanhá-lo. Na véspera do embarque, depois de checar item por item e respirar fundo, constatando que estava tudo feito, se deu conta de um detalhe: tinha esquecido de procurar alguém para viajar com ele. Agora era tarde, faltavam menos de 24 horas para o voo. Mesmo com tudo pago, ninguém se manda para a Europa assim no susto.

Tentou pensar, entre seus muitos amigos, quem seria o mais independente, desprendido, dono de sua própria rotina, companheiro e irresponsável. Acendeu-se imediatamente em sua cabeça o nome de Lúcio. Pegou o telefone e ligou para ele no ato:

– Fala, Lúcio. Beleza? O que você vai fazer amanhã?

– Cara, de manhã tenho que fazer uns contatos pra um negócio novo que eu tô abrindo. De tarde, não sei.

– Quer ir comigo pra Amsterdã?

– Amsterdã?! Amanhã?! Tá maluco, cara? Europa não é ali na esquina, não. Porra, é amanhã mesmo? Contigo? Caralho... Bom, vamo nessa.

Lúcio era a companhia perfeita. Viajado, fluente em inglês, humor corrosivo, boa resistência alcoólica e química. Sabia do porte da transação que o amigo ia presidir na Holanda, por isso fez questão de confirmar que a droga seria transportada por outra pessoa e que João só ia para fechar o negócio. Enfim, recebeu a promessa de que não seria exposto em momento algum. E embarcou nessa doce ilusão.

O gosto pela adrenalina aproximava os dois, mas Lúcio não era do clube dos esnobadores de risco. E já devia estar vacinado em relação aos arroubos do amigo no fio da navalha. Quando João começou no tráfico de cocaína, seu apartamento virou um entra e sai permanente de compradores pouco selecionados. Alguns, barulhentos e impertinentes, eram capazes de gritar seu nome de madrugada, da calçada em frente ao prédio, quando o vício apertava. Com um agravante: o apartamento, na rua Humberto de Campos, no Leblon, ficava a meio quarteirão de uma cabine da Polícia Militar. Ainda assim, vários amigos e conhecidos que chegavam para comprar pó acabavam cheirando por lá mesmo, e João ainda encomendava umas cervejas para rebater. Ou seja: dia sim, dia não, o apartamento virava uma festa ruidosa de dez, 12 horas seguidas e alta rotatividade. Nas barbas da polícia.

Entre os frequentadores mais habituais do animado local estava Lúcio. Ele já se acostumara com o esquema de entrada no prédio. Como o interfone não funcionava há bastante tempo, o visitante tinha que se anunciar no grito, e João arremessava pela janela a chave da portaria. Certa vez, ao estacionar o carro ali já depois de meia-noite, num dia de semana qualquer, Lúcio observou que o apartamento do amigo estava especialmente barulhento. Do silêncio da rua, a algazarra ficava ainda mais realçada, e ele chegou a temer que aquela fosse a noite em que a polícia finalmente iria bater lá. Um entregador de pizza chegara pouco antes dele, e chamava ainda mais atenção tentando ser atendido por alguém de dentro daquela balbúrdia.

Quando Lúcio estava a 10 metros da entrada do prédio, viu um policial militar se aproximando pela mesma calçada, já bem próximo dele e do moleque da pizza. Não dava mais para dar meia-volta, ou fingir que não estava indo para lá. Só restava rezar para o meganha passar direto. Naquele exato momento, tendo finalmente ouvido a buzina do entregador, João apontou na janela já arremessando a chave para a calçada. Ela voou um pouco mais do que devia, passou alto sobre o motoboy e foi cair exatamente na cabeça do PM.

Lúcio gelou, pensou em sair correndo, mas suas pernas não obedeciam. Irritado, o policial abaixou-se, apanhou a chave do chão e olhou para a janela do único apartamento iluminado e barulhento da rua. João continuava lá, e achou que era melhor falar alguma coisa:

– Foi mal, seu guarda.

O PM murmurou um "Pô, toma cuidado", entregou a chave para Lúcio, ignorou o entregador de pizza e seguiu adiante, entediado, rumo à sua cabine.

Já no apartamento, João recebeu o amigo oferecendo-lhe uma lata de cerveja e uma carreira de pó, e ainda perguntou:

– Porra, cara, você tá pálido! Viu alguma assombração lá embaixo?

Era com aquela peça que Lúcio, quatro anos depois de prometer a si mesmo não correr mais riscos idiotas, estava entrando num avião para ir ao encontro de 4 quilos de cocaína na Europa.

Hospedaram-se num dos bons hotéis de Amsterdã, mas João decidiu, além disso, reservar um apartamento só para a droga, em outro hotel, mais discreto. Recebera informações de Felipe de que alguns pontos da cidade andavam muito vigiados, e naquele mesmo hotel em que acabaram ficando, soube depois, houvera uma grande apreensão de drogas recentemente. A cocaína trazida por Jonas – sua mula preferida – viria então de Bruxelas diretamente para o apartamento vazio, onde seria feito todo o longo trabalho de destruição dos casacos e recondicionamento da droga para a venda. No hotel em que se hospedaram, estariam sempre limpos, e os outros envolvidos na operação sequer passariam por lá, evitando qualquer movimentação suspeita.

Estava indo tudo bem até o momento em que João foi alugar o carro com que iria a Bruxelas buscar os 4 quilos. Era a primeira vez que iam usar esse esquema, e na hora de consumar o serviço a empresa informou que só aceitava pagamento através de cartão de crédito – que ele não tinha. Insistiu, questionou, praguejou, mas não houve jeito. Parecia não ter saída para o problema, quando acendeu novamente em sua cabeça a solução: Lúcio.

Confortavelmente instalado em seu apartamento no hotel, confiando plenamente no acordo de que não seria metido em roubadas, o amigo ouviu a explicação inesperada sobre o impasse. João lamentava o mau jeito, mas estava ali para dizer-lhe que, por uma fatalidade, seu cartão de crédito tornara-se a salvação da lavoura. Com um pequeno adendo: como seria o titular da locação, era conveniente que estivesse presente no veículo. Em outras palavras, com menos de 24 horas na Europa, lá ia o nome de Lúcio, com ele junto, para o centro da Operação Amsterdã.

Saíram cedo na manhã seguinte em direção à Bélgica, para voltar no mesmo dia e iniciar o desmanche dos casacos. Felipe já tinha disparado seus contatos com a clientela, e não convinha fazê-la esperar nem um dia pela mercadoria. A agilidade fazia parte do padrão elevado do negócio. Em Bruxelas, Jonas recebeu-os radiante. Embora fosse de temperamento fechado, bem sisudo, era impossível não transbordar alegria depois de atravessar incólume fronteiras nacionais e continentais com uma carga explosiva daquelas. Se os outros ainda iam conviver um bocado com o carregamento da droga, para ele ali era o fim da linha, o alívio definitivo. Sairia para passear com a namorada pela região, e três dias depois os reencontraria em Amsterdã para receber seus 10 mil dólares.

No lado oposto da moeda estava Lúcio, cuja aflição começava ali. João procurou tranquilizá-lo, explicando como os casacos eram praticamente refabricados com a cocaína dentro e todas as proteções que recebiam contra cães farejadores, raios x etc. O acabamento era de alto nível, parecia um trabalho industrial, e olhando ninguém dizia que havia 2 quilos de cocaína ali dentro (de cada um). Vestiram os casacos, e aí Lúcio pôde constatar o único ponto fraco do disfarce: o peso. Mesmo com a retirada do forro original, a diferença era clara. Mas não tinham tempo a perder, e caíram na estrada. João então chamou a atenção do amigo para outro dado que poderia confortá-lo. A estrada entre Bruxelas e Amsterdã, embora cruzasse uma fronteira, era completamente livre de barreiras ou postos policiais. Ao volante, numa de suas explosões de confiança e euforia, gritou para Lúcio e para os céus:

– Essa estrada é a maior limpeza do mundo! Puta que pariu! Essa estrada é nossa, meu irmão!

O jato repentino de celebração, característico de João, era contagiante e fez Lúcio sorrir, mas em silêncio. Era cedo para saber onde aquela aventura ia dar. Por enquanto, pelo menos ao apartamento de Amsterdã destinado à droga, já estavam chegando, sãos e salvos.

Lá dentro, porém, a atmosfera não ofereceria nada que sugerisse alívio ou segurança. Os casacos eram difíceis de destruir, e depois ainda era preciso desprender e rasgar centenas de saquinhos, um por um, para fazer um só volume de pó. Lúcio resolveu ajudar para acelerar o processo, que se tornava ainda mais nervoso com as idas e vindas de Felipe, àquela altura ainda em plena negociação com seus clientes. Mantendo seu estilo, ele não dava qualquer informação sobre a operação de venda. Mas volta e meia vinha com alguma pergunta nova ou checagem sobre a droga, obviamente reproduzindo exigências ou dúvidas do possível comprador. Uma delas caiu como limão num copo de leite:

– Tô achando que os caras vão estranhar essa brizola assim, em pó – disparou ele na sala do apartamento, referindo-se ao fato de que os clientes estavam acostumados a comprar cocaína pura em tabletes prensados.

– Que isso, Felipe? Você não sabe que é assim que a gente traz? – surpreendeu-se João, contrariado com aquela inesperada ponta de desconfiança no ar. Mas Felipe, que era homem de solução, não de problema, foi logo dizendo:

– Não tem erro, não. Vamos fazer um teste químico aqui mesmo, só pra eu poder dizer a eles que fiz. É do jogo.

Sacou do bolso um pequeno frasco, contendo um reagente líquido, e separou um pouco de cocaína num copo de vidro. Entornou o reagente dentro do copo, mostrando que a droga se dissolvia rapidamente, e se fosse mesmo pura deveria assumir uma coloração azulada bem nítida. Em alguns segundos aquela amostra de cocaína transformara-se num translúcido líquido azul-turquesa. Era mais do que pura. A grife Nelore estava prestigiada, agora cientificamente. E mais uma descarga de adrenalina ficava para trás.

Felipe trabalhou rápido mais uma vez. Em três dias os 4 quilos da droga estavam vendidos (para uma daquelas máfias que ele jamais diria qual) e 120 mil dólares estavam na mão. Para Lúcio, 72 horas tinham sido uma eternidade. Depois de esvaziados todos os saquinhos, a cocaína passara a formar uma indecente montanha branca no meio da sala – e cada vez que a porta se abria para alguém entrar ou sair dava a sensação de que o hotel inteiro ia ver o que estava acontecendo dentro daquele apartamento. Mas agora, pelo menos teoricamente, chegara a hora de relaxar e se divertir um pouco.

João Guilherme já preparara o seu inseparável casaco de mil e uma utilidades, em cujos múltiplos bolsos distribuíam-se sacolés de cocaína, pedras de haxixe, alguns ácidos e 100 mil dólares separados em maços. Dessa vez o homem-bomba levava colado ao corpo florins em vez da moeda americana. O dinheiro holandês tinha notas de mil, e lhe permitia reduzir bastante o volume que carregaria para cima e para baixo. Uma das diferenças da companhia de Lúcio em vez da de Sofia era que, fatalmente, acabaria cheirando muito mais. Separara então uma quantidade maior de pó para o consumo da dupla, e no entardecer do primeiro dia livre decidiram internar-se num pub por algumas horas. Ali teriam o álcool necessário para "destravar" e incrementar o efeito da cocaína.

Em vez das viagens românticas (ou nem tanto) de trem com sua mulher e do roteiro pela Itália, João queria agora tentar decifrar Amsterdã. Sentira amor à primeira vista por aquela cidade sensual e liberada, aparentemente pronta para abençoar a loucura humana em todas as suas formas – muitas das quais o resto do mundo preferia fingir que não via. Impressionara-o as vitrines com lindas mulheres nuas pondo seu amor à venda. E mais ainda as que expunham as gordas e muito feias, mas igualmente nuas, desinibidas e com clientela regular! Dentro do pub Bourbon, sentindo-se em casa enquanto consumia a desumana dose de 5 gramas de cocaína com Lúcio, teve certeza de que ali estava uma cidade que sabia se divertir. E pela primeira vez pensou a sério na possibilidade de mudar-se do Rio de Janeiro, caso as coisas continuassem dando maravilhosamente certo para ele.

Estava em pleno devaneio quando foi bruscamente trazido de volta à realidade por um som fortíssimo de sirene. Todas as luzes do ambiente se acenderam automaticamente, deixando-o iluminado como uma sala de escritório, e o alarme continuou soando, mais parecendo uma espécie de sineta eletrônica. Chegou a temer que o bar estivesse fechando, o que seria grave, pela quantidade de álcool que ainda precisavam ingerir para rebater toda a cocaína cheirada. Atordoados, os dois estavam tentando entender o que se passava quando viram um funcionário da casa apontar na direção deles. "Dançamos", constataram os dois, já se tornando o alvo central dos olhares à sua volta.

Suando frio, observaram o homem, com jeito de gerente, caminhando em direção à sua mesa. A polícia devia estar esperando do lado de fora, para evitar escândalo no pub, imaginaram. O gerente provavelmente os conduziria até a porta. Era com eles mesmos que o homem queria falar, mas parecia muito amável para quem fosse dar a notícia de que estavam presos. Perguntou-lhes a nacionalidade e, falando em inglês, exclamou:

– Parabéns! Vocês bateram o recorde.

Só então João e Lúcio compreenderam o que acontecera. O Bourbon tinha uma espécie de ranking do consumo de chopes por noite, e numa determinada hora os "campeões" eram anunciados e festejados explosivamente por todos os presentes. Evidentemente, fora uma disputa desleal, considerando-se o efeito esponja da cocaína sobre o álcool (e a quantidade brutal aspirada pela dupla). Mas felizmente a competição não tinha exame antidopping, e os dois levantaram-se para saudar os aplausos gerais e receber o prêmio: mais chope, agora por conta da casa.

Aquele não seria o único recorde da dupla. A temporada holandesa se tornaria uma olimpíada boêmia, cada madrugada excedendo a anterior em gastança, drogas e loucuras em geral. Tomando ao pé da letra o clima existencialista de Amsterdã, só faziam o que lhes desse na telha, e não valia programar nada com mais de meia hora de antecedência. Ao fim de uma semana, porém, João começou a ter saudades. Nem tanto de Sofia, porque uma pausa no casamento caía até bem. Estava com saudade do sol. Fazendo as malas para reencontrar o seu balneário carioca, começou a reformular o projeto de mudar-se para Amsterdã. Seria ótimo ter seu pouso ali, mas estava descobrindo, por necessidade quase física, que sua torre de controle só poderia estar fincada num lugar do planeta: o Rio de Janeiro.

Veio a conta do hotel e ele estranhou o valor cobrado. Não por ser caro. Sabia o hotel que tinha escolhido, e não lhe faltava dinheiro para pagar. No entanto, sua estada coincidira com o período de uma promoção, só que as diárias acabaram faturadas no valor integral de 440 dólares (com o desconto, deveriam baixar para 350). Porta-voz da dupla, Lúcio foi questionar o recepcionista, mas este foi irredutível. Disse que o abatimento só valia para quem chegasse até o primeiro dia da promoção, e eles haviam chegado no meio do período. João se irritou:

– Mentira! Esse babaca tá querendo roubar a gente. Diz pra ele que nós temos direito ao desconto sim, porra.

Preocupado em manter o clima cordial e louco para se safar ileso daquela viagem doida, o porta-voz deu apenas uma suave insistida. E já estava quase dando razão ao funcionário quando João perdeu a paciência, se meteu entre os dois, botou o dedo na cara do almofadinha holandês e gastou seu melhor inglês:

– Fuck you, man!

Com a raiva, a fluência na língua até melhorou, o suficiente para, além de mandar em altos brados o sujeito se fuder, dizer a ele – e para o saguão inteiro ouvir – que estava sendo roubado e só ia pagar o que achava que devia. O recepcionista arregalou os olhos, disse que ia consultar o gerente, mas nem consultou. Refez a nota com os valores da promoção e acelerou os procedimentos para se livrar o mais rápido possível daquele hóspede indócil. Na saída, vitoriosos, os dois brasileiros ainda ouviram a saudação do papagaio do hotel, com quem tinham feito amizade e ensinado algumas palavras em português:

– Brasil-sil-sil!

Já acomodados na classe executiva de um DC-10 da Varig, tiveram a atenção atraída por uma mulher estonteante que acabara de entrar no avião. Em boa fase no relacionamento com Sofia, João não estava procurando sexo naquela viagem.

Mas se fosse procurado por ele, o assunto era outro. Quando viu, já estava com os olhos dentro dos olhos da moça, que não só não desviou o olhar como abriu-lhe um sorriso. Quase sem acreditar que aquilo era com ele, respirou fundo e resolveu segurar a onda. Devia ser só simpatia. Além disso, pensou, é uma bobagem essa fantasia que as pessoas fazem de que quem entra sozinho num avião, só por estar fora de seu contexto, está disponível para uma aventura qualquer. Mas não resistiu a uma olhadinha para trás, só para confirmar que a mulher já sumira da sua vista. Virou-se e olhou, só que ela não sumira. Estava sentada numa poltrona bem na sua reta, e agora sorria novamente para ele.

Não era uma beleza qualquer. Alta, longos cabelos castanho-claros levemente cacheados e pele bem branca, tinha nos olhos meio puxados e na boca poderosa uma expressão exótica, provocante. Se não era atriz de cinema, estava sendo desperdiçada. João fez-lhe com a mão um sinal de que iria até lá conversar com ela, para ver o que acontecia, e recebeu de volta um sinal sutil de aprovação da ideia. Esperou a decolagem, deixou passar uns cinco minutos, foi até lá e sentou-se no lugar vago ao lado da sereia. Era brasileira, parecia articulada e bem-informada, transbordava sensualidade e estava dando toda corda do mundo para aquela aproximação tipo atração fatal. No auge da conversa, um comissário de bordo interrompeu-os, pedindo a João que voltasse para o seu assento. Contrariado e sem entender direito a razão da medida, ele levantou-se, disse a ela que já voltava e obedeceu. Talvez estivessem entrando numa zona turbulenta, ou algo assim.

Já em sua poltrona, foi novamente abordado pelo mesmo comissário. Ele vinha alertá-lo para que tomasse cuidado com aquela passageira:

– Ela está sendo extraditada por prostituição e tráfico de drogas. Fomos informados de que se trata de uma pessoa perigosa.

João preferiu ficar em seu lugar até o fim da viagem.

Dormiu como uma pedra. Quando acordou, ainda estavam a 9 mil metros de altitude, mas a tripulação já iniciara o processo de descida para, em poucos minutos, chegarem a mil metros e iniciarem a aproximação para o pouso no Aeroporto Internacional do Rio de Janeiro. Lúcio e João se entreolharam em silêncio. Na mesma velocidade com que o avião descia, a taxa de adrenalina no sangue dos dois subia. Tinham circulado com uma montanha de cocaína entre dois países europeus, mas era a primeira vez na viagem que teriam de atravessar uma barreira legal.

Já não carregavam drogas, mas traziam o equivalente a mais de 80 mil dólares em florins. Na viagem anterior, Sofia passara com o dinheiro a tiracolo. Eles sabiam que, nessas horas, bolsa de mulher pode ser um lugar mais seguro que cofre-forte. Agora eram dois homens, e tinham decidido espalhar as notas de mil florins em bolsas tipo pochete, amarrando-as ao corpo por baixo da roupa. Para tornar o volume o menor possível, mais uma vez Lúcio fora convidado a cooperar com a Operação Amsterdã – e também tivera de viajar com aquela couraça apertando a barriga.

Desembarcaram procurando comportar-se como turistas comuns, indo primeiro até o Free Shop, tomando um café e disfarçando a ansiedade. Finalmente decidiram atravessar a alfândega, e enquanto João calculava se seria melhor passar antes ou depois de Lúcio, o amigo já tinha tirado uma reta para o chamado "portal da desgraça". Atravessou a passagem de controle, e quando viu acender-se a luz verde mirou na direção da saída e não parou mais. Estava livre. João marchou com a mesma firmeza e mentalizou o verde. Mas deu vermelho. Com campainha e tudo.

Olhou de lado e logo deu de cara com um agente da Polícia Federal. Não esperou ser chamado, já foi caminhando na direção dele, sentindo-se como boi rumo ao abatedouro. O homem estava com cara de bem poucos amigos, e a apalpada fatal na barriga era questão de pouco tempo. Já no saguão do aeroporto, pela demora do amigo, Lúcio teve maus pressentimentos. Precisava agora decidir se valia a pena voltar para juntar-se a ele ou se sumia dali para salvar a pele.

Na alfândega, porém, o policial tomara uma atitude inesperada. Sem qualquer explicação, sequer tocou em João e encaminhou-o para uma agente. Aquilo aumentava enormemente suas chances, pensou. Ao abrir a primeira mala, a policial não disfarçou o constrangimento com o conteúdo encontrado: vibradores, correntes, algemas, vídeos pornográficos, lingeries e cremes. Ele tinha torrado um belo punhado de dólares para fazer aquela surpresa sacana para a mulher e algumas amigas. Meio sem jeito, a agente perguntou:

– O que é isso, você vai abrir uma loja?

João deu a única explicação que podia dar:

– Não pretendo ganhar dinheiro com isso, não. Sou músico, tenho umas amigas muito doidas. Acho que elas vão se divertir com esses presentinhos, entendeu?

Entender não era bem o caso, mas a policial pareceu aceitar a justificativa. Talvez tenha achado alguma graça, porque depois disso a conversa até descontraiu um pouco. Esse era o clima que interessava a ele, e achou que cabia, a propósito, comentar com ela um rápido episódio a que realmente assistira em Amsterdã. Estava comprando os tais produtos quando entraram na sex shop três senhoras de seus 60 anos. Foram direto à prateleira dos vídeos, escolheram três da seção de sadomasoquismo, pagaram e saíram da loja às gargalhadas.

– Como tem louco nesse mundo, né? – arrematou João, buscando cumplicidade.

– É – concordou a agente federal, provavelmente certa de que estava diante de um deles. Encerrou então a revista sem tocar-lhe um dedo. Lúcio, que não voltara nem se mandara, já tinha chamado um radiotáxi e os dois se jogaram lá dentro. No banco de trás, se abraçaram com força e soltaram uma gargalhada. Estava concluída com sucesso mais uma Operação Amsterdã.

NUMA TARDE de maio, sem sair de seu apartamento na Selva de Pedra, João voltava a atravessar o túnel do tempo. Em dois telefonemas seguidos, com Alex e Felipe, conectara as notícias do Brasil arcaico do interior mato-grossense com as da pós-civilizada Europa Ocidental. Articulando a próxima operação, Felipe informava que a grife Nelore Puro era uma sensação na Holanda. Qualquer quantidade que levassem venderiam na hora. Mas ele defendia, por prudência, que fossem aumentando a carga aos poucos.

Já os planos de Alex tinham saltado para uma outra ordem de grandeza. Se o mercado holandês estava nas mãos deles, achava que era a hora de multiplicar no mínimo por dez a quantidade exportada, enchendo um barco pesqueiro e mandando-o para o porto de Roterdã – onde já ouvira falar de bons esquemas para o desembarque da droga.

João estava mais inclinado a seguir a avaliação de Felipe. Alcançando um alto grau de confiança mútua e entrosamento, a parceria entre os dois parecia cada vez mais afinada e promissora. No entanto, as circunstâncias estavam prestes a iniciar a separação de seus caminhos. A apreensão no Brasil de um megacarregamento de LSD, enviado por Felipe, iria fazê-lo repensar suas atividades e começar a pisar no freio. Seu sócio brasileiro, porém, continuaria obedecendo a um único mandamento: acelerar tudo.

Quanto à proposta de Alex, João não chegaria a precisar responder. Os fatos responderiam por ele.

7
Santa Clara, estação terminal

Copacabana, Rio, 25 de outubro de 95, nove da manhã. Começava mais um dia de verão na primavera carioca, daqueles em que o azul estourado pela luz solar varre da cidade os meios-tons. Mas o que era começo para aquela maioria comum que escorre no rio de água quente da avenida Nossa Senhora de Copacabana, como traduziu Rubens Figueiredo, era um extenuante fim de expediente ali mesmo, num apartamento da rua Raimundo Correia, quase esquina com Barata Ribeiro. Tritura, separa, pesa, ensaca – o "tratamento" daqueles 6 quilos de cocaína parecia que não ia acabar mais para os exaustos Jonas e Laura. Já era o terceiro dia trancados no imóvel vazio, emprestado a João Guilherme especialmente para aquela operação, e o estirão da madrugada tinha dado uma fome louca.

João acordara cedo e especialmente bem-disposto. Não cheirava havia alguns dias, portanto podia encarar aquela luminosidade indecente sem sentir como se espadas atravessassem seus olhos. Nem óculos escuros colocou. No telefonema para a bat-caverna, Jonas e Laura tinham dito que estava tudo bem fora a fome, e João fez uma escala técnica numa loja de sucos, comprando quatro mistos-quentes e refrigerantes. Comeria junto com eles e realizaria uma checagem dos preparativos para a terceira Operação Amsterdã – 2 quilos mais ousada que a anterior. Depois, faria o que todo carioca com um mínimo de juízo e responsabilidade deveria fazer numa quarta-feira radiante como aquela: iria à praia.

Não adiantaria ficar mais tempo no apartamento. Estava na cara que o trabalho de preparação da droga para o transporte ainda não ficaria pronto aquele dia, e seu plano dali para a frente se resumia a fazer a checagem final e sumir com aquela nitroglicerina de lá. Quanto menos tempo passasse na "caverna", menos risco estaria correndo.

Na Raimundo Correia, uma rua pequena e bem menos agitada do que a média do bairro, qualquer movimentação fora da rotina ficava mais realçada. Ela começava na Nossa Senhora de Copacabana, atravessava a Barata Ribeiro e acabava na esquina seguinte. O poeta maranhense que lhe dava o nome, um dos fundadores da Academia Brasileira de Letras e contemporâneo de Machado de Assis, não merecera mais que dois quarteirões de homenagem. Algumas décadas após sua morte, em Paris, quase ninguém no Rio conhecia Raimundo Correia – nem o poeta, nem a rua. Para chegar lá de táxi, por exemplo, o melhor era mandar o motorista tocar para a Santa Clara, a paralela mais famosa (assim como, para falar da fundação da ABL, era melhor citar Machado).

Estreita e curta, a Raimundo Correia também favorecia algum tipo de tocaia por parte dos homens da lei – sem mencionar que o poeta maranhense também tinha sido juiz de direito. Portanto, o melhor para João era ficar o máximo possível longe dela. E orar para Santa Clara, padroeira da televisão e saída mais próxima para a praia e o aeroporto.

Era também para não se expor muito que ele tinha contratado a dupla de amigos. Velho de guerra das Operações Amsterdã anteriores, Jonas seria novamente a mula, mas agora estava envolvido também na etapa da preparação dos casacos, tarefa altamente especializada que João começava a controlar. Laura, que se tornara sua fiel parceira de boemia (desde que se conheceram através de Sofia, sua amiga desde a adolescência), não seria mula. Apenas dividiria com Jonas a produção do carregamento, que era penosa.

Eles já haviam passado os 6 quilos no liquidificador, etapa inicial da transformação das pedras em pó, e também já tinham feito a trituração manual com talheres sobre um pirex.

Numa balança de 2 quilos, a cocaína fora dividida em seis partes, e com uma balança digital de precisão estavam agora preenchendo saquinhos de 5 gramas (1.200 saquinhos), um por um, para depois alinhavá-los em sequência, na horizontal e na vertical, formando a tal estrutura de escamas. Esse "tecido" substituiria os forros de quatro casacos, com 1,5 quilo de cocaína cada. Aí estariam prontos para agasalhar os friorentos que os vestiriam sob os quase quarenta graus do Rio, rumo ao outono europeu.

Mas, dessa vez, João ficaria devendo à clientela mais exigente do mundo a qualidade incomparável do seu Nelore Puro. Como já havia acontecido naquele ano, mais um caminhão de Alex, o homem da conexão Rondonópolis–Rio, caíra nas mãos da Polícia Federal. Ultimamente, João sequer vinha conseguindo contato telefônico com o QG do traficante em Petrópolis. Por isso tivera que voltar a recorrer a Júlio, seu antigo fornecedor que passara a cliente, com quem conseguia menos quantidade e muito menos qualidade. Sabia que a droga poderia não passar tão bem pelo teste químico de pureza de Felipe. Avaliou, entretanto, que, depois da conquista do Eldorado, ficar tanto tempo sem abastecê-lo poderia significar perda de mercado. Com aqueles 6 quilos ele pelo menos mantinha a linha de montagem funcionando.

Mas enquanto seus planos contemplavam mistos-quentes e banhos praianos, uma bomba estourava lá para as bandas do Centro-Oeste. João nem de longe pressentira que na esteira da apreensão dos caminhões de Alex algo bem mais grave pudesse estar acontecendo: naquele momento, a indestrutível Conexão Nelore se desintegrava como uma escultura de areia à beira-mar. No rastro dos caminhões presos, a PF já estourara o laboratório de refino em Rondonópolis. E já sabia que sua principal rota de escoamento tinha como adido comercial um paraplégico na região serrana do Rio.

João chegou ao prédio na Raimundo Correia, cumprimentou o porteiro – um sujeito meio acabado e prostrado, perto do qual o mais inoperante dos porteiros pareceria um Flash Gordon – e subiu até o nono andar, onde ficava a bat-caverna. Foi recebido como um messias com aqueles sanduíches quentinhos na mão. Enquanto descolavam o estômago das costas, Laura e Jonas comentavam o trabalho de cão que estavam tendo, mas João não prestava atenção. No "olhômetro", achou que estava faltando cocaína. Foi fazer a pesagem e confirmou: ali havia 5,680 quilos, ou seja, tinham desaparecido 320 gramas. Não entrou em detalhes com a dupla de amigos, sabia bem como era esse negócio de ficar trancado vários dias com uma montanha de pó, apenas disse que aquilo seria descontado na hora do pagamento. Poderia ter dito que os dois exageraram um pouco no desfalque, que 300 gramas não eram meia dúzia de papéis, mas ainda havia muito trabalho pela frente (nenhum casaco fora "estripado" ainda) e convinha não azedar o clima.

– Bom, tô indo lá dar um mergulho na praia, a gente se fala amanhã – despediu-se João, não vendo a hora de trocar aquele apartamento sombrio pelas lambidas do Oceano Atlântico.

Ele queria voltar a operar com Alex o quanto antes. Seus negócios tinham chegado a um vulto sem precedentes, iniciando a conquista de novos mercados, e o grande trunfo mais do que nunca era a qualidade do seu produto. Com uma brizola como aquela do Júlio, ia ter que começar a encolher seus tentáculos. Onde andaria Alex, que não fazia contato? Já tinha havido outros silêncios, mas nenhum tão longo. Ele devia estar cuidando do problema da apreensão do último caminhão, provavelmente deixando para fazer contato quando já tivesse uma previsão sobre o novo carregamento. João sabia que a Polícia Federal estava mais esperta, e chegou a bater três vezes na madeira ao imaginar que de algum daqueles caminhões apreendidos pudesse ter vazado alguma pista sobre Alex. Não, não era possível. Ele tinha mil salvaguardas e despistes, era impossível rastreá-lo, como ele mesmo gostava de dizer, vibrante, quase levantando voo daquela cadeira de rodas. O jeito era esperar pelo restabelecimento da Conexão Nelore e esfriar a cabeça no mar de Ipanema. Ao se despedir de Laura e Jonas, encaminhando-se para a saída do apartamento, João nem de longe imaginava que a polícia já pudesse estar atrás dele. Mais precisamente, atrás daquela porta.

Mal girou a maçaneta, foi arremessado para trás violentamente, como se tivesse libertado o touro para uma tourada e esquecido de sair da frente. O touro eram oito policiais federais fortemente armados, que estavam ouvindo toda a conversa e só esperavam o clique da maçaneta para meter suas botinas e ombros na porta e tomar de assalto a bat-caverna. Evitando o arrombamento, conseguiriam usar 100% do fator surpresa. João voou contra a parede que havia em frente à porta e foi ao chão. Numa fração de segundo já havia um policial com uma pistola engatilhada contra a sua cabeça, mandando-o deitar de bruços. O choque psicológico o anestesiou da violência do choque físico.

– Perdeu! Mão na cabeça! Não adianta, perdeu! – berravam os policiais ao mesmo tempo, numa ofensiva asfixiante e brutal. A energia cavalar com que aquela tropa invadiu o apartamento mostrava que estavam preparados para um confronto armado. Pela graduação de João no crime, era bem provável que houvesse até fuzis guardando o esconderijo. Mas não tinha nem estilingue.

De bruços, com o nariz enfiado no assoalho e um cano de ferro encostado nos miolos, João ainda viu o desespero de Jonas tentando escapar por uma das janelas que davam para a área interna do prédio. Mas não havia tempo para nada. Dominado e sentado à força numa cadeira por três federais, o mula passou a gritar com João, já procurando uma posição menos comprometedora na foto do flagrante:

– Me tira dessa, João! Agora tu tem que me tirar dessa!

Provavelmente, queria que o outro o liberasse da responsabilidade, quem sabe pudesse até dizer que ele estava ali só por acaso. Mas João não dizia nada, estava catatônico. Era como se sua consciência ainda estivesse sintonizada no banho de mar e fosse lentamente manobrando para assimilar aquele tranco de 180 graus. Meio minuto depois da invasão mais quatro policiais entraram no apartamento, que já começava a ficar pequeno para o tamanho da blitz. Além do desespero de Jonas, ele assistia ao de Laura, sacudida por um choro convulsivo, descontrolado. Ela se referia repetidamente à sua filha ainda bebê, que precisava dela, como a pedir clemência. João olhava para si, para a cordilheira de morros brancos sobre a mesa de jantar, para os 12 agentes que cercavam aquela quantidade pornográfica de cocaína e constatava: clemência, dessa vez, ia ser difícil.

Aproveitando alguns spots para fotografia pertencentes ao dono do apartamento, os policiais reforçaram a iluminação ambiente e saíram fotografando a cena de todos os ângulos possíveis. Conforme ia se consumando o domínio total da situação, era possível perceber o ar triunfante dos homens da lei, o apetite de quem sai para o serviço sem saber se aquele será mais um dia da caça ou, finalmente, o do caçador. Como quem salga sua presa antes do banquete, o policial que escoltava João permitiu-se um comentário menos protocolar:

– E agora, cara? Agora tu perdeu... Agora tu tá fudido...

Parecia um escárnio, mas, quem sabe, por trás das palavras duras não podia estar a deixa para um diálogo mais amistoso? Um general cercado de inimigos por todos os lados nunca entrega a bandeira antes de tentar uma última saída. João estava exatamente nesse estágio mental, e reconheceu na fala do algoz a possível senha para a negociação de uma escapada milagrosa. Tirou então da manga a boa e velha sondagem cifrada, em tom discreto:

– Será que não tem como a gente resolver isso, conversar um pouco melhor?...

– Calma que depois a gente vai falar sobre isso – devolveu o meganha, fazendo renascer sua esperança com a força do sol de quase meio-dia que lascava lá fora.

A cabeça de João passou a girar a mil por hora, maquinando hipóteses e números. Doze policiais, 6 quilos de pó... Quanto custaria um suborno daquele, meu Deus? Cem mil dólares? Quinhentos mil? Quanto tempo levaria para levantar uma quantia dessa? Precisava ter as coisas mais ou menos formatadas na cabeça para quando o policial voltasse ao assunto. No meio dessa formatação, viu adentrar o apartamento a figura do porteiro, aquela múmia alquebrada, que pela primeira vez aparecia com o peito estufado e o queixo empinado, como se alguém lhe tivesse soprado um pouco de vida nas veias. "O que esse merda tá fazendo aqui, cacete?", pensou João, e logo lhe caiu a ficha do que estava acontecendo. Naquele momento, o porteiro já não era um bisbilhoteiro, era uma testemunha. Sua presença ali era o vazamento definitivo da notícia, a oficialização do flagrante. A cabeça de João apagou os planos sobre conchavo, aliciamento, propina, e montou a nova equação. Pelos seus cálculos, estava fudido.

Como se fosse um apresentador de circo de horrores, um dos policiais conduziu o porteiro pelo apartamento, narrando-lhe didaticamente, em voz bem alta, tudo o que se passava ali. Mostrou-lhe a droga, os instrumentos de medição, as pessoas presas, o mandado de busca e apreensão. O homenzinho parecia sentir-se enorme, um ser de grande utilidade, quase um herói. Fazia comentários de reprovação, contava que já desconfiava fazia tempo, puxava o saco dos policiais – espalhava-se no seu papel de testemunha da sociedade contra o crime. Quis o destino que o instante de glória daquele figurante das calçadas de Copacabana fizesse esquina com a desgraça do barão da Zona Sul.

João olhou de novo para o policial que lhe dissera "agora tu perdeu" e constatou que aquilo era sério. Logo ele, que não gostava de perder nem partida de gamão, tinha acabado de perder aquela que podia ser a partida da sua vida. Estava em cana. E só então percebeu o quanto era forte a sua certeza de que jamais seria preso. Voara cada vez mais alto sem jamais pressentir o tamanho do tombo. Ao contrário, quanto mais altura ganhava, mais remotos lhe pareciam o chão e a perspectiva de espatifar-se nele. Já caíra nas mãos da polícia antes, flagrado, vencido, mas executara a acrobacia exata para sair de dentro da baleia – inteiro, limpo, pronto para outra, como nos desenhos animados. Por tudo isso, a sensação de estar preso lhe era antinatural, aberrativa, como se chegasse o dia em que Tom engolisse Jerry de verdade e para sempre.

Mas, dessa vez, o simpático Jerry realmente estava no papo. "That's all, folks", só que amanhã não tem mais. Fim da linha. Se a vida dá a cada um seu momento de direito ao desespero, o de João havia chegado. Mas ele continuava impávido, como uma jiboia que acaba de engolir um boi, incapaz de fazer qualquer movimento antes de assimilá-lo totalmente.

Já Laura continuava exercendo plenamente seu direito ao desespero. Foram duas horas trancados no apartamento com os policiais, e duas horas de choro caudaloso. Numa das raras pausas, já exaurida por sua própria tensão, ela resolveu fazer um apelo aos federais:

– Olha, tô muito nervosa, assim eu não vou aguentar. Vocês se incomodam se eu fumar um baseado?

Era evidentemente um pedido absurdo, mas era tão sincero que um dos policiais acabou rindo. A essa altura o clima já estava um pouco mais desanuviado, e os policiais alertaram-na amistosamente de que, se fizesse isso, ela estaria cometendo um crime.

– Bom, mas eu já tô presa mesmo, né? – devolveu Laura, garantindo a nota cômica daquela jornada de chumbo. Os policiais apreenderam o baseado.

Por volta de uma hora da tarde a Polícia Federal concluiu os trabalhos de registro do flagrante e iniciou a retirada. Nessa hora, João Guilherme lembrou-se de que tinha escondido no sapato, um Top Sider, dois saquinhos de 5 gramas de cocaína, que levaria para consumo próprio. Era uma quantidade ridícula diante dos 6 quilos, mas se saísse do apartamento com aquilo escondido poderiam acusá-lo de querer levar droga para a prisão, ou algo assim. Apressou-se então em avisar a um dos policiais ("Ei, tem mais aqui no meu pé."). Em vez de simplesmente recolher os 10 gramas, o policial pendurou os dois saquinhos para fora do sapato e fotografou o pé de João. Aquilo o fez perceber que a polícia não desperdiçaria nem um talão de jogo do bicho para incriminá-lo da pior maneira possível.

A saída do prédio foi atordoante. A notícia da operação policial se espalhara pelas redondezas, e uma pequena multidão de curiosos se aglomerara na calçada em frente. Quando pôs o pé fora da portaria, algemado e conduzido pela tropa de agentes federais, João deu de cara com aquela plateia inesperada, uma soma interminável de olhares linchadores que vinham até das janelas dos prédios vizinhos. Estavam todos ali para ver a cara do bandido, mas João resolveu não baixar a cabeça. Encarou a turba. Sabia que a coletividade é covarde e que podiam vir provocações e insultos, mas não queria curvar-se ao papel de estorvo social. Ainda se sentia uma pessoa normal, e apostava que naquela multidão devia ter gente pior do que ele. Seguiu em frente. E ninguém disse nada.

Aproximando-se do carro em que seria levado, um Santana marrom, João sentiu um calafrio. Sempre fora ligeiramente claustrofóbico, e o problema se acentuara com o uso intenso de drogas. Estava pesando mais de 90 quilos (seu normal era 70), o que agravava o distúrbio. Recentemente tinha pulado do Fusca de um amigo no meio da rua, sentindo as pernas espremidas entre os bancos dianteiro e traseiro. Agora via que seria espremido deliberadamente por quatro homens grandes, além de estar algemado com as mãos para trás, o que pressionaria ainda mais a sua postura corporal. Teve uma rápida taquicardia logo que as portas do carro foram abertas, mas para sua própria surpresa, embora tenha de fato ficado enlatado ali dentro, passou a sentir-se perfeitamente bem. Era o instinto de sobrevivência dando as caras. E era bom que desse, porque dali em diante João ia precisar muito dele.

O Santana desceu a Santa Clara em direção à avenida Atlântica, seguido pelo Fiat Premium onde estavam Jonas, Laura e mais três policiais. Logo, João já via a praia, onde estaria comungando com a santíssima trindade sol-mar-areia se tudo tivesse corrido normalmente. Agora sua vida seguia em outra direção, o banho de mar para o qual saíra duas horas antes estava adiado indefinidamente, talvez por muitos anos. Copacabana, Leme, Aterro do Flamengo – o trajeto rumo à delegacia da Polícia Federal na Praça Mauá mantinha enquadrado na janela aquele deslumbrante encontro de azuis entre céu e mar. Uma das coisas que verdadeiramente incomodavam João naquele momento era estar sendo preso num dia tão bonito. Um horizonte cinzento amenizaria sua dor.

Olhando para o Pão de Açúcar, pensou, quase como quem faz uma promessa, o quanto desfrutaria melhor aquelas belezas naturais se o destino lhe desse a liberdade de volta. Estava pensando nisso quando o carro parou bruscamente. O Fiat em que se encontravam Jonas e Laura começara a soltar fumaça pelo capô e ambos encostaram junto ao canteiro central, no acesso a um dos retornos do Aterro. Para sua perplexidade, os quatro agentes que o acompanhavam no Santana saltaram e caminharam até o Fiat, parado vários metros à frente. Absolutamente sozinho, João olhou para o lado e viu bem próximo dele os prédios da Praia do Flamengo. Se corresse tudo e conseguisse alcançar o outro lado da pista do Aterro, tinha grandes chances de sumir na confusão de transeuntes, ruas e prédios do bairro.

O impulso da fuga levou seu coração à boca. Sentiu-se como naqueles desafios juvenis de atirar-se do alto de uma cachoeira, ou de um penhasco sobre o mar, que vivera tantas vezes: se o pensamento se impunha, o medo vencia; se deixasse passar o momento exato em que o impulso nervoso aflorava, não saltaria mais. E se aquele era um dia bonito demais para ser preso, a hora de saltar para a liberdade só podia ser aquela.

A DEVOÇÃO QUASE religiosa por um dia de sol e céu azul era uma herança inequívoca de Maria Luiza, sua mãe. Desde a infância no Leblon acostumara-se a vê-la escancarando as janelas do apartamento aos primeiros raios solares. Exclamava alguma saudação ao azul olímpico de aquarela e arrastava-o com os irmãos da cama para a praia, num entusiasmo quase impaciente. Não havia uma floração nova na cidade, por mais oprimida pela paisagem poluída, que passasse despercebida a Maria Luiza. Essa sintonia telúrica era o seu combustível cotidiano, seu poder de desconectar-se de alguns temas mais azedos da rotina. Talvez esse dispositivo tenha funcionado em relação às atividades "comerciais" de João Guilherme nos últimos anos. Era bem verdade que o filho procurava cercar-se de sigilo, mas, apesar de continuarem convivendo, em nenhum momento ela sequer desconfiara de que ele algum dia tivesse vendido droga. Àquela altura, diante de alguns comportamentos estranhos de João, ela apenas começara a desconfiar de que ele pudesse estar consumindo drogas.

Mas isso era coisa recente. Durante um bom tempo, supôs que o filho estivesse com problemas, mas de outra ordem. Quando telefonava para João, a qualquer hora do dia, ele frequentemente atendia com voz de sono, irritadiço, dizendo-lhe que precisava descansar e cortando a conversa de forma seca. Ela reparou que ele quase sempre estava de nariz entupido, e passou a aconselhá-lo:

– Alguma coisa está te dando alergia, meu filho. Você precisa ver o que é isso.

Na manhã do dia 26 de outubro de 95, quinta-feira, Maria Luiza resolveu algumas questões pessoais de rotina e foi trabalhar. Naquele dia, por acaso, não viu as notícias da hora do almoço na televisão. Se visse, descobriria que o problema do filho era bem mais complicado do que uma alergia. O *RJ TV*, noticiário local da Rede Globo, informava sobre a vitória da Polícia Federal na captura de um grande traficante de cocaína e distribuidor da Zona Sul: João Guilherme Estrella. A notícia até poderia ter sido sobre a fuga do traficante de dentro do carro da polícia, no Aterro do Flamengo, mas na hora H as pernas de João não tinham se mexido. Diante do Pão de Açúcar, no instante crucial do impulso para o salto, o pensamento derrotara a ação – e ele não dera seu mergulho radical para a liberdade (ou talvez para a morte). Menos de 24 horas depois seu rosto já chegava a milhares de lares cariocas, exibido pela polícia como troféu.

As circunstâncias pouparam Maria Luiza daquele soco na cara, mas sua imunidade telúrica estava com os minutos contados. Ela trabalhava como assistente administrativa de sua cunhada Gilda, exatamente a pessoa da família para quem João telefonara da Polícia Federal dizendo que estava preso e pedindo ajuda. Era quase meia-noite de quarta-feira quando o telefone tocou na cabeceira de Gilda. Telegráfico, João explicou à tia a gravidade da situação e pediu-lhe que tentasse urgentemente providenciar um advogado, pois não sabia o que lhe podia acontecer. Filha do jurista Sobral Pinto, Gilda ligou imediatamente para o advogado Arthur Lavigne, que lhe indicou o colega Renato Neves Tonini como alguém que talvez pudesse estar disponível para entrar em ação ainda naquela madrugada.

Maria Luiza encontrou-se com Gilda no dia seguinte sem saber de nada disso. A cunhada precisava encontrar uma forma de dar a notícia com jeito, ao menos mais suavemente do que o *RJ TV*. A mãe de João chegou reclamando que tivera uma noite péssima, desassossegada, acordando a todo momento como se tivesse uma preocupação que não sabia qual era. Psicanalista, Gilda não perdeu a deixa:

– Acho que você tem motivos para isso.

Depois de 40 anos de amizade, uma sabia ler perfeitamente a expressão da outra, e Maria Luiza viu que o assunto era grave. Perguntou logo se algo acontecera com seu filho mais velho, e a cunhada respondeu, sem rodeios, que ele tinha sido preso.

– Bem feito. Acho ótimo. Quem sabe assim o João Guilherme não toma jeito? – disse a mãe-coragem.

Maria Luiza não era mesmo de passar a mão na cabeça dos filhos, mas nesse caso não havia compreendido o tamanho do problema. Imaginava João detido numa delegacia qualquer por estar fumando maconha, ou alguma traquinagem do gênero. Só naquele momento soube em que nível tinham chegado as traquinagens do filho. Maria Luiza então chorou, numa intensidade que Gilda nunca vira em 40 anos.

A CENTELHA DE CORAGEM para o salto do alto da cachoeira, a presença de espírito para o impulso decidido rumo à liberdade, toda essa descarga elétrica atravessou a cabeça de João Guilherme como um sonho. Daqueles em que se faz força para correr, mas as pernas não se movem. Cristalizado, ele viu os quatro policiais entrarem novamente no carro, darem a partida e seguirem viagem pelo Aterro do Flamengo. João tinha jogado fora a chance de fugir. O arrependimento começou a corroê-lo por dentro, só arrefecendo quando imaginou que, se tivesse de se arrepender de ter fugido, sua situação agora seria muito pior. Quem sabe, com um par de balas cravado nas costas. Chegaram à Polícia Federal, mas o passeio só terminara para Jonas. João só iria para trás das grades horas depois. Havia mais dois mandados de busca para os apartamentos dele e de Laura, e o Santana seguiu rumo à Selva de Pedra, o conjunto de prédios no Leblon onde ele morava com sua mulher, Sofia.

Subiram ao apartamento na rua Padre Achotegui e os policiais mandaram chamar a síndica do prédio como testemunha. Ela conhecia bem a mãe de João, que tinha morado ali durante anos, e parecia escandalizada:

– Nunca imaginei que pudesse ter um traficante morando no prédio – declarou diante de João, mas sem olhar para ele, como quem defende a boa reputação do condomínio.

Os agentes não tinham encontrado nada muito relevante no apartamento – 2 gramas de haxixe, 3 de skank, 10 de maconha – quando tocou o telefone. A secretária eletrônica atendeu e a polícia ficou esperando para ouvir quem era.

– João, cadê você, cara? – disse a voz amplificada pela secretária. João não conseguiu identificar logo quem era e temeu pelo que aquela criatura fosse dizer ali, de bandeja para a polícia. – Tô correndo atrás de você e não te acho, que que tá havendo? Tenho que falar contigo urgente – arrematou a voz, desligando sem dizer o nome nem dar qualquer outra referência, que era o que os policiais estavam esperando.

João foi pressionado a identificar o autor do telefonema, mas respondeu que não reconhecera a voz, irritando os policiais. Na verdade, àquela altura já sabia que era um cliente, consumidor apenas, viciado, fissurado, e não ia botar o nome dele na fogueira assim à toa. Os homens endureceram, apimentaram a pressão com algum terror psicológico, mas João não abriu o bico. Aliás, estava decidido a mantê-lo fechado em qualquer hipótese dali para a frente. Nunca entregara ninguém, nem pretendia entregar. Mas já começava a tentar imaginar que métodos poderiam ser usados para fazê-lo falar.

As buscas no apartamento já tinham praticamente terminado quando um dos policiais resolveu abrir uma pequena sacola enrolada no fundo do guarda-roupa e achou uma arma.

Era uma pistola 635, uma Beretta, acompanhada de uma caixa de balas. O policial segurou-a como um troféu – um indício valioso da periculosidade de João. Este confirmou que a arma era sua, e foi metralhado com uma série de perguntas sobre como a tinha obtido, com que finalidade e em que circunstâncias a utilizara. Era a polícia já construindo a denúncia sobre as características violentas do réu. Mas essa frente de investigação não iria muito longe. Para começar, João sequer sabia atirar. E sua resposta prosaica aos questionamentos foi um certo anticlímax para o cerco acusatório:

– Nunca pretendi usar essa arma, e nunca usei. Quer dizer: uma vez, no meu quintal no Jardim Botânico, dei um tiro numa jaca. Mas errei.

A pistola tinha ido parar nas suas mãos graças a uma das relações mais curiosas que ele já tivera no mercado da cocaína. João já operava com a altíssima qualidade da marca Nelore e estava na fase de evitar uma clientela muito pulverizada pelo pequeno varejo. Mas aparecera um pedido insistente para que atendesse um amigo de um amigo, usuário de pequenas quantidades, ou seja, mais um cheiradorzinho de fim de semana – justamente o tipo de cliente que, naquela altura do campeonato, começava a não lhe interessar mais. O tal camarada insistia na base da argumentação afetiva:

– Porra, João, recebe esse meu amigo! O cara a-do-rou a tua brizola. É quase meu irmão, corretíssimo, super-responsável, tenente da Aeronáutica...

– O quê?! Tu quer que eu receba um tenente da Aeronáutica na minha casa?! Porra, tu tá a fim de me sacanear...

Algum tempo depois, porém, como se tratava de um amigo dos mais confiáveis (e dos mais insistentes), João concordou em receber o militar apaixonado por sua cocaína. Era um tenente-médico, jovem, figura absolutamente caxias, que por um bom tempo viraria um de seus fregueses mais regulares – e mais discretos. Ao contrário da maioria, o militar era incapaz de telefonar em horários impróprios, ou de qualquer outro tipo de assédio indesejável. Não falava demais nem de menos, não atrasava pagamento, entrava e saía de sua casa compenetrada e objetivamente. Era como se estivesse despachando no gabinete de um oficial superior. João tinha encontrado nas Forças Armadas seu cliente modelo.

Estabeleceu-se um tal clima de confiança entre os dois que um dia, ao chegar, o tenente sentiu-se à vontade para sacar um revólver e colocá-lo sobre a mesa. Sem sobressaltos. Ele queria comprar 5 gramas de cocaína, quantidade um pouco maior do que o habitual (costumava levar papéis de 2 gramas no máximo, para consumir com amigos nos dias de folga), e perguntou se a arma por acaso poderia servir como pagamento.

A cena inesperada provocou um flashback em João. Lembrou-se de quando tinha 11 anos de idade e seu pai mandara-o para a Disney. Em seu primeiro dia na Flórida, deslumbrou-se com um revólver de ar comprimido. Ficar impressionado com o peso e a imponência da arma de ferro. Acabou virando o assunto da excursão, ao gastar quase todo o dinheiro que levara na viagem para comprá-la. Vinte e três anos depois, ainda tinha o tal revólver, enferrujado e fora de uso. Apenas gostava de tê-lo. Em suas várias mudanças de residência ao longo da vida – situação em que os pertences obsoletos acabam ficando para trás – nunca conseguira jogá-lo fora.

Vendo naquele momento a Beretta sobre a mesa, pequena e elegante como uma arma feminina dos filmes de 007, teve uma sensação parecida com aquela da Disney. Gostou do "brinquedo" e topou a proposta do tenente. Agora, preso e cercado por agentes da Polícia Federal, precisava fazê-los acreditar nos seus sonhos de menino.

Os agentes apreenderam a fita da secretária eletrônica e a pistola. Certamente tentariam mais tarde "extrair" dele informações mais comprometedoras, pensou João, ao ouvir a ordem de retirada:

– Faz a tua mala aí rapidinho, que lá tu não vai ter nada – avisou um dos federais.

Algo impediu João de cumprir a ordem. Lembrou do malandro de Jorge Ben, que foi passar férias numa colônia penal e viu que não conseguia fazer mala para esse tipo de viagem – que não sabia nem quanto ia durar. Pegou um travesseiro, uma escova de dentes, papel higiênico e três camisas e despediu-se do apartamento ao qual nunca mais voltaria. Único bem remanescente da família, seria consumido pelas custas da sua defesa.

A chegada na carceragem da Polícia Federal na Praça Mauá aconteceu por volta das sete da noite e sob um bafo de calor com estirpe de fevereiro, embora ainda estivessem em outubro. Atravessou um grande pátio usado como estacionamento e foi levado a uma sala anexa à do delegado. Levaram-no a um canto vazio e colocaram-no com a cara para a parede. Permaneceu assim, de pé, por cerca de duas horas, sem que ninguém se dirigisse a ele. Finalmente arriscou pedir um cigarro, e foi atendido. Experimentou virar-se, puxar alguma conversa com o sentinela e acabou conseguindo autorização para sentar-se. A última coisa que caíra no seu estômago fora aquele misto-quente às onze da manhã, quase 12 horas antes, e o que o fez lembrar da fome foi um irresistível cheiro de churrasco. Logo começaram a desfilar na sua frente as mais variadas carnes, e percebeu que ele era o convidado especial do banquete – não para comer, mas para assistir. Entre comentários ruidosos e gargalhadas nas dependências vizinhas, ouviu que os policiais estavam relembrando os lances da sua prisão e relatando a operação vitoriosa aos que não tinham participado. Entendeu então que o churrasco era a comemoração da sua captura.

O “castigo” terminou já próximo da meia-noite, quando um policial diante de uma máquina de escrever mandou que

João sentasse à sua frente e iniciou um pequeno interrogatório. Ouviu mais uma vez o diagnóstico de que estava fudido, e que seria melhor para ele contar logo quem era o seu fornecedor e como funcionava o seu esquema. João não pronunciou uma sílaba. Os policiais começavam a se irritar com aquele silêncio quando, numa sequência de perguntas burocráticas, questionado se já havia vendido drogas, ironizou o policial: "Por que, você quer comprar?" Em dois passos, o outro policial, que estava em pé à sua direita assistindo ao depoimento, posicionou-se atrás da sua cadeira e desferiu-lhe um murro em cada ouvido, simultaneamente: o famoso "telefone". Atordoado com a dor, João ainda gritou "Que isso, porra?!", antes de levar um outro soco na lateral do tórax, especialmente doloroso porque bem encaixado na altura das costelas flutuantes. Em três segundos recuperou toda a noção do perigo.

Com uma surdez parcial e um zumbido contínuo dentro da cabeça que o acompanharia por três dias, foi então levado à sala do delegado titular, Flávio Furtado, o homem que comandara sua prisão. Em contraste com o que acabara de acontecer, tratava-se de uma pessoa educada, de maneiras gentis, que o recebeu sem qualquer clima intimidatório. Fez uma rápida dissertação sobre sua filosofia de combate ao crime, explicando que só acreditava em investigação com inteligência. Repudiava a brutalidade como método. Não fez perguntas objetivas a João, apenas lhe disse que sua prisão era fruto de uma operação baseada na informação, não na coação. Perguntou-lhe então se tinha sido bem-tratado pelos policiais ou se sofrera alguma agressão física. Ainda tonto com as pancadas que acabara de levar, João respondeu:

– Não. Está tudo bem. Ninguém me fez nada.

Instintivamente, o preso achou que essa era a melhor forma de se resguardar ali dentro. Ao não se queixar dos policiais, ficava de certa forma com um crédito para se algo mais grave acontecesse. O delegado então lhe disse que estaria sempre acessível, pediu-lhe que o informasse sobre qualquer arbitrariedade que sofresse e encerrou a conversa.

João voltou à antessala e foi conduzido por três agentes para um corredor externo do prédio principal da delegacia. Havia entrado ali ainda com a luz do dia, e a visão noturna do lugar, com o largo vão escuro do pátio e o vulto da carceragem do outro lado, lhe deu calafrios. Confiara nas palavras civilizadas do delegado Furtado, mas não confiava na gentileza dos homens que o estavam levando agora não sabia para onde. Passou por uma dependência com um tanque cheio de água e temeu que pudessem levá-lo para alguns "mergulhos". Já tinham entrado pela madrugada e fazia talvez mais de duas horas que telefonara para sua tia Gilda Sobral Pinto pedindo ajuda. Percebeu que ainda não estava sendo levado para a cela onde ficaria preso e teve a impressão de que seus guias buscavam um cômodo vazio para internar-se com ele. Não havia dúvidas, chegara a hora da sessão esfolamento. Nesse exato momento, um outro agente surgiu no corredor avisando que precisavam voltar com o preso: o advogado dele tinha chegado. Obrigado, Senhor, disse para si mesmo, diante da primeira boa notícia em tanto tempo.

A indicação de Arthur Lavigne fora precisa. Renato Tonini foi rapidamente localizado e chegou à Polícia Federal em tempo recorde, e imediatamente teve uma reunião com o delegado. Aquilo salvava João da condição de um preso qualquer. Agora seu status era outro. A sós com o cliente, Tonini se apresentou e explicou que não havia muito a ser feito e a ser dito naquele momento. Aliás, perante a polícia, quanto menos fosse falado, melhor. Procurou confortá-lo emocionalmente, mas sem criar ilusões:

– A sua situação é muito grave. Mas fica calmo, vou me reunir com a sua família e venho te ver amanhã ou depois.

Mal o advogado se retirou, João foi conduzido através do pátio escuro rumo ao setor das celas. Já sabia que não teria qualquer tipo de privilégio, e nesse momento as histórias ouvidas sobre agressões e violência sexual contra presos recém-chegados lhe apertaram o peito. O mesmo policial que o agredira teve o prazer de informá-lo que ele seria colocado numa cela ocupada por integrantes de uma violenta facção criminosa do Rio:

– Tu não colaborou, não falou, a escolha foi tua. Por isso tu vai pra cela do Comando Vermelho.

Ali não tinha mais advogado, delegado, argumento. Seria o que Deus quisesse. Passaram por um portão alto de ferro, atravessaram um outro pátio menor e cruzaram mais um portão que dava num ambiente já com jeito de claustro, anterior à galeria onde ficavam as celas. De uma pequena mesa do fundo desse hall levantou-se um guarda imenso, com cara de vilão de James Bond, piorada pela precária iluminação ambiente. Deu uma ordem ríspida para que João tirasse toda a roupa e se dirigisse a um canto da sala. Pronto, era a hora da surra, só podia ser. O brutamontes fez, meio entre os dentes, uma censura ao fato de João não ter delatado ninguém. Parecia um pretexto "moral" para o primeiro sopapo.

Mas não veio sopapo algum. Depois de uma revista rápida, mandou que se vestisse e, antes de encaminhá-lo à cela, comentou com desdém, como um entendido que arrisca um palpite de futebol:

– É, acho que tu vai pegar uns 12 anos.

Mas o prognóstico não teve todo o efeito de terror psicológico que parecia pretender. Às três horas da manhã, exausto, faminto e confuso, João estava apreensivo demais com sua primeira noite na prisão para pensar no futuro. Alguns passos o separavam da cela destinada à barra mais pesada do crime, onde seria jogado agora sem piedade. Jamais imaginaria que, dois dias depois, além de dividir a cela com bandidos do Comando Vermelho, estaria dividindo o noticiário policial com eles, ombro a ombro. Em reportagens sobre os chefes do tráfico no Rio de Janeiro, o índex dos mandachuvas tinha um novo nome.

8
Mundo cão com mortadela

Eram três horas da manhã na Praça Mauá. Numa hora dessas, na zona portuária do Centro do Rio, não se ouve nem os fantasmas dos armazéns seculares enfileirados na avenida Rodrigues Alves. No meio desse silêncio sepulcral e de uma escuridão quase absoluta, João Guilherme atravessou parte da galeria de cerca de 30 metros que dividia ao meio um conjunto de seis celas da carceragem da Polícia Federal. Em cinco delas, quase todos os presos eram traficantes estrangeiros, a maioria africanos e europeus. Eram principalmente mulas, capturados com drogas camufladas nas roupas ou escondidas no estômago, rumo aos mercados ricos do Hemisfério Norte. Mas o destino de João era a cela mais cheia de todas, onde estavam entulhados os bandidos dos morros cariocas dominados pela facção Comando Vermelho. Presos em confronto com a polícia, os caubóis das favelas vinham conseguindo retomar a liberdade facilmente com o pagamento de fiança, e as forças de segurança tinham encontrado um artifício para mantê-los presos: indiciá-los por receptação de armas contrabandeadas – já que frequentemente portavam fuzis americanos, suíços ou russos. Daí terem virado inquilinos daquele espaço cosmopolita.

Dos vinte presos que se apertavam na cela de pouco mais de 12 metros quadrados, quatro estavam acordados quando João foi jogado lá dentro. Mal havia onde pisar, e ele conseguiu chegar, como se pulasse amarelinha, até um pequeno pedaço de chão livre, junto à parede do fundo, onde sentou-se com dificuldade. Era mais um num lugar em que já não cabia mais ninguém. E isso aumentava sua expectativa por algum tipo de hostilidade. Procurara não encarar os bandidos, já tentando evitar curtos-circuitos, mas logo um deles dirigiu-se a João, como se lhe cobrasse uma reverência:

– E aí? Qual é?

João foi lacônico, apenas devolveu aquele "E aí?" de forma discreta, dando a mínima margem para implicâncias ou provocações. Mas o outro insistiu no diálogo, e desferiu a pergunta inesperada:

– Tá com fome?

Obviamente, ele estava morrendo de fome, e aquela pergunta provavelmente devia ser um escárnio. Respondeu que sim, estava com fome, já esperando algum tipo de zombaria ou grossura como resposta. Mas o que recebeu foi um sanduíche de pão de forma com mortadela, além de uma maçã e uma banana como sobremesa.

Enquanto fazia uma das refeições mais prazerosas de sua vida, tentava compreender o gesto inesperado. Entre comentários esparsos sobre sua prisão, notava um clima de cumplicidade por parte de seus "anfitriões". Estava dando seus primeiros passos numa estranha zona de interseção entre crime e ética. Era como se descobrisse que no fim da barbárie havia a lei. Uma lei não escrita, cumprida na base do grito, mas que naquele momento lhe garantira o "direito" ao sanduíche de mortadela salvador. Em pouco tempo ele também aprenderia a repassar as refeições caprichadas que a família lhe mandava diretamente para a despensa da comunidade. Uma disciplina igualitária que levaria Karl Marx às lágrimas. De estômago forrado, João sentiu-se quase envergonhado de todo aquele temor que a chegada à cadeia lhe causara. Mas não deveria sentir-se tão seguro assim. Em poucos dias teria a chance de ver aquela "legislação" voltar-se implacavelmente contra ele.

Provavelmente, qualquer um que chegasse naquela cela àquela hora seria recebido com o lanche. Mas, para os bandidos que o receberam, João Guilherme não era qualquer um. Na TV de 14 polegadas em preto e branco que ficava ligada ali quase o dia todo, um ou outro flash desses que mostram o aqui e agora da cidade tinham noticiado a sua prisão. E a notícia era clara, conforme passada pela Polícia Federal: tratava-se de um peixe grande da distribuição de cocaína na Zona Sul. "Pela primeira vez desmobilizamos uma quadrilha desde o laboratório de refino da cocaína, transportadores e distribuidores", declarava o superintendente da PF no Rio, Jairo Kullmann. Portanto, além da ética do crime, a boa receptividade na cela também tinha a ver com um certo respeito "profissional". João nunca chegara perto de pertencer a nenhuma dessas facções, e não lhe interessava a hierarquia política ou militar do tráfico – seu negócio era estritamente comercial. Mas seu status no meio bandido, mesmo à sua revelia, começava a se firmar.

Como sempre, a própria polícia e a imprensa acabariam sendo, ainda que involuntariamente, agentes dessa notoriedade. Dois dias depois de sua prisão o *Jornal do Brasil* publicaria um material de meia página sobre importantes chefes do tráfico presos recentemente. Parte do espaço era destinado ao traficante Marcinho VP, todo-poderoso do morro Dona Marta. A outra parte, no melhor estilo jornalístico "nasce uma estrela", cabia a uma liderança emergente do varejo de cocaína na cidade: João Guilherme Estrella, "o Johnny". Como todo bandido importante, ele já tinha o seu apelido – e aí entrava a varinha de condão de policiais e jornalistas, porque na vida real ele nunca fora chamado assim. Olhando em volta, já dava para ver que estava feita a cama para o seu estrelato criminoso, com apelido e tudo. Mas talvez João não quisesse aquilo para ele. E um sinal disso foi sua reação durante a leitura da reportagem do *JB*, interrompida para um protesto escrupuloso, pouco comum a bandidos:

– Porra, meu nome não é Johnny!

A cama para o estrelato podia até estar feita, mas a cama para dormir sua primeira noite na cadeia sequer existia. O que existia, naquela floresta de cabeças e pés, era uma nesga de chão ao lado do "banheiro", que nada mais era do que um buraco no piso, tapado com uma garrafa plástica de Coca-Cola emborcada. Os braços tinham que ficar colados ao tronco. Esticar as pernas, nem pensar. Mas seu corpo exaurido, e pela primeira vez em tanto tempo relaxado e alimentado, se estatelou ali e dormiu um sono de suíte presidencial.

Às seis e meia da manhã os guardas arrastaram barras de ferro pelas grades das celas, com grande estridência, como se tocassem um reco-reco gigante. João não tinha dormido nem três horas, mas dormira tão pesado que se sentia totalmente revigorado. Depois da primeira e inevitável sensação de descobrir que o pesadelo era realidade, dirigiu-se com todos os presos ao pequeno pátio onde seria servido o café da manhã. Logo surgiu uma carrocinha com leite, café, pão e manteiga, todos com frescor e paladar bem razoáveis para as circunstâncias. João se serviu e foi sentar-se num canto do pátio que lhe pareceu mais quieto, sobre um degrau de cimento. Olhando para cima, deu de cara com mais um dia radiante da primavera carioca. Mas agora o pedaço de céu irretocavelmente azul que lhe era possível ver estava cercado de cinza por todos os lados. Em qualquer direção, o horizonte eram os blocos de cimento dos prédios e muros da carceragem da Polícia Federal, que pareciam sufocar aquela claraboia de azul imaculado. Ao nível do chão, completava o cenário a imagem da enorme fila de pessoas à espera de um pedaço de pão. Era o quadro realista, ao vivo, do que seria sua vida dali para a frente, sabe-se lá por quanto tempo. A nova realidade só agora estalava em seus sensores com toda sua nitidez. E a perspectiva palpável da clausura, da exclusão do mundo, provocou-lhe uma claustrofobia mais angustiante que a do carro apertado. Pensou na vida que seguiria seu rumo lá fora, deixando-o para trás. Pensou em Sofia.

O que aconteceria com o seu casamento? Se ele estivesse firme, seria o seu ponto de apoio na solidão do cárcere. Mas João e Sofia vinham se estranhando bastante, e tinham brigado feio pouco antes da prisão. Os dois se conheceram no início dos anos 90, no apartamento que João, recém-saído de seu casamento "baiano", dividia com Laura, grande amiga de Sofia. A relação nascera e crescera junto com o mergulho na ciranda do pó, e ultimamente ele mesmo andava achando que talvez estivesse na hora de ir cada um para o seu lado. Só que agora as coisas ganhavam um contorno diferente. Ali enjaulado, privado de tudo, ele voltava a pensar em Sofia como a mulher amada, parceira das horas boas e ruins, amante deliciosa. De repente, notou o quanto sua vida ainda estava misturada com a dela, e o quanto ainda tinham a caminhar juntos, no mínimo para saber, como na música de Chico Buarque, com que pernas seguir. Enfim, precisava ver Sofia.

O primeiro encontro, quase uma semana depois – quarta-feira, único dia aberto a visitas –, foi emocionante e pesado. Choraram juntos a saudade, as feridas abertas na última briga, o amor que resistia, o drama da prisão, o medo do futuro. Na soma das mágoas, afetos e incertezas, ainda resultava um casal. Só não dava para calcular como ficaria essa conta sob o inverno daquela separação forçada. João sabia que na Polícia Federal não havia as chamadas visitas íntimas, em que o preso tem privacidade total com sua parceira. Mas naquele dia, ao voltar para a cela ainda sentindo o cheiro de Sofia, pôs na cabeça que o tal regulamento deveria ter uma brecha – e ele iria encontrá-la.

Tocou no assunto de leve com um dos carcereiros, que apenas confirmou-lhe a proibição e encerrou a conversa. A sondagem frustrada se repetiu com outros carcereiros nos dois dias seguintes, até que João identificou uma dupla de plantonistas noturnos, jeitão meio gaiato, que pareciam mais liberais. Ou pelo menos mais cínicos. Ali poderia ter jogo.

– Pô, aqui não tem visita íntima não, né?

– É, não tem.

– Mas será que não tem nenhum jeito de ficar com a minha mulher um tempinho aí?

– Ih, isso aí é muito complicado...

Pela primeira vez a visita íntima deixava de ser "proibida" para ser "complicada", e ali estava a tal brecha. João tocou a conversa adiante, sentindo que o policial estava expondo a dificuldade para vender a facilidade. Deixou correr um tempo para que ele conchavasse com seu colega de turno. No plantão seguinte, a operação já tinha até preço: 400 dólares. E a coisa era complicada mesmo. A suíte master seria o próprio alojamento dos carcereiros, e Sofia precisaria chegar escondida à meia-noite. Dava para ver que o esquema não envolvia nenhum funcionário mais graúdo, era coisa de três ou quatro arraias-miúdas. João foi informado de que teria cerveja na geladeira, mas se quisesse uísque tinha que avisar logo para que fosse providenciado. Ele disse que cerveja estava bom.

No dia marcado, seu irmão André deixou Sofia à meia-noite na desértica Praça Mauá, na porta da PF, marcando de pegá-la no mesmo local às três da manhã. Irmão é para essas coisas. A visitante foi levada pelo sentinela através da escuridão do pátio até o alojamento, onde João já a esperava. Os dois estavam exaustos de tensão, ansiedade e adrenalina. Enfim sós, choraram de novo, beberam um pouco, conversaram, tentando passar a limpo aquilo tudo que acontecera. Transaram, mas quase sem prazer. O contexto era estranho, o clima do encontro era opressor. Na despedida, estavam ainda mais exaustos, e não falaram em repetir a visita íntima. Jamais repetiriam. O carinho e a cumplicidade sobreviveriam um pouco mais, mas o casamento, não.

João Guilherme voltou para a cela atordoado, e notou que, estranhamente, a luz estava acesa àquela hora. Era problema à vista. Devia estar acontecendo um "desenrolado", que era como os bandidos daquela facção chamavam as reuniões noturnas para resolver questões inadiáveis. O desenrolado podia ser para resolver alguma rusga entre companheiros de cela, podia ser o início de um plano de fuga ou, eventualmente, decidia a crucificação de alguém que tivesse pisado na bola. Havia na cela, por exemplo, um preso que praticamente não falava com ninguém e passava os dias escrevendo. A atitude vinha incomodando os outros, até que se descobriu que suas cartas eram destinadas ao juiz encarregado do seu caso. Tratava-se de um preso um pouco mais esclarecido, que resolvera adular o juiz relatando-lhe os podres de policiais e presos na Polícia Federal. O juiz mandara então um ofício ao delegado da PF, cobrando ações corretivas. Os policiais, em represália, vazaram para os presos o que seu colega de cela andava fazendo. Foi num daqueles "desenrolados" que o delator foi formalmente comunicado de que iria entrar na porrada.

A coisa era organizada: a surra seria dada por quatro presos. Mas quando as portas das celas para a galeria foram abertas, a fúria dos quatro para cima do delator ecoou naquele ambiente fechado como a passagem de uma cavalaria. Encurralaram o infeliz na última cela do corredor e o espancaram por uns dois minutos seguidos, usando até cabo de vassoura. A vítima urrava e, numa manobra de sobrevivência, conseguiu escapar da cela e correr até a grade que dava para fora da galeria. Completamente ensanguentado, o rosto já começando a se desfigurar, gritou desesperadamente por socorro. O policial de plantão chegou calmamente próximo à grade, olhou para a cara do delator e falou em tom suave:

– Por que você tá tão nervoso? Estão batendo em você? Mas eu não tô vendo nenhuma marca... Vai lá pra dentro e se acalma.

Diante do policial, os linchadores então arrastaram-no de volta à cela do fundo e o som da cavalaria recomeçou. Com mais alguns minutos, os outros presos viram que aquilo ia acabar em morte e começaram a se manifestar. João Guilherme chegou a entrar na cela e pedir que parassem de bater. Um morto ali significaria mais repressão e um regime ainda mais enclausurado para todos. Os quatro cavaleiros do Apocalipse resolveram então dar sua missão por encerrada. Para quem ainda tivesse dúvidas, estava bem claro agora quanto custava pisar na bola ali naquele território.

Ainda tentando digerir seu encontro/desencontro com Sofia, João entrou na cela acesa às três horas da manhã e atraiu todos os olhares. Os presos interromperam o desenrolado e se moveram até formar um cerco à sua volta. Gelou: o problema dessa vez era com ele. Rapidamente, começou a atinar o quanto tinha sido imprudente. Passara três horas fora da cela, num horário daqueles, gentilmente conduzido pelo carcereiro, sem dizer nada a ninguém. Era uma situação totalmente atípica na rotina da carceragem. Estava preso há apenas duas semanas, e aos olhos dos outros, um privilégio daqueles fatalmente acenderia suspeitas sobre em qual time João jogava. Depois de um breve silêncio, três dos bandidos mais influentes da cela, todos com patentes respeitáveis no tráfico – um deles dono de bocas de fumo –, discutiram entre si quem seria o porta-voz do comunicado a João. Coube a Charles, o dono das bocas, o discurso sintético:

– É o seguinte: tá todo mundo achando que tu é "caguete". A parada vai ficar ruim pro teu lado. É melhor tu arranjar um jeito de explicar o que tu fica fazendo lá com os federal. Mas vai ser difícil de explicar.

João viu que o circo romano já estava pronto para ele, com os leões salivando e a plateia ávida por sangue. A "ética do crime", que tão bem o impressionara na chegada à prisão, colocava-o agora como réu em seu tribunal. Na cela em frente, os presos tinham acordado e estavam todos prontinhos, como num camarote, para assistir ao esfolamento. Se corresse, o bicho pegava, se ficasse, ele comia, e como nenhuma das duas opções servia, João resolveu partir para o ataque. Investiu verbalmente contra seus inquisidores, numa transformação teatral do pavor em verve, pura presença de espírito, procurando inverter os papéis de acusadores e acusado:

– Caguetando é o cacete! Tão me estranhando? Esses caras foderam a minha vida e eu agora vou fazer o jogo deles? Não dei nome de ninguém nem no interrogatório, vou dar agora? Tô sofrendo pra caralho aqui nesta merda, junto com todo mundo. Não sou quem vocês estão procurando.

A reação explosiva de João surpreendeu o grupo, que ouvia imóvel aquela defesa indignada. Mas ele sabia que não podia parar de falar, não podia perder o embalo. Uma hesitação ou oscilação na voz e aquela batalha retórica estaria perdida. Os carcereiros tinham determinado sigilo total sobre a visita íntima, mas ele, pressentindo algum problema, mencionara a possibilidade de vazar o esquema para o chefão. Agora o preço do sigilo era sua própria pele. Às favas com ele.

– Eu tava com a minha mulher. E tenho como provar isso. Charles, posso até armar pra você ficar com a tua mulher também. Sei o caminho e vou te mostrar, é só tu me dar um tempo pra agitar a coisa. É isso o que eu tenho a dizer. Agora vou dormir, que eu tô exausto e a minha consciência tá tranquila. Vocês achem o que quiserem achar, façam o que quiserem fazer.

Caminhou em frente, passou pelo cerco, deitou, fechou os olhos e entregou sua sorte a Deus. Durante o seu discurso, tivera a impressão de que Charles estava acreditando nas suas palavras. Os outros dois membros do "Estado-Maior" continuavam com cara de quem queria o seu fígado, mas ele sabia que se Charles não quisesse, não haveria linchamento. O fato é que a atitude de João, no mínimo, semeara a dúvida no pelotão linchador, e esfriara o clima para a surra. A "assembleia" foi se desfazendo, em meio a alguns protestos inconformados ("vocês vão acreditar nessa conversa mole?", insistia um, "mentiroso paga dobrado", ameaçava outro), e o "réu" caiu no sono. Por um triz, seu escalpo estava salvo.

Na hora do sufoco, João prometera arranjar a visita íntima para Charles, mas não tinha a menor ideia de como o policial ia receber o novo pedido. Charles era general de morro, comandava três bocas de fumo numa favela na Zona Oeste da cidade. Tinha um pequeno exército fortemente armado sob seu comando. Como negociar uma visita íntima para um sujeito dessa periculosidade? Mas ali estava por revelar-se mais um capítulo insólito da tal ética do crime. Abordou o policial com jeito, explicou que não tivera saída senão confessar na cela que estivera aquele tempo todo com sua mulher e começou a rodear o assunto da inclusão de Charles no esquema. O guarda então o interrompeu, curto e grosso:

– Olha, não tem problema não. Só que pra ele é mais caro, e ele vai ter que dar a palavra dele.

Parecia piada aquela história de exigir que o bandido empenhasse sua palavra como garantia de alguma coisa – no caso, de que não tentaria uma fuga ou outra armação qualquer. Mas quando levou o recado a Charles, João constatou que, por incrível que parecesse, os escrúpulos pessoais eram moeda valiosa naquele meio. O traficante concordou em empenhar sua palavra. No dia da visita íntima, os dois lados cumpriram o trato com obediência de escoteiro. Nem os carcereiros impuseram qualquer constrangimento à mulher de Charles – que sequer foi revistada –, nem Charles aproveitou para tentar a fuga mais fácil de sua vida. Era tudo uma questão de honra.

João não só salvou sua pele naquele episódio como saiu dele acumulando razoável prestígio no seu novo universo. Continuava sendo um "estrangeiro" na cela reservada ao Comando Vermelho, mas livrara-se do pesadelo de ter o destino do outro estrangeiro, aquele que viu quase morrer na sua frente, depois de "condenado" por delação. Além de calar os que queriam transformá-lo em bola da vez, e de ficar em alta com Charles, ele tratou de se encaixar em alguns códigos daquele comunismo bandido ali praticado. Dobrou as encomendas à família: comida, revistas e o que mais pudesse engrossar as provisões da cela, para consumo coletivo. Passou a "assessorar" os colegas semianalfabetos na redação de cartas e bilhetes para suas famílias. Foi ganhando seu espaço e, entre outras conquistas, deixou de dormir no pedaço de chão ao lado do banheiro. Sua nova localização lhe permitia até esticar as pernas.

A posição das "camas" obedecia a um critério misto de ordem de chegada e prestígio do preso. Depois de dormir a primeira noite naquela situação precária, João imaginou que na noite seguinte poderia se posicionar melhor. Não poderia. A confusão de gente espalhada pelo chão feito sardinha em lata tinha sua ciência. Fora uma cama-beliche, não havia qualquer sinal de demarcação do espaço. Na segunda noite, entretanto, João percebeu o fenômeno: ao esticar seus colchonetes ou folhas de papelão no chão, os "hóspedes" reproduziam exatamente o mesmo mosaico caótico da noite anterior. Como sardinhas adestradas de volta à lata, sabiam milimetricamente onde terminava o espaço de um e começava o do outro.

Além de referências como o beliche, a grade e o buraco do banheiro, uma rachadura na parede ou uma mancha no chão poderiam servir de marco territorial. Logo, João também aprenderia a "ver" aquele estranho mapa em todas as suas nuances, e a ter seus sonhos de consumo ali dentro. Com as primeiras transferências de presos da sua cela – e com sua razoável afirmação "política" – conseguira passar direto da porta do banheiro para uma das posições coladas à parede, saltando o estágio dos lotes no miolo da cela (bem menos valorizados). A essa altura já tinha o seu colchonete próprio, mas não via a hora de conquistar uma das camas-beliches. Quando esse dia chegou, porém, ele não a quis. Tinha notado que as duas eram um forno – a de cima, pela proximidade da laje, e a de baixo, por estar abafada pela de cima.

Charles costumava dizer que estava cagando para o seu lugar naquele cubículo, que qualquer um para ele era a mesma coisa. Mas quando a Polícia Federal o deslocou para uma temporada numa cela ocupada por africanos, João assumiu o seu lugar e constatou que era o melhor de todos. Afastado do banheiro e da entrada da cela, colado à melhor parede lateral e bem em frente ao "cinema" (a minúscula e concorrida TV preto e branco), aquele canto de cela abarrotada chegaria a ser sentido por ele como um lugar aconchegante.

Um dia Charles voltou. Tinha encerrado sua temporada em cela estrangeira, como parte de um rodízio que a PF fazia para quebrar articulações e preparações de planos. Na hora de se redefinirem as acomodações, dois dos asseclas do mandachuva dirigiram-se a João e lhe deram o aviso: teria que devolver seus "aposentos" a Charles. Diante de todos, inclusive de Charles, João respondeu de bate-pronto, sem nem pensar:

– Não vou sair, não. Tô aqui porque é a minha vez. Não é rodízio? Ou acabou o rodízio?

Quem desfez o mal-estar foi o próprio Charles:

– Tá certo, sim. O cara tá aí, tá na ordem, eu tô chegando agora. Não tem erro, não.

Obviamente, Charles não foi para o fim da fila, na vizinhança do banheiro. Também não foi para a vala comum do miolo da cela. Escolheu um lugar ali na "área nobre" mesmo, perto de João, próximo à TV.

A imagem do aparelhinho era péssima, mas distraía. Os comerciais daquele fim de novembro já traziam mensagens e cenários de Natal, e aquele clima tocou João Guilherme, causando-lhe uma enorme ânsia de liberdade. Começou a fazer conjecturas com base nos planos de seu advogado e de sua família, mirando uma concessão de liberdade condicional. Ou talvez um habeas corpus. Algo, enfim, que pudesse restituir seu contato com o mundo normal enquanto seu processo corria – ou melhor, se arrastava. Animou-se ao lembrar que estava marcada para meados de dezembro a festa de arromba de um amigo, daquelas que passam meses zumbindo nos ouvidos da cidade. Com um pouco de sorte, sairia a tempo de ir à festa, calculou.

Mas seu cálculo tinha a sobriedade de uma fantasia carnavalesca. Logo, a Justiça devolveria seus pés ao chão da dura realidade: aquela seria apenas a primeira de muitas festas e datas comemorativas que ele passaria atrás das grades.

9
O Mick Jagger da Praça Mauá

João Guilherme já estava preso há pouco mais de um mês e as coisas até que andavam calmas nos últimos dias. Se bem que, naquele mundo de cabeça para baixo, ele já não sabia dizer se calmaria era uma coisa boa ou ruim. Para todos os efeitos, numa noite abafada do início de dezembro, qualquer vestígio de tranquilidade na carceragem da Polícia Federal iria pelos ares – não só por uma noite, nem por uma semana, mas pelos próximos meses. A revolução se chamava Alcides, um sujeito elétrico, cronicamente inconformado, teimosamente animado. No momento em que foi jogado dentro da cela, parecia um Mick Jagger de cativeiro, indo, vindo e falando sem parar no meio de 20 infelizes que tentavam dormir.

Parecia excitação da chegada. Vai ver tinha cheirado muito, era uma questão de paciência, de esperar a bateria do malandro acabar, porque ninguém é de ferro. Puro engano. Alcides era de ferro. Seu show durou a noite toda, e de manhã cedo, quando seria a hora de cair duro, ele estava mais ativo do que nunca: "entrevistando" os companheiros de cela, solicitando aos berros a presença de um guarda de cinco em cinco minutos, enfim, tomando providências como se tivesse acabado de assumir a presidência de uma grande empresa.

– Seu federal! Seu federal! – gritava Alcides através das grades. – Assim não é possível, isso aqui tá o maior osso! Arruma pelo menos uma água aí, é o mínimo... – parlamentava o novo hóspede, exercendo uma espécie de diplomacia praguejante.

Era um bandido, mas poderia ser um tribuno. O carisma e a capacidade de convencimento logo resultaram em conquistas "sociais" inéditas para os companheiros de cela – como a encomenda eventual de lanches do McDonald's, dependendo do guarda de plantão. A conquista rapidamente foi estendida a toda a galeria. Se preciso, Alcides agenciava a "importação" de Big Macs para os colegas das outras celas.

Aquele ritmo Rolling Stone da primeira noite se estendeu à noite seguinte, sem que o showman pregasse o olho um minuto sequer. No seu terceiro dia de hiperatividade João não aguentava mais. Não dava para dormir com aquele ser indócil andando, reclamando e tendo ideias 24 horas por dia. Até que, na terceira noite, de uma hora para outra, a pilha de Alcides finalmente acabou. E seguiu-se a metamorfose: durante dois dias e duas noites o insone endiabrado dormiu como um anjo, profunda e ininterruptamente. Sem conseguir acreditar no que via, João sentiu algo estranho, que não era exatamente alívio. Aos poucos foi-lhe ficando claro: era inveja.

Para arranjar um pouco de privacidade (ou algo parecido com isso), João Guilherme costumava dar um pequeno drible na rotina da cadeia: dormia mais cedo do que todo mundo e despertava desse primeiro sono lá pelas três da manhã, quando a atmosfera desinflamava. Pegava um livro, tomava um Toddynho, fumava um cigarro, curtia aquela quietude rara, deixava a cabeça voar para longe dali. Era o seu ritual de realimentação da sanidade. Olhando para Alcides – petrificado há mais de 48 horas num sono imperturbável –, por alguns instantes sentiu realmente uma inveja profunda dele. Aquela letargia interminável parecia zombar da prisão, era a fuga perfeita e irremediável, o golpe de mestre.

Poucas horas depois daquele devaneio, porém, Alcides estava novamente de pé. E jamais voltaria a dormir mais que três ou quatro horas seguidas – reduzindo a pó aquela conjectura sobre fugas mentais. Assunta daqui e dali, João ficou sabendo que ele tinha sido preso com mais dois integrantes do bando que integrava na Favela da Maré, cada um armado com um fuzil AK-47. Trancados num barraco, resistiram a algumas horas de cerco policial, cheirando cerca de 50 gramas de cocaína (quantidade suficiente para matar qualquer um de overdose) e ameaçando atirar duas granadas contra os policiais (na verdade eram duas saboneteiras). Acreditando que seriam fuzilados, renderam-se só depois de conseguir negociar a presença de familiares e outras testemunhas da vizinhança.

Tanta cocaína explicava a hiperatividade de Alcides na chegada à cadeia, pensou João. Mas logo descobriu que não, não explicava. Se naquele dia ele tinha cheirado sozinho uns 20 gramas de cocaína, podia-se então dizer que, no seu ritmo "normal", parecia ter cheirado 19. Mal acordou, Alcides já estava de novo no comando das ações, andando que nem fera enjaulada, entre reivindicações e colóquios, chacoalhando a rotina à sua volta. Branco, cabelo encaracolado, 1,70 metro bem socado, barriguinha saliente, era desajeitado, meio torto, e ao mesmo tempo extremamente ágil. Cinco marcas de buracos de bala já cicatrizados, incluindo uma cicatriz imensa na altura dos rins (que teve de operar), denunciavam a biografia de um sobrevivente por teimosia – a qualquer momento disposto a rir da vida, a qualquer momento disposto a tudo.

Alcides era uma personalidade intrigante. Apesar de muito bem graduado na escola da violência e da crueldade, parecia ter um interesse amistoso, quase afetivo, pelas pessoas à sua volta. Gostava de reunir os colegas de cela em torno de atividades comuns, as mais prosaicas, como jogar Banco Imobiliário – jogo de tabuleiro que absorvia o grupo durante horas, madrugada adentro (todos roubavam e o banco sempre ia à falência). Mas o estoque de atitudes insólitas estava só no começo. Um dia, Alcides aproximou-se apressado e falou, em tom de convocação:

– João, vamo lá. Hora da reza.

Aproveitando a transmissão da Ave-maria pelo rádio às seis da tarde, ele tinha organizado uma oração entre os presos, no centro da galeria, com gente de todas as celas e silêncio absoluto. Todos não só respeitavam, como davam-se as mãos num grande círculo e depois emendavam o Pai-nosso. O ritual terminava com um gole de cada preso num mesmo copo d'água, "benzida" durante a oração. João viu o impossível desenhar-se diante de seus olhos: dezenas de homens de origens diferentes, da mais baixa à mais alta patente criminosa, transformados por alguns instantes, pela batuta de Alcides, num grupo de coroinhas aplicados e ordeiros.

O ritual passou a ser diário. Com um dado curioso: depois de correr as celas, convencer os mal-humorados do dia a participar, dar a ordem unida e aprontar tudo para o encontro com Deus, Alcides não participava da oração. Sua inquietude não permitia. Durante as preces, ficava em seu estilo, de um lado para o outro da galeria, murmurando coisas inaudíveis, como se fosse um cão de guarda que não descansa para que seus donos possam se despreocupar. Mas a volta brusca da imersão espiritual também era obra dele. Mal concluído o Pai-nosso, Alcides cortava o transe de suas ovelhas com a inconfundível voz metálica acelerada (um gaiato já perguntara se ele era o dublador do coelho Pernalonga). Como um apresentador de programa de calouros, escrachava o clima religioso que ele mesmo acabara de criar, fazendo pouco da fé dos devotos:

– É, rezar na cadeia é fácil. Quero ver rezar na rua, com dinheiro no bolso e mulherada em volta. Nesse sufoco, até diabo reza – provocava ele, para gargalhada geral.

Quando se deu conta, João Guilherme estava achando Alcides uma figura divertida. Amizade talvez fosse uma palavra forte, mas os dois estavam bem próximos. Naquele ambiente restrito, o traficante barra-pesada da Maré parecia um daqueles colegas de sala do ginásio, que estão sempre no comando das aventuras mais excitantes. Foi com Alcides que João foi levado a pensar pela primeira vez em fuga.

Entre jogos, rezas e reuniões havia sempre – como ocorre também em qualquer grupo de colegiais – algum plano mirabolante sendo elaborado, Alcides à frente. E numa certa noite João foi chamado a participar de uma reunião para traçar a estratégia de uma escapada. O plano consistia em fazer uma escavação pelo banheiro até a galeria de esgoto, por onde fugiriam em direção à rua durante a madrugada. João estava preso há pouco tempo, ainda seria julgado e poderia pegar vários anos de prisão, de forma que se viu pensando seriamente naquela hipótese. Afinal, o que faria quando começasse a ver os colegas escorregando por um buraco no chão rumo à liberdade? Tinha medo de ficar jogando fora oportunidades de fuga e se arrepender depois.

Ao mesmo tempo, que liberdade seria aquela, que o jogaria na clandestinidade para o resto da vida? Não tinha muito tempo para decidir, e não podia deixar sua dúvida transparecer para os outros. Enquanto os arrepios lhe percorriam a espinha, notou que, lá no fundo, torcia para que Alcides e companhia tirassem aquela ideia da cabeça.

No auge da preparação, o grupo foi transferido para outra cela. A nova localização quebrava totalmente a logística da fuga, e o plano acabou tendo mesmo que ser engavetado, para alívio do único indeciso do grupo. Mas Alcides tinha que ter sempre um projeto emocionante engatilhado, e João sabia que a próxima peripécia era questão de tempo.

Um dia, chegou à carceragem da PF uma presa nova: alemã, 20 anos no máximo, loura, traços perfeitos, linda. Foi pega com 2 quilos de cocaína amarrados ao corpo, quando embarcava para a Bélgica. Ao final do horário de visita, em que homens e mulheres misturavam-se no pátio, Alcides aproximou-se de João. Ele sabia que viria algum comentário sacana sobre a beldade recém-chegada, só não esperava "aquele" comentário:

– João, essa mulher tá me dando mole. Me olhou várias vezes, tenho certeza, deu mole.

Diante da figura nada sexy de Alcides, João não conseguiu conter o riso e disparou, com a franqueza habitual:

– Para com isso, cara! Você tá tendo uma alucinação!

Apaixonado e totalmente concentrado em seu novo projeto, Alcides ignorou completamente a observação do colega. Passou a esperar nervosamente os dias de visita, quando podia ver sua musa. Mas o destino estava contra ele. De um dia para o outro, por motivos de segurança, a PF decidiu que só quem recebesse visita poderia sair da galeria para o pátio. Não era o caso de Alcides, e ele quase foi à loucura. Estava cada vez mais certo de que a alemãzinha tinha gostado dele, mas o fato é que ainda não reunira coragem para abordá-la – e agora sequer poderia vê-la. Decidiu que a solução seria mandar-lhe uma carta. O problema é que mal sabia escrever. Acabou convocando

João para ser seu *ghost writer*. Não só para pôr palavras em ordem, mas para dar-lhes um certo sentido romântico.

A primeira carta seguiu em tom econômico. Basicamente, dizia que ela era muito bonita, que ele gostaria de conhecê-la melhor e perguntava o que ela achava de escrever para ele também. O "correio" era Tarzan, um preso magricela que fora promovido a "faxina" por bom comportamento. Do outro lado, Laura, que tinha sido presa com João, receberia o recado de Tarzan para que fizesse uma versão para o inglês, caso a alemã não entendesse português. Se não quisesse ser esfolado, Tarzan deveria colaborar direitinho e, de preferência, trazer uma resposta logo. Mas o dia ia terminando e nenhum sinal, até que foram fechadas as galerias.

– Porra, agora não vem mais! – explodiu Alcides. – Que merda, Tarzan é um babaca. Não entregou o bilhete. Vou matar o Tarzan.

No dia seguinte, Tarzan apareceu trazendo o café da manhã e quase foi recebido a tapa:

– Pô, Tarzan, cadê o bilhete?! – cobrou o amante, ameaçador.

– Entreguei a ela, cara, juro – disse o faxina, com ar de súplica.

– E ela?

– Não me deu nada. Fui lá hoje de novo entregar o café e ninguém me disse nada.

– Filha da puta, ela não gostou – concluiu Alcides, caindo imediatamente em depressão.

Não falava mais com ninguém. Deitou e dormiu o resto da manhã e a tarde inteira. João achou incrível o quanto o outro se entregara de corpo e alma àquela ilusão de que a musa germânica pudesse mesmo estar interessada nele. E tinha que estar muito interessada, pois ainda teriam que tentar "comprar" juntos uma noite de núpcias na cadeia. À noitinha, porém, deu-se o milagre. Tarzan reapareceu na cela com um pedaço de papel dobrado para Alcides. Era o recibo da bela. O conteúdo também era econômico, mas suficiente: "Também gostei de você. Não sei se você reparou, mas estive te olhando no pátio." Em dois minutos a galeria se transformaria numa festa, com Alcides exportando alegria até para as baratas.

– Federal! Federal! McDonald's pra todo mundo! – ordenou o felizardo da Praça Mauá, depois de percorrer as celas colhendo contribuições e convidando para o banquete.

João estava prestigiado como redator oficial e, obviamente, encarregado de redigir a próxima carta de amor. Nos dias que se seguiram, depois de algumas idas e vindas de Tarzan, a conexão amorosa Brasil-Alemanha estava consumada. Era "meu amor" para cá, "te amo" para lá – os dois já platonicamente enlaçados, mas sem nunca ultrapassar um certo recato, como se fossem dois noivos dos anos 50. Até o momento em que o redator, ao receber a incumbência de mais uma carta, se rebelou contra o tom morno do namoro:

– Alcides, não leva a mal não, mas vou escancarar nessa aqui. Do jeito que tá, isso não vai dar em nada.

– Não, não faz isso! Ela é romântica, você vai estragar tudo – reagiu o Don Juan da Maré.

– Assim tá muita punhetagem, vamos ver se rola um sexo – insistiu João.

– Não é a hora, não é a hora! – decretou Alcides, preocupado. – Calma, você é muito ansioso.

Sua habitual andança de um lado para o outro da cela ficou ainda mais nervosa depois desse diálogo. Alcides confiava no seu *ghost writer* e dependia dele para desenvolver seu romance, mas sempre dava uma conferida no teor da carta antes de despachá-la. Agora, por puro tédio, João queria virar a mesa:

– Se quiser que eu continue escrevendo, vou mandar essa aqui sem você nem ler. Faço uma cópia e te mostro só quando vier a resposta – foi o ultimato do redator.

– De jeito nenhum. Vamos interromper então essa correspondência – decidiu Alcides.

Agora, o percurso de ida e volta dentro da cela tinha ficado elétrico. O impasse entre os dois injetara mil volts de tensão no ar. Essa não seria a única vez que João atuaria como intérprete de Alcides, e a possibilidade de curto-circuito era sempre iminente. Em outra ocasião, em vez de amor, o assunto era guerra – e a coisa não acabou bem.

Não exatamente por culpa de um dos dois. O fuzileiro da favela tinha juntado um bando da sua facção e atravessado a galeria para tirar satisfações com os presos africanos que ocupavam a última cela do fundo. Eram quase todos nigerianos, muito fortes, mas Alcides não queria saber. Estava possesso. Tinham contado a ele que um dos africanos andara falando demais com a polícia, e dera com a língua nos dentes sobre o esquema de encomenda de lanches do McDonald's. Na verdade, isso foi a gota d'água de uma hostilidade que já vinha crescendo desde antes. Alcides tentava coordenar um esforço geral para manter o ambiente em condições higiênicas razoáveis, mas a cela dos africanos não colaborava. Além de estar quase sempre suja, seus ocupantes ainda jogavam o excesso dessa sujeira para o lado de fora. O lixo, composto inclusive por restos de comida, ia se acumulando no fundo da galeria, e o calor enorme fazia-o apodrecer rapidamente, espalhando um cheiro de chiqueiro por todas as celas. Era um inferno, mas era também o que a ala da bandidagem carioca mais queria ali dentro: um motivo para sair na porrada com o inimigo. Qualquer inimigo.

Alcides e seu pequeno exército chegaram à porta da cela dos africanos com um discurso diplomático. Disseram que os problemas acumulados precisavam ser "conversados" (embora alguns dos "embaixadores" estivessem armados com cabos de vassoura). João, com seu inglês sofrível, seria o intérprete.

O ambiente era o menos indicado possível para qualquer negociação civilizada. Por estar no ponto mais distante da entrada da galeria, aquela cela era especialmente escura, úmida e quente, muito quente. Para piorar, não contava com o pequeno basculante que quase todas as outras tinham para melhorar a circulação do ar. O cheiro do lixo se misturava ao do suor e ficava concentrado ali.

– Diz pros caras deixarem de ser porco e avisa que o caguete vai ter que levar uns tapas – atacou Alcides, dirigindo-se a João e olhando para os africanos. O delator estava no fundo da cela, e os outros pareciam dispostos a protegê-lo. Na tradução, João tentou moderar o tom:

– Ele tá dizendo que vocês precisam cuidar do lixo e mandar aquele cara parar de falar com a polícia.

– Diz pra ele ir se fuder – devolveu de primeira o porta-voz nigeriano. O intérprete engoliu em seco e caprichou na versão para Alcides:

– Ele disse que talvez você esteja exagerando.

O diálogo torto prosseguiu aos trancos e barrancos, e Alcides, desconfiado de que o jeito agressivo do inimigo não combinava com as palavras atribuídas a ele, foi perdendo a paciência com o intérprete:

– Porra, João, tu fala inglês mesmo?!

A coisa estava prestes a desandar de vez quando os guardas de plantão entraram na galeria e determinaram que todos os presos se recolhessem às suas celas. Contrariado, o comandante da Maré mandou João avisar aos africanos que a conversa continuaria no dia seguinte.

Mas não continuou. Mal foi reaberta a galeria, a comitiva do Comando Vermelho deslocou-se para o local da "reunião", na cela do fundo. João sentia-se até mais à vontade em seu papel, e chegou na frente, já fazendo as saudações amistosas que decorara à noite. Com seu inglês trôpego, estava resolvido a ser o embaixador da paz entre as duas tribos. Só que não deu tempo. Ainda estava no meio do "*Hi, african brothers...*" quando um dos diplomatas de Alcides passou-lhe a frente e acertou um direto no olho de um nigeriano que devia ter o dobro do seu tamanho. No estalar do primeiro soco, o resto da tropa invadiu a cela com seus cabos de vassoura e a pancadaria estourou. Eram uns 15 de cada lado, se engalfinhando num espaço onde mal caberiam duas camas de casal. No calor de janeiro, a temperatura naquele subsolo do purgatório não podia estar abaixo dos 50 graus centígrados.

Com o fator surpresa a seu lado, em cinco segundos os homens de Alcides já estavam em cima do africano dedo-duro, que os outros até então tentavam proteger no fundo da cela. Os conterrâneos chegaram com tudo para desfazer o bolo em volta do pobre coitado, mas a essa altura ele já tinha apanhado muito. E a cada nova brecha que se abrisse na confusão o falastrão voltaria a ser o alvo preferido das pancadas dos invasores.

A imunidade diplomática do intérprete foi ignorada. No ataque do primeiro gigante negro, João pendurou-se na porta da cela e conseguiu acertar-lhe uma boa pernada. Mal aterrissou, porém, já levou um cruzado no queixo. Os africanos eram menos graduados na escola da crueldade, entendiam menos do mata e esfola, mas batiam com violência e não se intimidavam com nada. E os bandidos cariocas eram maus, mas costumavam respeitar quem não põe o rabo entre as pernas.

Talvez por isso, depois de uns dois minutos de pau puro e algum sangue pelo chão, surgiu uma pausa na selvageria – como se aquilo fosse uma filmagem e o diretor gritasse "corta!". Um gordo enorme do lado africano meteu-se entre os dois últimos contendores e a pancadaria simplesmente acabou. Sem intervenção da polícia nem juras de morte, seguiu cada um para seu lado, e a vida na prisão voltou ao normal. João ficou com a sensação de que aquilo se parecia menos com guerra do que com recreio escolar, que serve para dar vazão à energia represada e tem hora para acabar. No dia seguinte, quando a galeria foi aberta, a turma de Alcides e os nigerianos estavam novamente unidos para a encomenda de mais um lanche do McDonald's, como se nada tivesse acontecido. Nada como um recreio após o outro.

Se daquela vez o intérprete tinha tentado evitar que a temperatura subisse, no caso das cartas de amor era ele quem resolvera querer que a coisa esquentasse. Alcides, o soldado de coração flechado, continuava sua marcha tensa dentro da cela desde que proibira João de apimentar o tom da correspondência. No fundo, porém, não estava totalmente certo de sua decisão, e o fato é que não tinha como continuar a desenvolver seu romance sem a ajuda do colega. Acostumado a negociações bem mais complicadas na vida, via-se agora refém dos caprichos de um intermediário entediado. Sem saída, depois de atravessar aquele cubículo dezenas de vezes, Alcides jogou a toalha:

– Então vai lá, manda esse negócio aí. Mas tu vai me arrumar problema.

João Guilherme cumpriu o prometido. Colocou na nova carta a mistura de ousadia e vulgaridade que achava faltar àquele namoro epistolar. Coisas como "vou te beijar todinha", "não dá mais pra segurar" e outras propostas sexuais menos sutis deram o novo tom. A carta foi enviada, mas já era noite, e não havia perspectiva de resposta ainda aquele dia. Para distrair, foram jogar o bom e velho Banco Imobiliário. Lá pelas duas da manhã a ansiedade venceu Alcides. Ele interrompeu o jogo, levantou-se e disse a João:

– Porra, não vai dar, não. Deixa eu ver a cópia dessa carta aí.

O colega teve que mostrar aquele manifesto pornográfico. Alcides leu e se transfigurou:

– Você tá maluco, cara?! Fudeu, fudeu! Perdi a namorada, acabou minha alegria na cadeia...

Diante daquela fúria, João sabia que sua única defesa possível era o ataque. Interrompeu a explosão do outro dizendo que, naquele destempero, sem nem ter esperado a resposta, o melhor que ele fazia era ir dormir. Apagaram as luzes com a atmosfera pesando uma tonelada.

No dia seguinte, logo no café da manhã, Tarzan chegou com a resposta. O cálculo do *ghost writer* estava espetacularmente certo: a alemã se incendiara, e respondia à rajada de arroubos eróticos inventados pelo redator com vários "eu também", "eu também", pedindo para que ele desse um jeito de arranjar logo o encontro entre os dois.

Alcides voou para cima de João, quase sufocando-o de abraços e beijos. "Eu te amo", gritava para o colega de cela, mentor intelectual da conquista – que seria consumada algumas semanas depois, numa saleta "alugada" dentro da carceragem e transformada em suíte nupcial. Alcides amava João, amava a alemã, amava a vida, amava a prisão. Naquele momento, João racionalizou uma sensação que o acompanhava desde que vira o "Mick Jagger" pela primeira vez: a cadeia estava longe de ser um estorvo para um cara daqueles. Alcides já estivera preso outras vezes e, ao ser jogado de novo no xadrez, lembrava um pouco um garoto no primeiro dia de aula depois das férias – contrariado, mas pronto para continuar se divertindo muito.

10
Réquiem para o maluco beleza

Depois dos primeiros meses, a prisão na carceragem da Polícia Federal parecia um lugar à margem do tempo. O confinamento provocava esse efeito. Era neurotizante, mas até que tinha seu lado bom: esquecer um pouco a vida passando batida lá fora, o tempo perdido para sempre. Tudo era melhor do que a depressão em que mergulhara no seu primeiro Natal na cadeia, quando a sensação de estar alijado do mundo deu as caras para valer. Até então, talvez nunca tivesse sabido o que era solidão de verdade. Depois de chorar muito lendo o cartão que recebera de amigos com quase uma centena de mensagens natalinas, dopou-se pesadamente e atravessou a data anestesiado. Começava a aprender a serventia de uma certa alienação cronológica, também um antídoto contra a marcha enervante do relógio da Justiça – que ia andando devagarinho rumo à decisão sobre o destino de João Guilherme.

Algumas poucas coisas naquela rotina refaziam sua ligação com o tempo, e uma delas era a visita de seu advogado, Renato Tonini. Era sempre uma sensação de acordar de um torpor, boa e ruim, hora de se ligar na tomada da realidade. Logo que Tonini aparecia, João já ia tentando decifrar no rosto dele se as notícias eram favoráveis ou não, mas naquela tarde de quarta-feira nem precisou fazer isto, o advogado foi logo falando:

– Tenho boas notícias pra você – avisou, no mesmo tom sóbrio que, das barras mais pesadas às mais leves, nunca se alterava. – Você vai pro manicômio.

Mas o advogado viu seu cliente se transfigurar:

– O quê?! Manicômio? Tu tá louco, cara? Tu quer me mandar pra aquele lugar horrível? Não tô entendendo nada! – explodiu, desnorteado.

A estratégia de Tonini era provar que João era viciado em cocaína, o que era verdade. Isto não só serviria de atenuante para o crime de tráfico como abriria a possibilidade de uma internação para tratamento, o que o preservaria de ser jogado num presídio. João não esquecia a cena de um traficante inglês gordo, enorme, jogador de pôquer, chorando como uma criança ao saber que seria transferido para o presídio de Água Santa, no Rio. As histórias que chegavam na PF sobre esse presídio não eram suaves. Sessões humilhantes de cacetadas dos guardas nos presos nus, pouco sol e celas úmidas (sempre quentes ou frias demais), violência sexual, motins bárbaros. João já tivera incontáveis pesadelos com as famosas celas subterrâneas de Água Santa, e rezava para não ser jogado lá.

Mas a ideia de ser trancado num manicômio lhe parecia tão macabra quanto a outra, ou mais. No processo de avaliação da sua dependência química, ele estivera uma vez no Manicômio Judiciário do complexo Frei Caneca – e saíra de lá certo de que aquele deveria ser mais ou menos o antepenúltimo degrau da decadência humana. Talvez aquela perspectiva lhe soasse especialmente cruel, no fundo, pela grande intimidade que tinha com a loucura. Logo ele, que havia flertado deliciosamente com tantos estados alterados de consciência, surfado na divisa entre lucidez e delírio, estaria agora condenado a viver a insanidade em seu lado mórbido.

Enquanto boa parte de seus colegas de geração no Rio de Janeiro saía da adolescência se esforçando para serem sujeitos normais, como na música de Raul Seixas, João Guilherme ia compenetradamente aprendendo a ser louco. E o passo decisivo na graduação como maluco beleza seria seu exílio no litoral sul da Bahia. Na primeira vez que vira o encontro entre rio, bosque e mar, na quase deserta Arraial d'Ajuda do fim dos anos 70, tivera uma espécie de êxtase animal.

Mal chegara ao pedaço de paraíso, sem direção definida, sem guardar pontos de referência, passou a deslocar-se eletricamente como um primata, depois como um quadrúpede e então como um réptil. Sentia o vento na pele molhada e salgada, soltava um uivo, rolava pela areia muito branca e disparava para dentro da mata, como um bicho preparando a tocaia contra sua presa. Captava cheiros, ruídos e texturas como nunca conseguira em sua experiência humana. No melhor receituário dos filósofos existencialistas, estava refundando a sua existência individual, empenhado na lição número um: depois de separar-se completamente do ambiente no qual foi criado, verificar o que sobrou de si mesmo.

Logo que conheceu Ary Sobral, seu futuro parceiro musical, confessou os surtos animalescos que teve ao pôr o pé naquela terra. Ex-professor de matemática que também se refugiara da vida urbana, Ary nem alterou o tom de voz:

– É normal, acontece com todo mundo que chega aqui. Depois você volta a andar que nem gente de novo.

O jogo era se lançar sem freio no abismo da liberdade e, no fim dela, mergulhar na loucura – ou qualquer que fosse o nome para a total anarquia de pensamento, sentimento e ação. Naquele lugar, as viagens mentais dispensavam alucinógenos. Mas o exilado carioca logo descobriria que os saltos metafísicos levavam bem mais longe com um pouco de LSD servido aos neurônios. Era parte do tal "Paraíso perigoso", sintetizado por Cazuza e incorporado à trilha sonora da aldeia na voz e no violão de João.

Sempre havia aqueles que durante o salto iam se perdendo de si mesmos. Como o extraordinário músico Terra, conhecido por todos os que passaram por Ajuda no início dos anos 80. Foi se afastando de seu violão e, fincado na areia da praia, olhar perdido mar afora, dizia que as músicas estavam guardadas no horizonte. Mas a sentença da mesma Bete Balanço de Cazuza era clara: "Quem tem um sonho não dança." João não se perdeu do seu. Encontrou a saída que procurava para a asfixia urbana, social e familiar, levou Sartre e Aleister Crowley ao pé da letra, fundou sua embaixada do prazer.

Ali passou a se retirar por períodos cada vez mais longos, até fixar residência. Mudou-se com meia dúzia de trapos, sua cadela Diana e o violão. Sozinho ou com sua banda Água de Coco, tocava por um peixe ou algumas cervejas. Não tinha emprego e não era um desempregado. Nesse ponto, Diana acabaria indo contra a sua religião. Dobermann de ótima índole, vivia solta na aldeia, ia à praia cada dia com uma companhia diferente, às vezes só reencontrava o dono de noite. Mas começou a mostrar falta de apetite, e João estranhou. A cadela continuava forte e bem-disposta, mas quase não olhava para sua tigela. Certo dia, andando pela rua da igreja, ele viu Diana saindo de um bar com um graúdo pedaço de filé pendurado na boca.

– Diana, sua sem-vergonha, onde você roubou essa carne?! – interveio, já prevendo encrenca com o dono do bar.

Mas foi o próprio que veio esclarecer a situação, agradecido. Mediante o pagamento de um generoso filé por dia, a dobermann vinha botando para correr a gangue de vira-latas que fazia ponto na calçada do comerciante. Isto é, Diana arranjara um emprego.

Por aquela embaixada passariam os mais marcantes e melhores sons, amigos, amores – da descoberta do sexo à mulher com a qual voltaria casado para o Rio de Janeiro, já no crepúsculo dos anos 80. O fim da década anunciaria o começo do fim do sonho, ou pelo menos da sua etapa romântica. Iniciava-se a etapa nervosa, na qual a loucura ficaria cada vez menos paradisíaca e mais perigosa.

Agora, tantos anos depois, o bando de malucos com o qual João talvez tivesse que conviver entre muros não tinha nada de "beleza". Parecia piada de mau gosto, certamente uma ironia do destino. Naquela primeira visita ao Hospital Heitor Carrilho, onde funcionava o Manicômio Judiciário, ele foi levado a um local sugestivamente apelidado de aquário: uma sala com uma grande janela de vidro gradeada onde o visitante ficava exposto à curiosidade dos doentes mentais, que iam e voltavam pelo lado de fora olhando fixamente para ele. Tentando aplacar o mal-estar que a situação provocava, João decidiu se comunicar com um dos internos que se aproximara mais. Impossível. Não falava nada com nada, louco de pedra. A aflição aumentou com mais duas tentativas e nenhum progresso: o nexo das palavras dos presos não daria nem samba-enredo para o carnaval, e os olhares pareciam atravessá-lo rumo ao infinito.

Fez uma última tentativa e se surpreendeu. Finalmente, um interno capaz de conversar. Articulado, fluente, absolutamente lógico, o interlocutor parecia até um sujeito bem-informado, e fez João olhar em volta um pouco mais aliviado. Depois viria a saber mais sobre aquele preso lúcido: era um ex-traficante do Morro dos Prazeres, no bairro de Santa Teresa, que cultivava o hábito de serrar os membros de suas vítimas baleadas enquanto ainda estavam vivas.

Por algum motivo, não tinha caído a ficha para João de que, ao convencer a Justiça de seu vício e necessidade de tratamento, escaparia do presídio mas cairia no manicômio. O advogado mesmo assim ficou firme, não passou recibo para os protestos do cliente, e lhe disse apenas: "Você vai criar o seu ambiente." Anos depois João despertaria para o sentido amplo daquela frase. Já na despedida da Polícia Federal se surpreenderia com uma certa sensação de perda, como se estivesse deixando para trás um lar ou coisa parecida – embora esse lar se resumisse a um colchonete magro encostado numa parede suja e cercado por uma mureta de roupas e pequenos objetos pessoais. Era a base do tal "ambiente" a que Renato Tonini se referia, e que João realmente aprenderia a criar nos buracos por que passasse.

Provar em juízo a dependência química de João seria uma vitória importante para Tonini, porque seu cliente passaria a ser considerado semi-inimputável, ou seja, a condenação teria de levar em conta sua incapacidade parcial de responder por seus atos. Era também o passaporte para a internação. A peça central da defesa seria um laudo particular do reconhecido perito Talvane de Moraes, contratado pelo equivalente a 5 mil dólares pela família de João, atestando o vício dele. Mas ainda restava a perícia da própria Justiça, e se saísse um laudo contraditório as coisas iam se complicar.

No dia marcado, levado à presença do perito, João foi preciso: descreveu o suor ácido e as axilas irritadas, a forte pressão na nuca provocada pela síndrome de abstinência, exibiu as mucosas nasais castigadas. Saiu então o novo laudo, que era praticamente um carbono do particular. Diagnóstico: viciado, com a autodeterminação parcialmente comprometida. A Justiça bateu o martelo e determinou sua internação.

Na carceragem da PF, a libertação de um preso era acompanhada de um ritual curioso. O felizardo passava por um corredor polonês no qual era, ao mesmo tempo, estapeado e aplaudido, aos gritos de "liberdade!". A manifestação era mais efusiva quando um criminoso era absolvido equivocadamente. Aquilo alimentava em todos a esperança de que a Justiça também pudesse errar a seu favor. A despedida de João Guilherme não seria assim, afinal ele não estava livre. Mas quando a notícia se espalhou, vários colegas vieram cumprimentá-lo, alguns calorosamente, como foi o caso de Alcides. Até conselhos "científicos" apareceram ("Naquele lugar, não toma nenhum remédio que te derem. É tudo esquema pra te deixar maluco."). Emocionado, Alcides decretou:

– A gente ainda vai se ver de novo.

Em se tratando de um bandido daquela periculosidade, a profecia causava arrepios, embora fosse uma declaração de amizade. E Alcides estava certo. Alguns meses depois, quando caminhava no pátio do manicômio, João ouviu alguém gritando seu nome com grande intimidade. Virou-se e avistou numa das pequenas janelas da penitenciária vizinha, no mesmo complexo Frei Caneca, a figura eufórica de Alcides. Como se não estivessem onde estavam, ele gritava para João que tudo o que ele precisasse em termos de drogas, porrada, grana, era só mandar um "bilhete" (um papel enrolado numa pedra). João não sabia onde se enfiar, e ao mesmo tempo precisava demonstrar gratidão, mas foi o elétrico Alcides quem interrompeu a conversa, explicando que precisava "resolver uma parada". Sumiu cela adentro, e não apareceu mais.

Ao chegar ao Heitor Carrilho, João viu que teria mesmo que cavar o seu ambiente naquele manicômio. Parecia que as autoridades sequer estavam esperando por ele. Tomou um chá de cadeira de quatro horas, enquanto procuravam um lugar para o novo hóspede. Dali foi direto para a cela conhecida como "tranca", uma espécie de masmorra onde ficam os presos mais perigosos, sem direito a circular pelas galerias e a sair para o pátio. Era a seção medieval do lugar. Lá chegando, deu de cara com um velho conhecido, o malandro do Morro dos Prazeres que picotava suas vítimas com serrote. Resolveu cuidar do seu canto e foi arrumar sua "cama" de jornal (ainda não tinha colchão). Um sujeito louro, bem branco e de olho azul vidrado, que João saberia depois ser um traficante e homicida de Angra dos Reis, aproximou-se e lhe ofereceu um Nescau. O ambiente parecia calmo, mas ele se sentia como o sujeito que cai do vigésimo andar e, ao passar pelo décimo, constata que até ali está tudo bem. A encrenca era questão de tempo, e ela não tardou.

Ao levantar para ir ao banheiro, um moreno magro, mas desses magros bem duros, cara ossuda, levantou também e parou na sua frente. Durante alguns segundos ficou encarando-o estático, com expressão enigmática. De repente deu um salto brusco em direção ao teto, agarrou-se num vão como um gato e sumiu no forro sob o telhado. João ainda estava tentando entender aquela atitude quando a criatura pulou de volta, caindo na sua frente com dois estoques de vergalhão afiados nas mãos.

"Fudeu", pensou João, olhando em volta da cela em busca de um possível socorro. Mas ninguém fez a menor menção de ajudá-lo. Teria que se defender sozinho, e tinha pouquíssimas chances. Numa fração de segundo, amaldiçoou sua própria ingenuidade ao supor que estaria mais seguro ali do que num presídio.

Em outro lance brusco o sujeito girou uma das armas no ar, passando a segurá-la pela ponta afiada e apontando o cabo em sua direção. "Caralho, o cara quer duelar. Que pesadelo. Pego ou não pego essa porra?", pensava João, quando o outro finalmente quebrou o silêncio e desfez suas dúvidas:

– Isso é pra você. Um presente pra você se defender. Estou te dando porque fui com a tua cara.

– Valeu – respondeu João num fiapo de voz que quase não saía.

Iniciava-se ali uma das amizades mais duradouras que João faria no manicômio. O sujeito se chamava Fernando Manhães, tinha seus 40 anos e grande habilidade com pintura e marcenaria. Era o goleiro do time dos funcionários, e o diretor do manicômio não admitia entrar em campo sem ele. De fato, Fernando era arrojado, enfiava a cara na chuteira dos atacantes e alcançava bolas impossíveis, com a mesma agilidade com que se pendurara no teto na frente de João. Sua expressão naquele episódio parecia especialmente tensa porque, na verdade, estava na iminência de um surto. Vinte minutos depois, explodiria numa crise convulsiva. De volta dela, revelaria uma personalidade até afável. Seria uma das companhias mais assíduas de João – ele e a "espada", da qual não se separaria mais.

Nos dez dias em que ficou confinado na tranca, não teve mais grandes sustos. Começou até a acreditar que poderia ter uma rotina razoavelmente tranquila naquele lugar. Nesse espírito, poucos dias depois já se dedicava à leitura no pátio, numa mesa relativamente isolada e banhada pelo sol. Estava saboreando um desses momentos de paz quando um estrondo logo atrás dele fez o chão tremer e seu coração quase sair pela boca. Era um tiro de fuzil, e numa fração de segundos João encolheu-se com a sensação de que seria atingido.

Virou-se então para trás, com o barulho ainda ecoando, e viu a cabine do sentinela envolta em fumaça. A arma do guarda disparara ali dentro, a poucos metros do recanto literário do novo hóspede. A sensação de estar num lugar tranquilo começava a ser dinamitada.

Aquela mesma guarita, não muito tempo depois, seria o centro de um tiroteio em pleno horário de visitas. Duas gangues do morro vizinho tinham resolvido se enfrentar na rua em frente, e o fogo cerrado sobrara para o Hospital Heitor Carrilho. O sentinela passou a responder os tiros e entrou na guerra. Reunidos na cantina, situada quase ao lado da guarita, os parentes de João e dos demais presos se atiraram ao chão sob as mesas e viveram ali os seus 15 minutos de pânico.

O desmoronamento de suas ilusões de paz viria acompanhado de algumas outras constatações desagradáveis. Entre elas, a de que a comida na Polícia Federal, comparada com a de lá, lembrava cozinha de hotel cinco estrelas. Quando comia pão com manteiga de manhã, era feliz e não sabia. Agora o pão vinha puro, e até jogá-lo fora pela janela seria arriscado, pois poderia ferir um inocente. Arroz, feijão e angu vinham sem qualquer vestígio de tempero (João viria a conhecer um traficante de alho na cozinha, tal a raridade do gênero), e eram servidos em bandejas de metal mal lavadas e empilhadas, de forma que a de cima vinha amassando a comida de baixo.

Uma saída era comprar sanduíches na cantina, pagando ágio para quem fosse buscá-lo (alguns internos viviam desses pequenos favores). Logo perceberia que quase tudo ali era comercializável, e no caminho para sua nova cela se revoltou com a cena de um doente crônico fazendo sexo oral com outro em troca de um cigarro, em pleno corredor.

A situação na cela era bem mais civilizada do que na Polícia Federal. Não havia superlotação, eram seis camas de cimento para seis pessoas. João se incomodou com a posição de sua cama, que ficava entre outras duas, e imaginou como seria melhor ocupar uma encostada na parede (só precisaria vigiar um lado). O preso que estava fazendo sexo oral por cigarro ocupava uma cama do canto, vizinha à sua, e João arriscou oferecer-lhe quatro cigarros para trocarem de lugar. Ele topou na hora.

Depois de arrumar suas coisas e deitar, reparou que o outro ficara sentado na cama olhando fixamente para ele. Desta vez não chegava a ser preocupante, já que o possível agressor era fisicamente débil. Após mais alguns instantes daquele olhar profundo, veio a pergunta crucial:

– Eu sou a parede?

João não queria enlouquecer junto com aquelas figuras, mas também achava estranho deixá-las falando sozinhas. Topou encarar a complexidade da pergunta:

– Olha, quem pode saber disso melhor do que eu é você mesmo. Já experimentou fazer essa pergunta a si próprio? Faz e depois me conta.

O outro ouviu a resposta calado, deu um suspiro, deitou e dormiu.

O recém-chegado também tentou relaxar para dormir, mas o aspecto do ambiente não ajudava. Paredes encardidas, umidade, colchões nus, alguns focos de mofo. Não tinha visto ainda nenhuma barata, mas parecia ser questão de tempo. Pendurou num prego na parede, sobre a cabeceira da cama, a cesta de palha que sua mãe lhe enviara com um pouco de comida. Ali ela ficava menos acessível aos insetos rasteiros. Deitou e fechou os olhos, imaginando-se num lugar melhor, para ver se o sono perdia a cerimônia.

Pouco tempo depois de ter finalmente adormecido sentiu algo arranhando levemente sua face, como se alguém de unhas compridas estivesse tentando acordá-lo. Abriu os olhos no exato momento em que uma gorda ratazana escalava o seu rosto, provavelmente com destino à cesta de comida. Ainda teve tempo de sentir o peso e o calor do bicho contra sua pele, antes de dar-lhe um violento tapa, acompanhado de um grito de horror e ódio:

– Filha da puta!

Com o golpe, a ratazana foi parar na cama de Fernando Manhães, que acordara, assim como o resto da cela, com o berro de João. Acenderam-se as luzes e todos iniciaram uma caçada furiosa à intrusa. Após uns cinco minutos de balbúrdia um dos caçadores mais excitados conseguiu acertar uma "raquetada" de jornal dobrado na caça. Ela tonteou e ficou à feição para o pisão descalço do companheiro mais próximo. Fim de caçada. A dupla de carrascos ainda comemorou o feito com um pequeno desfile pela cela, exibindo o roedor morto suspenso pelo rabo, antes que as luzes fossem novamente apagadas. Agora, a negociação com o sono seria bem mais dura.

No dia seguinte, João foi relatar o absurdo à administração do manicômio. Estava revoltado. Em pouco tempo, porém, constataria que aquela visita asquerosa era parte do show. Ao ver um interno prender um pedaço de queijo na ponta de um arame rijo, esticando-o através da grade da cela em direção à galeria, ficou intrigado:

– O que você está fazendo?

– Pescando – respondeu o outro, com naturalidade.

O novato esticou o olhar até um canto escuro do corredor e avistou três grandes "peixes", possivelmente parentes daquele que subira em sua cara. As ratazanas estavam sempre ali, explicou o pescador, confessando que nunca conseguira fisgar nenhuma.

Na sua segunda semana de internação foi feita uma dedetização nas galerias. Talvez fosse consequência de sua reclamação. Mas o motivo também podia ser outro. Periodicamente era feita uma inspeção no local por agentes da saúde pública do governo do Estado. E sempre às vésperas dessas vistorias João observava um certo esforço para empurrar o lixo para debaixo do tapete. Até lençóis brancos apareciam para embalar os colchões surrados – e desapareciam novamente em seguida, pelo menos até a inspeção seguinte.

Com ou sem maquiagem de ambiente, o ar na cela era quase irrespirável, e logo ficou claro por quê: quatro dos outros cinco internos não tomavam banho. Nunca. Aparentemente, agentes e enfermeiros não se responsabilizavam pelo problema, portanto não havia a quem recorrer. Suas peles já tinham assumido uma coloração cinzenta e o ambiente cheirava a necrotério. João arranjou algumas barras de sabão em pedra e começou uma campanha de convencimento, primeiro mais para didático, depois mais para ríspido.

No começo, teve que rir de algumas reações, como a do interno magrelinho com quem trocara de cama. Sentindo-se pressionado, ele logo se prontificou a tomar banho, e ainda saiu do chuveiro dizendo que estava ótimo. João desconfiou que ele tinha se secado muito rápido, e no banho seguinte foi lá no boxe conferir. Não deu outra: a ducha estava ligada e o rapaz estava colado na parede, todo encolhido para que nenhuma gota o alcançasse. Tinha resolvido simular os banhos para escapar da cobrança. Arregalou os olhos com a chegada do "fiscal" e, diante da ordem não muito gentil para que entrasse debaixo d'água, acabou cedendo. Com o tempo, outros dois aquafóbicos também cederam. Mas o último, numa postura de animal acuado, não queria conversa. O promotor das chuveiradas intuiu que teria problemas com ele.

João nunca andou armado, teve oferta para traficar fuzis e recusou; definitivamente, não era um cara violento. Mas também não dava para dizer que era "primário" no campo das tocaias e confrontos pessoais, depois de cinco anos circulando entre bandidos e policiais. Só que isso era bem diferente de estar rodeado por psicopatas, um universo em que a violência podia brotar pelos motivos mais inesperados – ou sem motivo nenhum, o que era mais comum. Ele já fora alertado que um esquizofrênico em crise poderia multiplicar várias vezes sua força física, tonificado pela descarga anormal de tensão e adrenalina. Sua desconfiança em relação àquele interno avesso ao banho era de que a chegada dele, João, na cela – com violão, TV e um razoável falatório – tinha dado uma bagunçada no seu campo sensorial.

Era um tipo peculiar: moreno de olhos meio puxados e bigode espesso descendo quase ao queixo, estilo ladrão de gado mexicano. João o achava a cara do lendário surfista havaiano Garry Lopez, seu ídolo nos anos 70 (e grife da sua famosa prancha importada), que nos anos 80 andou fazendo papel de vilão em filmes de Arnold Schwarzenegger. Pelo visto, também encarnaria bem um louco de hospício.

A TV já tinha sido objeto de polêmica uma vez, pois ficava virada para a cama de João, e três dos colegas de cela não conseguiam ver a tela. "Garry Lopez" era um deles, e mais de uma vez já desligara o aparelho acintosamente, enquanto os outros assistiam. Numa tarde quente, seus movimentos começaram a parecer mais nervosos, e passou a andar de um lado para outro da cela bufando e pisando forte. Parecia prestes a surtar, e não deu outra. De repente, soltou um grito primal, saiu dando golpes a esmo em todas as direções, e logo chegou à televisão. Com um tapa jogou a antena longe e começou a chutar o aparelho, com violência suficiente para fazê-lo em pedaços. João sentiu que seria o próximo alvo daquele trator desgovernado e, quase que por reflexo, lançou-se sobre ele, conseguindo com um primeiro tranco afastá-lo da TV. Espumando, "Garry" direcionou toda a sua fúria para o agressor. Trocaram uma violenta sequência de socos até que João acertou-o na ponta do queixo e o fez cair. Nesse momento, o agente do Desipe de plantão invadiu a cela e deu "voz de prisão" a João Guilherme. Estava sumariamente condenado a passar nova temporada enclausurado na tranca. Na sua ficha ficaria o registro grave de que agrediu um doente crônico, o que era péssimo para o seu processo.

Seu advogado tinha-o instruído sobre a importância do bom comportamento para a redução do tempo de internação, qualquer que fosse a sentença judicial. Ou seja, as coisas não podiam estar piores. João achava que estava concentrado naquela instrução, mas quando deu por si já se encontrava metido na confusão. O fato era que a síndrome de abstinência ainda comprimia horrivelmente a sua nuca, aqueles personagens de *Alice no País das Maravilhas* eram perturbadores e ele estava à flor da pele. A estratégia do autocontrole, tão perfeita e lógica, na prática não seria fácil.

Mesmo no auge do tráfico de cocaína, João nunca se sentiu um bandido. Não se via como bandido. Sua autoimagem era mais ou menos a de um cara do bem em viagem exploratória pelo território do mal – quem sabe, na linha do flerte "libertário" de Raul Seixas com a Besta ("Enquanto Freud explica, o Diabo dá os toques"). Mas, por melhor que fosse sua índole, o mínimo que se podia dizer é que estava destreinado de andar na lei. Tornar-se agora um preso exemplar era um pouco como a promessa do fumante compulsivo de largar o cigarro na próxima segunda-feira. E se fosse condenado a dez anos ou mais de prisão? Continuaria bonzinho? As dúvidas e as tentações rondavam-no, e uma delas cristalizou-se na sua frente.

Já tinha notado que um trecho do muro do manicômio, próximo ao campo de futebol, era bem baixo. Preferia nem olhar. Mas numa manhã tranquila aproximou-se de uma rodinha de internos bem naquele local e viu que rolava uma conversa-fiada sobre fuga. Um falava de lançar cordas sobre o telhado, outro conjecturava sobre túneis subterrâneos, quando foram cortados pelo mais irrequieto da roda, um personagem conhecido como Capetinha:

– Vocês ficam cheios de onda aí, mas não são de porra nenhuma. Eu fujo dessa merda a hora que eu quiser. Querem apostar?

Os outros riram, apostaram um sanduíche e desdenharam, mas o Capeta pôs mãos à obra. Chegou perto do muro, pediu um calço, grudou que nem lagartixa no topo do paredão e no mesmo balanço já jogou as pernas para o outro lado. O guarda estava meio de costas e quando se virou Capetinha já tinha se atirado lá de cima para a rua. Automaticamente, o guarda descarregou sua pistola em direção ao fugitivo, que sumiu ziguezagueando pelas vielas do morro vizinho. Capeta conseguiu, e João viu com seus próprios olhos que, se fosse o caso, seguir pelo mesmo caminho era praticamente uma questão de vontade.

João já se divertira muito com aquela figura. Negro, forte e enxuto, sorriso largo e perna torta, Capeta jogava futebol maravilhosamente bem. Isto, nos momentos em que não se desconcentrava e esquecia por completo que estava em campo, provavelmente bolando o próximo plano. E um desses, diabólico, ele correu para contar a João:

– Estrella, hoje eu vou comer a Michelle! – revelou, em êxtase.

Michelle era um travesti internado lá há muito tempo, que tinha Aids e o corpo musculoso marcado por gilete. Em dois ou três episódios em que decidiram separá-lo de um namorado antigo, cortou-se inteiro ameaçando contaminar a todos com HIV. Capetinha convencera Michelle a ter uma aventura fora do seu "casamento" e, eufórico, mal deu atenção à cobrança preocupada do colega:

– Capeta, cadê a camisinha? Porra, tu sabe que a Michelle tem Aids!

– Que camisinha, Estrella? Tu acha que eu vou perder essa chance só por causa de uma camisinha? Comigo não tem essa, não!

E lá se foi o doido preparar-se para sua noite de amor. No dia seguinte estava insuportavelmente alegre, considerando-se que seu estado normal já era de extremo bom humor. E era exatamente assim que ele se encontrava quando, um mês depois da fuga, reapareceu no manicômio, capturado assaltando pedestres no Centro da cidade. O negão estava louro, mais animado do que nunca, e a primeira coisa que fez foi cobrar o sanduíche apostado.

Visto por dentro, aquele lugar não ficava devendo nada às caricaturas de hospício mais escrachadas. Não tinha um Napoleão Bonaparte, mas além de Garry Lopez, Michelle, Capeta e outros tipos, tinha um amante de Beth Faria. O sujeito jurava ter um filho com ela, descrevia minúcias da relação (era até parecido com Cláudio Marzo, ex-marido da atriz) e jurava que ela ainda voltaria para ele. Sempre que sua impaciência com a rotina passava de um certo nível, soltava automaticamente uma espécie de bordão:

– Preciso ligar pra Beth.

Mas sua outra compulsão era engolir objetos graúdos – como pilhas e baterias –, até o dia em que deglutiu um pedaço de arame farpado. Morreu na cela de João.

E tinha também caricatura ao vivo. Uma das cenas que mais o tinham impressionado fora, durante uma visita de estagiárias de psicologia, um grupo de internos latindo e rosnando através de uma grade para as moças. Pouco depois de se afastarem chocadas, porém, João viu os "cães raivosos" às gargalhadas. Era só um número teatral, loucos fazendo papel de loucos.

Quase nada naquele lugar era o que parecia ser. Uma de suas primeiras conversas longas lá dentro fora com um sujeito aparentemente normal, equilibrado, que lhe contava estar ali por engano. Narrou sua história com total lucidez, falou sobre a família e mostrou fotos – uma vida sadia comprometida por uma prisão indevida. Impressionado, João estava perguntando-lhe que providências tomara para desfazer a brutal injustiça quando o sujeito deu um salto para trás e saiu correndo através do pátio. Com a agilidade de um chimpanzé em fuga, trepou em segundos no teto de uma guarita policial abandonada, situada na parte mais elevada do terreno. A face voltada para a baixada do pátio chegava talvez à altura de um prédio de três andares. Parado ali, a poucos centímetros da beirada fatal, gritou que todos se afastassem porque ia se atirar. Ainda tentando entender como acreditara na sanidade daquele tarado, João se deu conta da ironia: estavam exatamente no dia 1º de abril de 1996. O manicômio parecia um eterno Primeiro de Abril.

A iminência do suicídio fez com que os guardas recolhessem todos os outros internos às celas. Do alto de sua torre, o dono da cena, que vivia pelos cantos fazendo anotações num caderno, agora gritava que já escrevera toda a sua autobiografia e ia encerrá-la ali, ao vivo. Cada vez que um policial ou médico se aproximava do acesso à guarita, o "Robocópia" – como fora apelidado pela forma mecânica de seus passos e gestos – balançava para a frente:

– Se der mais um passo, eu pulo!

As primeiras duas horas foram de aflição nas galerias. Havia um mal-estar geral com a perspectiva da morte violenta ali ao lado, cujo som seria ouvido por todos. Mas o sentimento começou a mudar quando alguém disse que já eram quatro e meia. O jantar era servido normalmente às quatro horas, o que significava que talvez a refeição estivesse suspensa. A revolta foi incendiando os presos, e logo uma berraria se espalhou pelas galerias do segundo e terceiro andares – uns gritando para que os guardas "arrancassem aquele palhaço à força", outros para que ele deixasse de ser covarde e pulasse de uma vez. A fome tinha atropelado a compaixão.

Mais uma hora e, como não saía o ponto final da autobiografia, o jantar foi servido com o protagonista pendurado lá mesmo. Aos poucos, ia sendo deixado a sós com seu ultimato. Ninguém mais dava atenção ao Robocópia. Às sete da noite, quando todos já haviam retornado da refeição, o quase-suicida reapareceu na galeria, caminhando normalmente, como se nada tivesse acontecido. Pelo jeito, não tinha levado sequer uns sopapos dos guardas. Mas não escapou dos colegas, que por sua causa tinham ficado horas trancados com a barriga roncando. Aquela surra não era um desfecho muito nobre para sua biografia. E não pareceu comover os agentes que vieram trancar as galerias. Indiferentes, eles apenas repetiram mecanicamente sua saudação de fim de expediente:

– Quem fumou, fumou, quem cheirou, cheirou. Agora, todo mundo tomando barbitúrico.

Como na música de Lobão e Cazuza, Robocópia era o tipo do louco que só poderia causar mal a si mesmo. Muito diferente de Marcelo de Andrade, 28 anos, que tinha sido notícia na TV e nos jornais por matar 13 crianças. Esse era um sádico, de olhar vazio, que não aparentava sua periculosidade. E nunca demonstrava suas intenções. Numa tarde, João estava à margem do campo de futebol, assistindo a uma pelada ao lado dele. De repente, num chute mal dado, a bola voou por cima do muro, caindo fora do manicômio. Como sempre acontecia, um preso e um guarda iam juntos buscá-la, saindo por um pequeno portão de ferro encaixado no muro. Naquele dia, a procura da bola demorou um pouco mais, e Andrade levantou-se dizendo que ia dar uma volta. Algum tempo depois que o portão fora novamente trancado e o jogo reiniciado os guardas se deram conta do ocorrido: o *serial killer* tinha fugido.

Pela primeira vez João viu o clima realmente tenso entre as autoridades do Heitor Carrilho. Tratava-se de um escândalo público, e a pressão através da imprensa era grande. A crise duraria algumas semanas, até que o próprio pai do fugitivo contactou o Desipe (Departamento de Sistema Penitenciário) e forneceu as coordenadas do provável paradeiro do assassino. Dois dias depois ele era recapturado no Ceará.

Mas o que era alívio para a direção era infortúnio para os presos. E para João em particular. Uma das pequenas obsessões de Andrade era controlar o aparelho de som que ficava na cantina. Certa vez, durante o horário de visita, João lhe pedira para aumentar um pouco o volume da música, e como não fosse atendido, ele mesmo foi lá aumentá-lo. Quando fez o gesto para girar o botão, o "dono" do som deu-lhe um tapa na mão. Seu reflexo foi devolver-lhe o tapa na cara. Os dois ficaram se encarando e o atrito terminou ali, mas João não dormiria aquela noite.

Tinha mexido no pior dos vespeiros, e começava a calcular a vingança que lhe estaria reservada – em se tratando de um psicopata famoso por asfixiar suas vítimas, decapitá-las e eventualmente comer-lhe os órgãos. No entanto, por algum motivo insondável, ele ficaria de fora do cardápio do facínora. No primeiro reencontro dos dois, na tarde do dia seguinte, Marcelo de Andrade aproximou-se e lhe ofereceu um lanche. A paz mais cara que alguém poderia desejar estava selada, de graça.

Racionalmente, pelo menos, João Guilherme continuava decidido a "graduar-se" como preso bem-comportado. Para si mesmo, fingira que não vira a facilidade com que Capetinha e Marcelo fugiram da cadeia. A verdade era que, com a sua prisão, a viagem pelo fascinante território do mal tinha virado *bad trip*, e ele andava meio de ressaca de demônios, capetas e malditos. Aprendera a calcular o quanto cada transgressão inflacionava o preço da sua liberdade. Começara a desmoronar a ilusão de poder ser um cara legal com passaporte livre na barra pesada do crime. Mas naquele momento ele estava encerrado na tranca, preso dentro da prisão, após o péssimo cartão de visitas da troca de sopapos com "Garry Lopez". Tinha portanto de virar um jogo que começara perdendo feio. E um passo importante nessa direção seria sua aproximação de Raimundo, o personagem mais trágico que conheceria naquele lugar.

11
Entre Exu Caveira e Jesus Cristo

Raimundo era o próprio Dr. Jekyll & Mr. Hyde. Quando estava bem – e quase sempre estava – era um cara doce, trabalhador, solidário. Tomava conta da carpintaria e sempre recebia João lá com um copo de água bem gelada, uma cadeira e um ótimo papo. Quando estava em crise, era o interno mais violento do manicômio.

João já presenciara uma dessas crises, em que Raimundo trancou-se sozinho numa cela e passou a destruir tudo lá dentro com uma violência sobre-humana, entre cabeçadas na grade e gritos animalescos ("Sou bicho, mesmo!", repetia sem parar). Ele nunca vira nada parecido, e no meio do surto teve seu dia de repórter. Corria até sua cela, anotava num caderno as atitudes impressionantes do outro – dissimuladamente, para não despertar suspeitas – e voltava para continuar testemunhando a cena. Quase duas horas depois, exausto só de olhar, João se atirou na cama e ficou ali, imóvel, digerindo o espetáculo grotesco a que acabara de assistir. Após algum tempo, teve o impulso de apanhar o caderno onde registrara a "reportagem". Releu, então, suas anotações, para tentar acreditar no que vira:

"Uma figura de touca vermelha, óculos escuros, sem camisa e calça jeans destruiu sua cela. Jogou o filtro de barro na parede, tentando acertar um colega. Depois pegou um cabide, botou no ouvido e começou a falar ao telefone com o Exu Caveira e Jesus Cristo ao mesmo tempo, pedindo que a cadeia fosse trancada imediatamente. Dizia não ter facção, e sim poder acima de tudo. Pulando e esperneando, afirmava que Exu Caveira queria entrar no seu corpo e pediu para trancarem ele na cela, porque ia transcender e viajar para outra dimensão.

Parecendo estar mais calmo, chegou até a grade e me pediu um cigarro, dizendo que o Exu tinha levado tudo: TV, cigarro, rádio, mulher etc. Eu acendi o cigarro e ele me perguntou se eu duvidava que ele conseguia arrebentar o cadeado. Eu disse que não, que acreditava na força dele, que se tornara descomunal. Os presos diziam que havia dois meses que a mulher dele não vinha visitá-lo e que às vezes ele ficava dias nessas crises. Minutos depois começou a apitar e a chamar os helicópteros Águia 4, e fingia se enforcar com a corda do apito dizendo que estava morrendo. Gritava e chamava pelos P2, que são a força de elite da polícia. Vieram quatro guardas grandes, e ele os xingava. Chamou um deles de preto careca, e mandava ele lavar o sovaco. Tudo isso jogando pedaços de madeira por entre as grades com violência incomum. Ninguém sabe de onde surgiu tanta madeira.

Os guardas desceram e deixaram o atormentado Raimundo trancado na cela, mantendo do lado de fora quem morava com ele. Os companheiros de cela ficaram com a chave para ninguém entrar e bater nele, nem se machucar, porque ele estava encapetado. Só um interno de sua confiança pôde entrar para tirar o cabide, com o qual ele queria furar o nariz e fazer um brinco com o gancho.

O preso saiu, trancou o cadeado e Raimundo continuava a quebrar as coisas dentro da cela. Dessa vez a chave tinha ficado com ele. Pouco tempo depois, ele tirou uma faca embrulhada em jornal e ameaçava se cortar e furar quem entrasse. Como os policiais demoraram com a equipe de enfermagem, dois presos destruíram o cadeado e tentaram entrar com panos enrolados nos braços, mas não conseguiram tirar a faca das mãos dele. Após muita madeira voando e conversas, ele prometeu entregar a faca se arrumassem outro cadeado e dessem a chave para ele. O preso que ele confiava entregou a chave e o cadeado, e aí pegou a faca das mãos dele. Ele se trancou de novo e continuou o quebra-quebra.

Ele tinha muitas coisas afiadas, tipo cabos de vassoura e pedaços de madeira transformados em lança. Isso tudo durou umas duas horas até que chegou o grupo de enfermagem e três guardas. Os presos arrombaram o outro cadeado e conseguiram imobilizá-lo para que pudesse ser dopado. Ele estava tão agitado e violento que foram necessárias três injeções para conseguir fazer ele dormir, uma na veia e duas no músculo. Ele dormiu 20 minutos depois, e os presos de sua cela puderam voltar com as coisas que conseguiram salvar. Então, tudo enfim ficou calmo."

Foi nesse dia que João teve certeza de que, até o fim de sua estada ali, teria que dormir que nem xerife de faroeste, com um olho fechado e outro aberto. O que jamais cogitaria era a possibilidade de ficar amigo daquele "bicho". Mas ficou.

E conviveu com ele bastante tempo, sem o menor sinal de surto, até o dia em que Raimundo invadiu, transfigurado, a cela do dono da maior TV do manicômio. Era famoso o ciúme que o sujeito tinha do aparelho de 20 polegadas, que só podia ser ligado na sua presença, entre outros zelos. Raimundo destruiu a TV completamente em menos de dois minutos, repetindo o mesmo ritual de violência selvagem. Dessa vez não havia se trancado na cela, mas escorraçava com um pedaço de pau qualquer um que tentasse transpor a porta. Finalmente, depois de algumas tentativas, quatro fortíssimos agentes do Desipe conseguiram dominá-lo. Debatendo-se como um cão epilético, Raimundo começou a gritar que iam matá-lo, e nessa hora enxergou João do lado de fora da cela. Passou a dirigir-se desesperadamente a ele:

– Não deixa, Estrella! Não deixa! Eles vão me dar choque, não quero tomar choque! Não deixa!

João notou que a crise já declinava, sabia que Raimundo estava realmente em maus lençóis e correu para dentro da cela.

– Ele vai se acalmar, vai se acalmar! – gritou para os agentes, ao mesmo tempo que berrava para Raimundo: – Você vai ficar quieto, vai se acalmar! Não vai?

Ele dizia que sim, mas os agentes, obviamente, não o soltavam e já o arrastavam para fora. João resolveu arriscar uma intervenção para valer em sua defesa. Apelou aos agentes para que não o levassem, não o castigassem, levassem em conta seu histórico de boa conduta e serviços prestados. Nesse momento, os homens do Desipe perceberam que a crise de Raimundo estava mesmo passando, o que fortaleceu o apelo de João. Finalmente, concordaram em abrir aquela exceção, mas o agente responsável deixou claro o que aquilo significava:

– Você está fazendo um apelo, e nós estamos atendendo. Mas você está assumindo uma responsabilidade que vai ser cobrada de você. Se o doente recair, fizer merda aí, a sua situação vai se complicar.

João topou o risco, disse que estava ciente, engoliu em seco e conduziu Raimundo por entre os curiosos para sua cela.

– Deita aí, descansa – disse a ele, puxando um banco de madeira e sentando ao lado da cama.

Não estava cem por cento certo de que a crise de fato terminara, e suou frio. Primeiro, porque sabia que se Mr. Hyde pulasse no seu pescoço e lhe desse uma gravata, nem o Rambo conseguiria libertá-lo; depois, porque afinal seu destino agora dependia de Raimundo. Uma recaída, ou uma confusão qualquer que fosse, e João estaria frito perante as autoridades do manicômio.

Procurou uma aproximação humana, carinhosa, tentando iniciar um diálogo com o amigo sobre as razões de sua explosão. Perguntou-lhe por que ficava daquele jeito se era uma pessoa tão positiva, capaz, com família etc. Disse-lhe que, sinceramente, não via motivo para tanta angústia. Raimundo parecia ouvi-lo atentamente. Numa pausa, olhou nos olhos de João e disparou:

– Você quer ser meu psiquiatra?

A pergunta desconcertante deixou-o entre assustado e comovido. Teve até vontade de abraçar o amigo, mas respirou fundo e manteve a abordagem "clínica". Argumentou que Raimundo já era atendido por um psiquiatra, mas foi contestado com uma observação franca e dolorida:

– Meu psiquiatra mal fala comigo.

O bom e humilde carpinteiro estava pedindo socorro emocional ali, abertamente, à sua maneira, e João não podia recusar. "Tudo bem, vamos imaginar que eu sou seu psiquiatra", disse ele, retomando a linha anterior, agora "diplomado". Raimundo tinha uma mulher que o visitava regularmente e parecia gostar dele. O filho dela, que não era filho dele, estava internado no mesmo manicômio. Nos surtos, o carpinteiro sempre repetia que iria a Cabo Frio "pegar aquela vagabunda", e o amigo-psiquiatra, cercando daqui e dali, percebeu que ele tinha uma fantasia de traição – e quando a revolta chegava a um certo ponto, rebelava-se e parava de tomar seus remédios. Aí saía de si. João mostrou-lhe que não havia motivos palpáveis para a desconfiança, ponderou que podia ser pura imaginação, sugeriu que conversasse com a parceira sobre o assunto. Raimundo ia recebendo bem os comentários, parecia confortado, e já com voz de sono murmurou:

– Pô, você podia ser psiquiatra mesmo.

Disse isso e dormiu, para imenso alívio de João.

Não muito tempo depois Raimundo foi considerado apto a viver em liberdade e recebeu alta. Na despedida, parecia uma criança saindo de férias, transbordando alegria e planos. João passou a ter notícias dele por sua mulher, que ia visitar o filho, e contava que Raimundo estava muito bem. Mas um dia ela chegou chorando e João teve medo de perguntar o que havia acontecido. Até que ficou sabendo: o amigo tinha se enforcado em Cabo Frio.

O que mais tocava-o na morte de Raimundo era o fato de ter conhecido poucas pessoas que gostassem tanto da vida. Não era justo. Provavelmente, embriagado pela liberdade, descuidara dos remédios. E Mr. Hyde precisava de muito pouco tempo para pôr tudo a perder.

Além das boas recordações, a amizade com Raimundo marcaria o início de uma virada para João. A forma arrojada como assumiu a responsabilidade por um caso tão complicado e o êxito que conseguiu na empreitada lhe abririam o caminho da confiança por parte das autoridades médicas e judiciais do manicômio. Um caminho que chegaria a alçá-lo a funções importantes na burocracia da instituição. E que lhe permitiria ver ao longe, pela primeira vez, a luz no fim do túnel.

12
Excelência, a cocaína é minha

O barulho do telefone quebrou o silêncio da madrugada no apartamento do advogado Renato Neves Tonini, na Praia de Botafogo. Eram três horas da manhã de quinta-feira, 26 de outubro de 1995. Tonini atendeu no segundo toque, e acionou aquele dispositivo próprio dos advogados e dos médicos, que lhes permite passar da obscuridade do sono profundo à lucidez total em poucos segundos. É o tempo de o interlocutor dizer o seu nome do outro lado da linha.

– Tonini, aqui é o Arthur Lavigne – disse a voz que o arrancara da cama, enquanto o dispositivo de emergência ressuscitava suas faculdades mentais. Lavigne foi didático e conciso, como convém ser numa hora dessas: fora procurado por uma pessoa de suas relações pedindo ajuda para um sobrinho que acabara de ser preso pela Polícia Federal com cocaína. Seu escritório não tinha disponibilidade naquele momento para atender à solicitação, e ele estava indicando Tonini para o caso. O telefonema foi concluído com uma informação importante:

– Olha, a questão não é de uso de drogas, não. É tráfico.

Um dos mais respeitados criminalistas do país, conhecido por diversas atuações famosas, como na condenação dos assassinos da atriz Daniella Perez, Arthur Lavigne já repassara vários clientes para Renato Tonini. As relações entre os dois não eram comerciais, nem sociais, apenas haviam desenvolvido uma boa dose de confiança profissional e afinidade pessoal nas andanças da advocacia. Tonini fez amizades no escritório de Lavigne, particularmente com sua secretária, que chamava carinhosamente de "Serenice" – uma ironia ao seu temperamento elétrico, que destoava da serenidade do chefe e do próprio Tonini.

Após anos de colaboração, porém, aquele caso era *sui generis*. Aos 41 anos, Tonini estava cada vez mais voltado para o terreno do direito penal financeiro. Naquele mesmo ano de 95, por exemplo, estouraria o caso da falência do Banco Nacional, no qual o advogado, por coincidência, viria a atuar com sucesso. Defenderia um dos dirigentes acusados de fazer sumir alguns bilhões de reais em balanços contábeis falsificados, o vice-presidente da instituição Geraldo Tonelli, que acabaria absolvido. Àquela altura, encarar casos complicados já não era novidade para ele. Mas era a primeira vez que defenderia um traficante de drogas.

Renato Tonini pôs o telefone no gancho, trocou o pijama por um terno, anotou num pedaço de papel o nome "João Guilherme Estrella" e em menos de meia hora estava na sede da Polícia Federal, na Praça Mauá. Logo localizou a equipe policial responsável pelo caso, apresentou-se e pediu informações básicas sobre o que acontecera – já que até aquele momento tudo o que sabia eram as duas frases que ouvira de Lavigne ao telefone. O policial foi objetivo:

– O elemento foi preso em flagrante com 6 quilos de cocaína pura.

É claro que Tonini, naquele momento, já estava mais do que desperto, mas foi só então que acordou para a gravidade do caso. Não esperava que a quantidade da droga em questão fosse tanta, e teve que corrigir rapidamente suas expectativas. Até ali, pelas referências sociais e geográficas que recebera, calculava que encontraria um desses garotões da Zona Sul que compram um pouco mais do que querem cheirar e vendem o restante para amigos, para sustentar o vício. Não, com 6 quilos a conversa era outra. Qualquer que fosse o berço, a cor ou o bairro do cidadão, aquilo era tráfico pesado. Ou seja, o abacaxi era bem maior.

O advogado pediu para falar com o preso, e em dois minutos João Guilherme apareceu, trazido por um policial até uma pequena sala, onde os dois foram deixados a sós. A primeira impressão de Tonini foi de que estava diante de uma pessoa fora do seu estado normal. A comunicação não fluía, João parecia balbuciar as palavras, e o advogado supôs que ele poderia estar fortemente drogado. Na verdade, já estava há mais de 24 horas sem consumir uma gota de álcool sequer. O que o entorpecia naquele momento era uma mistura pesada de tensão, cansaço e perplexidade. Aos olhos de Tonini, era como se João ainda não estivesse acreditando no que estava acontecendo. E não havia, de imediato, nada mais que pudesse fazer por ele, a não ser a única tecla em que bateu três vezes na rápida conversa:

– Não declare nada, não diga nada a ninguém, em nenhuma hipótese.

Diante daquele quadro, o direito constitucional do acusado de só falar na presença do juiz – ou nem na presença dele – era a única estratégia possível para um advogado que mal pulara da cama, e não conhecia nada sobre as circunstâncias da prisão de seu cliente (nem sobre o próprio). Mas sabia que, depois de sua presença ali, eventuais maus-tratos ao preso tornavam-se improváveis – o popular "prende, mas não esculacha". Tonini então dirigiu-se à sala do delegado titular da Polícia Federal,

Flávio Furtado, a maior autoridade envolvida diretamente na captura de João.

Furtado recebeu-o de forma solícita, sem jogos de cena ou informações truncadas – embora dali em diante os dois fossem estar em lados opostos naquele processo. Com absoluta transparência, explicou em linhas gerais a investigação paciente que vinha empreendendo com seus agentes, dando detalhes da campana montada em torno dos pontos cardeais da rotina de João.

– Hoje finalmente conseguimos pegá-lo – concluiu o delegado, sem dissimular a importância que ele e sua equipe estavam dando àquela prisão.

Flávio Furtado não usou diante de Renato Tonini a linguagem utilizada no dia a dia com seus agentes para se referir a João Guilherme. Mas entre os policiais, sobretudo nas últimas semanas, só chamavam-no de o "bola da vez". As evidências iam crescendo a cada dia, e Furtado passara a dar atenção especial à investigação desde o momento em que um de seus homens entrou em sua sala com os olhos brilhando, como se tivesse encontrado uma jazida de diamantes:

– Chefe, tem um cara aí rendendo bem. E não é mula, não. É distribuidor grande.

Por "rendendo bem" entendia-se o seguinte: choviam indícios de que João era um peixe graúdo e estava ao alcance da mão. A rigor, ele já estava na palma da mão, mas a polícia não queria pegá-lo de mãos abanando – o que seria o mesmo que tocaiar um assaltante de bancos e apanhá-lo em flagrante roubando uma carrocinha de pipoca. Foi mais ou menos o que aconteceu alguns dias antes em Petrópolis na prisão de Alex, cabeça da Conexão Nelore no Rio de Janeiro, o fornecedor de João. O homem que despachava caminhões com até 100 quilos de cocaína para abastecer o mercado carioca acabou sendo capturado apenas com uma modesta quantidade de maconha em seu poder – o que viria a enfraquecer muito a denúncia contra ele.

O delegado Furtado nunca se cansou de repetir aos seus comandados: combater o crime é como montar um dominó gigante, desembaralhando as informações e conectando-as, de par em par, sem precipitação – o peixe sempre morre pela boca. Nunca acreditou nas ações espetaculares e demonstrações de força, como certos tipos de blitz que rendem manchetes de jornal. Viu CPIs barulhentas e procuradores mais afoitos do Ministério Público jogarem investigações inteiras por água abaixo na ânsia de conseguirem alguma publicidade.

De tanto pregar sua metodologia simples e lógica, Flávio Furtado foi ganhando assento nos debates sobre segurança pública no Estado. Acabou vendo sua carreira adquirir desdobramento político, inicialmente na conturbada região da Baixada Fluminense (viria a eleger-se vice-prefeito de Belford Roxo em 2000) e depois aceitando o convite, em 2002, para candidatar-se a vice-governador na chapa de Jorge Roberto Silveira (PDT), respeitado prefeito de Niterói. A eleição não foi ganha, mas o delegado da Polícia Federal pôde espalhar suas ideias por audiências numerosas e plantá-las no clube das maiores autoridades em segurança pública.

Entre suas principais causas estava justamente o combate à transformação de advogados em despachantes de traficantes presos. O controle da relação entre advogado e preso era uma obsessão para Flávio Furtado, que defendia a comprovação de renda para barrar o dinheiro sujo no pagamento dos honorários. Mas nem por isto ele adotaria uma postura preconceituosa ou desconfiada perante Renato Tonini. Em sua sala na Polícia Federal o delegado descreveu com presteza ao advogado, madrugada adentro, o dominó da captura de João Guilherme – que tivera como uma de suas últimas e decisivas peças a prisão do espanhol Juan Martinez Navarro.

Apanhado no dia 25 de setembro, exatamente um mês antes, Navarro tentava enviar pelo correio, na avenida Ataulfo de Paiva, no Leblon, um livro recheado com 1 quilo de cocaína para a Europa. A droga tinha sido comprada de João, por 9.500 dólares, e o espanhol contou tudo à polícia. Furtado mostrou então a Tonini que, às vésperas da prisão de seu cliente, tinha cada passo seu monitorado, registrado e fotografado. O advogado aprovou a transparência e o profissionalismo do delegado, mas não parava de imaginar por onde tentaria começar a descascar aquele abacaxi blindado.

Junto com os agentes da equipe que fez a captura e mais o próprio delegado, Tonini assinou o auto de prisão em flagrante de seu cliente – o documento que formaliza a prisão. Nele constavam também as declarações básicas extraídas de João, naquele momento em que ele, em troca de uma ironia, levou um soco nas costelas e um "telefone", agressões que nem chegaria a relatar ao advogado, tal era a tensão daquele primeiro encontro.

Quando já se preparava para deixar a sede da Polícia Federal, Tonini levou um susto. Num dos corredores, veio em sua direção, chorando muito, uma velha conhecida sua, grande amiga de amigos seus.

– Renato, me ajuda! Por favor, Renato! – era o pouco que ela conseguia articular na avalanche de soluços.

Ele nem precisou perguntar o que a amiga fazia de madrugada naquele lugar, estava na cara. Era Laura, que fora presa junto com João no apartamento de Copacabana. Ainda tentando assimilar a surpresa de encontrá-la ali, Tonini tentou acalmá-la, ao mesmo tempo tendo de dizer-lhe que não poderia defendê-la:

– Laura, fica calma. Eu fui procurado por ele (João), não é conveniente que eu...

– Mas me defende também, por favor, minha família vai te procurar... – insistia ela, cujo desespero só aumentava o embaraço do advogado, naquele momento tendo que fazer a fria separação entre amizade e profissionalismo.

– Eu não tenho condição de defendê-la, Laura. Não é conveniente que eu defenda dois. É importante que cada um tenha seu próprio advogado...

As palavras de Tonini pareciam se desmanchar sob o choro transbordante de Laura, que não parava, sequer diminuía, e inviabilizava qualquer coisa parecida com um diálogo. Ele ainda procurou transmitir a ela orientações básicas ("O que posso dizer agora é para você não prestar depoimento."), mas foi embora com a forte impressão de que Laura nem o escutara.

Quando chegou em casa, o dia já estava amanhecendo. Tomou uma chuveirada, trocou de terno, comeu alguma coisa e seguiu direto para o escritório. Se fechasse os olhos, ainda veria nitidamente a expressão perplexa de João e ouviria o choro angustiado de Laura. Mas manteve os olhos abertos, mergulhando sem pausa no caso que, talvez já pressentisse, marcaria sua vida profissional.

O problema número um – não pela importância, mas pela ordem – chamava-se Sofia. Embora não estivesse com ele no momento da prisão, a mulher de João estava na mira da polícia. No apartamento deles havia sido apreendida uma agenda dela, repleta de nomes, anotações e dados em geral que poderiam incriminá-la também. Sua participação no esquema reforçaria a tese de formação de quadrilha (crime de associação), e ela sabia que a coisa logo ia estourar para o seu lado. Não demorou muito para que Sofia aparecesse no escritório de Tonini, naquela mesma manhã, muito assustada, ainda assimilando a notícia da prisão de João e desnorteada quanto à perseguição que ela própria passaria a sofrer. O advogado acabara de recusar ajuda a Laura, mas agora era diferente. Avaliou consigo mesmo que não havia outro caminho senão dar proteção àquela mulher, o que inclusive faria parte da própria defesa de seu cliente.

Sua estratégia foi antecipar-se a qualquer diligência e articular, diretamente com o delegado, a apresentação de Sofia para a tomada do seu depoimento.

Assim foi feito e, instruída por Tonini, ela mostrou que toda sua atividade eventualmente ligada ao negócio do tráfico era decorrência, unicamente, de sua relação afetiva com João – o que era absolutamente verdadeiro. Mais tarde o delegado Flávio Furtado revelaria que novas e boas frentes de investigação nasceriam da agenda de Sofia. Mas a dona dela, naquele momento, tinha se safado – até rápido demais, na avaliação de Tonini. "Eles devem estar satisfeitos com a prisão de João", calculou o advogado.

Feito o contato formal com a família e acertados os honorários, ele passou a um exame mais acurado dos autos da prisão, preparando-se para o passo seguinte e decisivo na montagem da defesa de seu cliente: conhecê-lo. No final daquela quinta-feira, Tonini já avançara um pouco nesse terreno, concluindo, por exemplo, que João não era uma pedra no sapato da família. Ao contrário, era querido por todos, e ninguém ali tinha, até então, a mais vaga ideia do grande traficante em que ele havia se transformado. Isto tornava ainda mais delicada a tarefa de explicar aos parentes o tamanho da punição que estava em jogo.

Dada a gravidade das circunstâncias, não seria difícil que ele recebesse a pena máxima dos artigos 12 e 14 do Código Penal (tráfico de entorpecentes e crime de associação). Isto já somaria 25 anos de prisão. Se fosse incriminado também pelo artigo 18, tráfico internacional (e a polícia tinha indícios para isso), a pena poderia chegar a 30 anos. Era uma perspectiva trágica demais para quem, como Maria Luiza, chegara a dizer que achava até bom o filho encrenqueiro passar algumas noites na cadeia. Não, o folclore do menino levado não tinha mais graça. Coube a Tonini acordar a família para o seu pesadelo real.

No primeiro encontro que teve com João, no dia seguinte, o advogado ficou pessimista. Não viu nada do "menino excelente" descrito por uma de suas tias na véspera. O que encontrou foi um homem bastante fechado, desconfiado, parecendo controlar uma enorme agressividade. Não negava nada do que fizera, mas também não desenvolvia a conversa. Não parecia amedrontado, nem exatamente revoltado, apenas refratário a tudo – e, descontada a crise de abstinência por que devia estar passando, parecia ser o que a psicologia chama de paciente resistente (que se recusa a ajudar seu ajudante). Naquelas condições, as visitas ao cliente teriam pouca utilidade e até poderiam provocar um desgaste. Mas foi justamente nelas que o advogado apostou.

Decidiu que iria à Polícia Federal pelo menos duas vezes por semana, nem que fosse para servir de pombo-correio entre o preso e sua mulher – e acabou mesmo se prestando a um intenso leva e traz de cartas, bilhetes e até letras de música. Mas conseguiria ir muito além disso. Ali pela terceira ou quarta visita, no meio de uma conversa periférica qualquer, viu pela primeira vez um brilho nos olhos do cliente, que finalmente parecia estar saindo detrás de seu escudo. Sentiu que havia fisgado uma ponta da confiança de João. Mesmo arriscando arrebentar a linha, decidiu então puxar por ele com mais decisão. E ele veio, por inteiro, num jorro de relatos e impressões pessoais que quase resumiam sua história.

Tonini começava finalmente a compreender quem era o seu cliente, e a acreditar que, apesar do contexto barra-pesada, não se tratava de um bandido. Desenhava-se diante dele uma figura emotiva, eloquente, às vezes exagerada, eventualmente doce – um cara comum que havia avançado alguns sinais vermelhos na vida. Por seus valores, referências sociais e até idade (tinham só cinco anos de diferença), viu que João poderia tranquilamente ter sido um colega, uma pessoa mais próxima, alguém do seu círculo de amizades. Um clima de companheirismo prosperou entre os dois com a sequência de encontros, e Tonini logo formou uma convicção valiosa: sabia que seu cliente estava lhe dizendo a verdade, sem cortes. Aquilo era um trunfo essencial para qualquer advogado, mesmo que essa verdade não fosse aparecer inteiramente perante o juiz.

Numa situação extrema como aquela, a figura do advogado ultrapassava em muito a assessoria jurídica. Além do nem tão nobre papel de pombo-correio, Tonini acabava sendo também um assessor emocional, psicológico. Era uma espécie de administrador das esperanças de João e de sua família. Procurava confortar a todos, mantendo o astral positivo, e a relação de camaradagem estabelecida com o cliente ajudava muito. Mas havia algo lá no fundo, um sentimento íntimo, que o profissional não podia externar: ele achava que a conversão de João ao mundo do tráfico não tinha volta. Pelo ponto a que havia chegado, tanto na escada do vício como na do comércio da droga, movimentando uma ciranda alucinante de emoções e dinheiro, Tonini apostava que a liberdade, uma vez conseguida, sugaria seu cliente de volta para tudo aquilo.

Mas como era um advogado, não um missionário, seu papel ali não era regenerar o outro e sim tentar suavizar a martelada que a Justiça certamente lhe daria – o que não era pouco. Veio a denúncia oferecida pelo Ministério Público Federal, exatamente com a munição pesada que ele esperava: João, Laura e Jonas estavam sendo acusados pelos crimes previstos nos três artigos do Código Penal, sem refresco. Foi então marcado o interrogatório na 13ª Vara da Justiça Federal, o que significava que, fossem quais fossem as táticas da defesa, era chegada a hora de colocá-las em prática. Terminara o treino, ia começar o jogo.

Um dos pilares da estratégia de Tonini era desmontar a imagem de João como um profissional do crime. E o argumento central para isto era o fato de ser ele, antes de tudo, um viciado em cocaína – o que, na versão da defesa, determinava os meios e os fins da sua atividade como traficante. Comprava e vendia, primordialmente, para sustentar seu próprio consumo – que por sua vez, de tão voluptuoso, comprometia seu discernimento sobre a gravidade do que estava fazendo. Era uma lógica fortemente baseada na verdade, mas o advogado teve que dizer ao cliente, quando se reuniram para uma espécie de ensaio geral, que isto nem sempre era o suficiente.

– João, às vezes a verdade não basta. Há situações em que é preciso dramatizá-la, atuar sobre ela, para que pareça ainda mais verdadeira.

O recado foi entendido. Não convinha que um viciado em tão elevado grau se portasse com aparência sóbria demais perante um juiz que, afinal, tinha seu futuro nas mãos. Ou seja, além de coerência e firmeza nas respostas, João ia ter que improvisar umas tremedeiras e tiques nervosos, conforme orientação de seu advogado.

Na hora H, tudo sairia conforme o previsto. Até o momento em que João decidiu sair do script e interromper a audiência.

O CAMBURÃO PRETO parado no pátio em frente à carceragem da Polícia Federal, com a porta da caçamba aberta e apontando para o ar, mais parecia uma astronave pronta para iniciar um voo sinistro. João foi retirado da cela debaixo de um calor senegalesco e de uma forte pressão psicológica. Curiosamente, naquele momento o que mais o angustiava não era a perspectiva de sua primeira audiência na Justiça. Era a primeira vez na vida que entraria num camburão (fora preso em carro de passeio), e teria de enfrentar uma espécie de pânico que trazia desde a adolescência. Sempre que via alguém sendo atirado e trancado na caçamba de um veículo daqueles tinha um arrepio e a sensação de que não sobreviveria se um dia fosse ele o "enlatado".

Com o passar dos anos e o consumo cada vez maior de drogas, sua velha claustrofobia havia se multiplicado por mil. Agora, com o coração aos pulos e sem poder reivindicar nada, ia sendo levado em direção àquela bocarra preta. Sentia-se como o personagem de *Hair* – embarcado por engano para guerrear no Vietnã, sem poder explicar a ninguém que jamais pegara numa arma antes. Ou seja, via-se prestes a ser jogado numa situação à qual não tinha chances de resistir, e achava que o seu temor se justificava tanto quanto o do personagem (que morre no final).

Algemado com as mãos para trás, foi colocado lá dentro pelos policiais, curvando-se para a frente e apoiando-se numa haste de metal que servia de banco. A porta foi fechada, fez-se uma escuridão quase total, sua respiração foi se tornando mais ofegante e ele começou a sentir o pânico tomar conta de seu corpo. Certo de que não suportaria mesmo a situação, e acabaria asfixiado por sua própria crise nervosa, decidiu que não tinha mais nada a perder. Inclinou-se para o lado até ficar praticamente deitado, aproximou suas pernas da porta da caçamba e preparou-se para começar a chutá-la com toda a força que pudesse reunir. Tinha esperança de conseguir abri-la, ou com os golpes, ou atraindo os policiais para controlar seu surto.

Numa fração de segundo antes da primeira pernada João hesitou: se a porta não se abrisse logo, o que era o mais provável, perderia energia mais rapidamente com a movimentação brusca e apenas aceleraria o seu sufocamento. Fechou os olhos e começou a ver, com grande nitidez, uma linha de coqueiros altos fincados numa areia muito branca, tendo ao fundo a exuberância azul do mar. Estava no litoral sul da Bahia, região paradisíaca onde se exilara tantas vezes da neurose urbana do Rio, e até podia sentir no rosto a brisa leve e constante do vento leste. Uma enorme calma passou a invadir seu espírito. Não tinha desmaiado, nem estava delirando. Por absoluta questão de sobrevivência, sintonizara um certo canal abstrato, verdadeira saída de emergência, que o estava salvando da aflição física. Dir-se-ia que acabara de aprender meditação transcendental à força.

No auge do transe, o camburão parou, a porta se abriu e foram jogadas lá dentro mais duas pessoas – Jonas e Laura. O espaço se tornou mais apertado, e o silêncio foi cortado pelo falatório dos dois, dirigindo-se a ele com perguntas, comentários, exclamações. João sentiu que a perda da concentração traria imediatamente o sufoco da claustrofobia de volta e interrompeu-os com um grito:

– Espera, porra! Espera!

Mantendo os olhos fechados, voltou a ficar em silêncio – e Laura e Jonas, surpresos, também se calaram. Mas logo compreenderam o que estava acontecendo com o outro. Uns dois minutos depois a sensação opressiva finalmente desaparecera por completo, permitindo-lhe abrir os olhos e "sentir-se bem" pela primeira vez na caçamba de um camburão.

Os três chegaram a conversar um pouco, mas a tranquilidade não ia durar. A polícia estava para enfiar mais uma sardinha naquela lata, e o novo passageiro não era exatamente alguém bem-vindo: Juan Navarro, o espanhol que delatara João à polícia. Olhos e cabelos castanhos (curtos e lisos, repartidos do lado), cerca de 40 anos, 1,75 metro, branco e magro, Navarro era um viciado em heroína que tinha cara de viciado em heroína. Sempre que queria desintoxicar-se, ele vinha para o Brasil, onde a droga praticamente não existia. Apaixonara-se por Búzios e acabara comprando um apartamento lá. Seus exílios no balneário famoso do litoral norte fluminense podiam durar vários meses seguidos. Hospedara-se no Rio, no Hotel Carlton, exclusivamente para fazer a transação com João, que lhe entregaria a droga no próprio hotel. Sua remessa de cocaína para a Europa destinava-se tão somente a sustentar seu vício, e ele não estava nem aí para códigos éticos entre negociantes de drogas. Entregara o nome de João à Polícia Federal na expectativa de aplacar sua pena, e agora ia completar o serviço delatando-o à Justiça.

Controlando a duras penas seu impulso de trucidá-lo ali mesmo, João viu a tal figura ser enfiada naquele espaço exíguo, a centímetros de distância dele, o suficiente para que sentisse o cheiro do seu suor. Com as mãos imobilizadas pelas algemas, sua vontade era estourar o nariz do espanhol com uma cabeçada. Mas começou agredindo-o apenas com uma pergunta intimidatória – desafiando-o a dizer o que ia fazer no Fórum. Nem bem começara a inquisição, porém, foi surpreendido com uma explosão de fúria de Navarro.

Gritando descontroladamente, com espasmos corporais como se estivesse num surto epilético, o espanhol passou a afrontá-lo e xingá-lo com grande agressividade, como se o delator fosse o outro. Podia ser o caso do acuado que se torna violento; podia ser um descompasso irracional agravado pela falta da heroína. O fato é que Navarro estava fora de si. Depois do choque inicial pela reação inesperada, a raiva de João triplicou, e possivelmente os dois teriam se comido vivos se Laura e Jonas não tivessem se jogado entre eles – apelando à razão, principalmente de João, para que não fizessem uma loucura daquelas.

Naquela manhã de dezembro, quem estivesse passando por uma das calçadas da avenida Graça Aranha, no Centro do Rio, não poderia imaginar o duelo insólito que acabara de ser evitado dentro da caçamba do camburão que ali trafegava lentamente, aproximando-se do Fórum Regional (que abriga as varas criminais). Mas também não dava para ficar indiferente ao comboio. Eram três camburões ao todo, sirene ligada, metralhadoras e fuzis ostensivamente à mostra para fora das janelas – todo um aparato proporcional à graduação que a polícia atribuía a João na esfera do crime. No transporte de um traficante daquela monta, sempre havia o risco de algum tipo de ataque, eventualmente uma operação-resgate. Não chegava a ser uma lei, mas no mercado da droga, em geral, onde havia dinheiro grosso, havia também armamento pesado. Não era o caso de João, mas poderia ser.

Os megafornecedores da Conexão Nelore, então donos de um dos maiores laboratórios de refino de cocaína da América do Sul, em Rondonópolis, tinham em João Guilherme uma peça importante do seu esquema de escoamento. Mas ele nunca passou de um nome no organograma. Por opção de João, jamais houve envolvimento pessoal com ninguém acima de Alex na hierarquia. Certa vez, ao entrar no Gol adaptado para sua deficiência física, um dos chefões do laboratório estava no banco do carona, à sua frente. O sujeito cumprimentou-o sem se virar, sequer foi possível ver o seu rosto. João operava sozinho, queria continuar operando assim, e sem sair do Rio. Portanto, não faria sentido passar por cima do paraplégico de Petrópolis, que supria satisfatoriamente suas necessidades mercadológicas – e o liberava de vínculos mafiosos mais comprometedores. Essa independência que construiu para si na engrenagem do tráfico significava também que, naquele momento, dificilmente alguém estaria tramando seu resgate das mãos da polícia.

Pelas mínimas frestas da caçamba, ele já podia ver o olhar curioso dos passantes. O desembarque foi ali mesmo, no meio da rua e do público apressado do Centro – que naquele momento deu uma refreada na pressa para assistir à cena diferente. Diante de uma aglomeração razoavelmente grande, de gente tentando imaginar quem seria aquele criminoso tão pesadamente escoltado, João teve sua pior ressaca moral desde que fora preso. Sentiu-se reduzido a uma bizarra atração de circo, ou talvez a um vilão de filme B. Serviria de entretenimento breve para um punhado de *voyeurs* – que assistiriam de graça a um pequeno trecho de sua derrota e o esqueceriam antes de chegar à próxima esquina.

Entraram pela garagem do Fórum, e ali foram trancados numa cela subterrânea que pouca gente na cidade imagina existir. Em meio a um mar de Opalas e carros oficiais pretos estacionados na penumbra, uma espécie de gaiola os reteria ali até serem chamados para a audiência. Mais do que nunca, João sentiu-se exposto à curiosidade dos gatos-pingados que transitavam por ali, uma atração de zoológico. Da gaiola até a sala da 13ª Vara a hostilidade parecia vir até das paredes. Seu inferno era o objetivo do promotor; seu sofrimento era aula prática para os estagiários; seu futuro era motivo de escárnio de policiais:

– É, agora tu vai dar uma mofada aí, garotão... – provocou uma voz por trás dele, no corredor, a poucos passos da sala da audiência. Ele virou-se e reconheceu um dos agentes que o prendera em Copacabana, encarando-o com um sorriso cínico.

Mas nada o intimidaria tanto quanto a primeira visão que teve ao pisar na sala da 13ª Vara. Na mais alta das cadeiras, uma mulher grande, biótipo de alemã, expressão sisuda e olhar frio fez um arrepio percorrer-lhe a espinha. Era a juíza Marilena Soares Reis Franco, a pessoa que tinha seu destino nas mãos. Junto com um péssimo pressentimento, ele associou-a imediatamente a uma figura terrível da sua mitologia pessoal. Era a supermãe da ópera-rock depressiva *The wall*, do Pink Floyd, personagem cujos gordos braços protetores transformam-se numa muralha em torno do filho, levando-o à loucura.

João tinha uma espécie de instinto psicológico, talvez uma mania, de ligar suas vivências a determinadas músicas. Era como se escolhesse na hora, meio sem querer, uma trilha sonora para cada momento marcante. Uma nova amizade, um fim de semana na serra, um point na praia – tudo podia ganhar seu "tema" musical (e aquela canção tocaria em sua cabeça sempre que a situação se repetisse). No dia em que seu pai morreu, uma música do mesmo disco *The wall* tomou conta inteiramente do seu espaço mental. Era tão forte a sensação de que a música tinha sido feita para aquele momento que ele pegou seu violão, sentou-se numa mureta em frente à sua casa e repetiu-a infinitamente diante dos passantes, como um mantra: "Goodbye, cruel world/ I'm leaving you today, goodbye/ Goodbye, all you people/ There's nothing you can say/ To make me change my mind, goodbye."

Por muito tempo o momento da perda de seu pai ficou conectado em sua cabeça aos acordes dedilhados daquele manifesto de desistência e libertação. Agora, mal conhecera a juíza Marilena, sua imagem já fazia soar as guitarras pesadas da opressão matriarcal. E o início da audiência reforçaria ainda mais a sensação de "paredão" do réu. Em voz alta e firme, a juíza dirigiu a pergunta certeira a Juan Navarro:

– Você reconhece dentro desta sala quem lhe vendeu a cocaína?

O espanhol virou-se para trás, apontou o dedo indicador para João e disse secamente:

– Foi ele.

João tinha prometido a seu advogado que não se manifestaria na hora errada, e só naquele momento entendeu por que Tonini insistira tanto no seu compromisso de ficar calado. Sua vontade era partir para cima daquele espanhol dedo-duro, ou pelo menos dizer à juíza que se tratava de um bom filho da puta. Mas teve que se conter, e como não estava acostumado com o ritual, imaginou que o advogado diria alguma coisa em sua defesa. Mas como Tonini também ficara mudo, o silêncio depois de uma acusação daquela lhe deu a sensação de que o jogo começara a ser perdido ali.

A estratégia era mostrá-lo como um viciado acima de tudo, mas o que estaria pensando a juíza? Afinal, o representante da polícia acabara de apresentar sua denúncia, relatando a prisão de João num apartamento onde havia 6 quilos de cocaína. Agora, vinha o outro dizer que comprara dele mais 1 quilo da droga, em dia e local inteiramente diferentes. Olhou para Sua Excelência e sentiu como se ela estivesse lendo na sua testa o carimbo "DISTRIBUIDOR".

A audiência prosseguiu, e João, cada vez mais acuado, sentia como se tivesse caído numa armadilha. Parecia apenas esperar o momento em que a doutora Marilena Soares diria "cortem-lhe a cabeça!". Mas, em vez disso (ou pelo menos antes disso), ela lhe passou a palavra. Chegara a hora de defender-se com sua própria voz. E ela começou saindo embargada, entrecortada por alguns pigarros, mas foi-se firmando e, quando viu, João estava embalado, indo muito além das perguntas dirigidas a ele. Para contar a história do seu vício, praticamente repassou sua própria história. A lealdade quase ideológica ao prazer, a busca da liberdade acima das instituições e das regras, os golpes sofridos no universo familiar, o amor à vida. De sua cadeira, Renato Tonini vibrava em silêncio. Seu cliente deslanchara num improviso altamente convincente, jorrava sinceridade, e se o olho clínico de advogado não o estivesse traindo, a juíza encontrava-se visivelmente emocionada.

Para Tonini, possivelmente Marilena Soares começara ali a enxergar o ser humano por trás do réu. Reforçou essa impressão no momento em que, respondendo sobre a quantidade de cocaína que usava, João disse que chegara a cheirar quase 100 gramas num intervalo de uma semana, praticamente sem dormir. O advogado percebeu então uma exclamação contida da juíza, quase para si mesma ("Meu Deus!"), reação pouco comum naquelas circunstâncias. Mais uma vez, João dissera a verdade, e ela talvez estivesse lendo essa verdade nos olhos do depoente.

A confirmação de que aquele tinha sido realmente um momento decisivo viria cerca de dois meses depois. Ao livrá-lo dos presídios cariocas, autorizando sua ida da Polícia Federal para tratamento no Manicômio Judiciário, a juíza Marilena consumava uma decisão que começara a tomar ali, naquele primeiro interrogatório. Tonini fizera a parte dele. Montou quase um dossiê da dependência química, no qual se destacava uma perícia independente, encomendada ao professor Talvane de Moraes, o rei dos laudos. No requerimento de defesa prévia, solicitou que seu cliente fosse submetido a exame de dependência também por parte da Justiça – e só aí já seriam dois laudos que, se Deus quisesse, não seriam contraditórios entre si. Anexou ainda um atestado assinado pela psicanalista Gilda Sobral Pinto, tia de João, em que ela explicava o quadro do vício a partir da sua trajetória familiar e comportamental (mais tarde, como testemunha, Gilda desenvolveria esse retrato humano de João diante da juíza, num dos depoimentos mais importantes do processo).

Era uma boa munição, mas não garantia nada. Para que a juíza autorizasse o cumprimento da pena num manicômio, era preciso, acima de tudo, que ela ao menos desconfiasse que o réu, como pessoa, valia a pena. E o olho de Tonini não o traíra: tudo indicava que era exatamente isso o que começava a acontecer.

Junto aos 6 quilos de cocaína a polícia encontrara no apartamento de Copacabana dois casacos longos com os forros descosturados, onde entraria o recheio da droga acondicionada em pequenos sacos. A polícia via nisso um indício de contrabando para o exterior, e denunciara os três por tráfico internacional, argumentando que ninguém andaria naquele pré-verão brasileiro tão bem agasalhado. A estratégia da defesa era alegar que, para abater uma dívida, João estaria remetendo os casacos recheados para o Rio Grande do Sul (cujo clima seria mais propício a eles). Também foi acertada, entre os três réus e seus advogados, uma versão dos fatos para desmontar a acusação de associação criminosa. A tal versão procurava evitar qualquer dúvida de que não se tratava de uma quadrilha, sustentando inclusive que Jonas e Laura só se conheceram naquele dia, encontrando-se por acaso no momento em que subiram ao apartamento para comprar cocaína.

O depoimento de Jonas foi rápido, respondendo laconicamente às perguntas e limitando-se a repetir a história combinada. Em seguida entrou Laura, e João não acreditou no que via. Com um coque baixo, vestido longo e Bíblia na mão, parecia uma beata. Laura decidira se fantasiar de crente. A única coisa verdadeira que trazia com ela era o choro caudaloso, que lhe sacudia o corpo e dessa vez parecia ainda mais incontrolável. Sentou-se no banco dos réus nesse estado, e a juíza dirigiu-se a ela, procurando compreender o que estava acontecendo:

– Você está se sentindo ameaçada? Quer que eu mande esvaziar a sala durante o seu depoimento?

Mas nem a esta pergunta Laura conseguia responder. Só chorava. Algum tempo depois balançou a cabeça e disse à juíza um "não" espremido entre dois soluços. Quando finalmente conseguiu diminuir um pouco o choro e começar a depor, consumou-se o desastre. Suas ideias saíam desconexas, as frases não se encaixavam e a história combinada entre os três foi por água abaixo. A versão desabou por completo quando chegou a pergunta sobre onde conhecera Jonas, à qual deveria responder que se viram pela primeira vez no apartamento comprando cocaína:

– Nos conhecemos na praia.

O clima ficou pesado, a promotoria se esbaldou com a contradição, os outros réus e seus advogados baixaram a cabeça. Passou-se então ao depoimento de Paulo, o dono do apartamento usado por João para a preparação da droga. Ele sentou-se diante da magistrada já sem saber que versão sustentar. Agarrou-se ao ponto em que poderia ainda manter alguma coerência: tinha posto o imóvel à venda, deixara a chave com Laura para que o mostrasse aos interessados, e nada sabia sobre todo o resto que se passara lá dentro.

– Então você também não sabe quem levou a droga para o local? – questionou a juíza, já impaciente, repetindo a pergunta que fizera a Jonas e a Laura, respondida sempre negativamente. Quando Paulo confirmou que também não sabia, a juíza perdeu a calma pela primeira vez na audiência, e reagiu com uma explosão:

– Quer dizer então que agora cocaína voa! No nono andar de um prédio em Copacabana, a cocaína chegou pela janela, voando! Não tem dono!

A ira de Marilena Soares paralisou a todos dentro da sala, e esse foi o exato momento em que João e Tonini se olharam pela única vez em todo o interrogatório. Captando no ato a intenção do cliente, o advogado balançou de leve a cabeça positivamente, dando-lhe o sinal verde. João então levantou o braço, atraindo a atenção de todos, e quebrou o silêncio dirigindo-se à juíza furiosa:

– Desculpe interromper, Excelência, mas a senhora não fez essa pergunta para mim.

Na atmosfera já carregada, aquela quebra de protocolo pareceu suscitar na mãe-muralha uma mistura de ultraje e curiosidade. O tempo parou até que ele completasse sua intervenção, sem esperar pergunta alguma:

– A cocaína é minha, Excelência. Pertence apenas a mim. Eu mesmo levei para lá, num carro emprestado. Ninguém mais tem nada com isso.

Num tom mais brando que o da descompostura anterior, a juíza disse a João que permanecesse calado e esperasse, que ela retomaria o seu depoimento. Cinco minutos depois ele estava novamente sentado diante dela, na mira do interrogatório por vontade própria, confirmando o que acabara de dizer em sua manifestação inesperada. Ali estava a confissão literal e absoluta de um réu, quando nada o forçava a fazê-la. Teoricamente, um elemento cristalino para aumentar a contundência da acusação. Por outro lado, no campo subjetivo da decisão judicial, João acabara sumariamente com o jogo de meias-palavras e pequenas hipocrisias que tanto irritava a juíza. Em sintonia perfeita com seu advogado, optara mais uma vez por surpreendê-la declamando a verdade em estado bruto. A audiência estava encerrada.

Num conchavo de corredor, uma pequena roda reuniu os advogados dos quatro indiciados – Tonini, Clóvis Sahione, Paulo Goldrach e Michel Assef. Todos estavam certos de que o depoimento de João praticamente liquidara a denúncia de formação de quadrilha. Poderia também retirar o peso das contradições de Laura, cujo evidente descontrole emocional certamente ajudaria a relativizar o que fora dito. Ninguém era calouro naquela rodinha de notáveis, mas a atitude de João Guilherme, que refrescou a vida dos defensores de Laura e Jonas, mereceu um comentário à parte de Michel Assef para Renato Tonini:

– Ou o seu cliente é muito corajoso, ou é muito louco.

Tonini sabia que só a sentença judicial responderia se aquilo fora um ato de coragem ou de loucura. Ele não se arrependia de ter autorizado no ato a manifestação de João, e estava certo de que tinha sido um lance de transparência e bom-senso. Mas o que não lhe saía da cabeça, e que ele jamais comentaria com seu cliente, é que Marilena Soares era famosa como uma juíza "mão pesada", com extenso currículo de decisões altamente rigorosas. E que 6 quilos de cocaína eram 6 quilos de cocaína – uma obscenidade, mesmo para o mais generoso dos magistrados.

O cálculo de Tonini era secreto, mas já estava pronto: com todo o eventual sucesso da defesa, e já descontadas da pena as atenuantes do vício, João não ficaria preso por menos de cinco anos.

13
O burocrata e o general do morro

O oficial de Justiça chegou ao Manicômio Judiciário e foi encaminhado ao prédio da administração. Teve que esperar um pouco, porque o funcionário que naquele momento respondia pelo protocolo da instituição parecia ocupado ao telefone. Mas não demorou muito e o funcionário o atendeu solícito, desculpando-se por fazê-lo esperar e explicando que os colegas do setor estavam em atividades externas. Sacou a caneta, assinou o recebimento do ofício e despediu-se do oficial, voltando à sua sala para anexar o documento recém-chegado ao processo correspondente. O zeloso funcionário chamava-se João Guilherme Estrella.

Naquele inverno de 1996, ele chegara ao ponto mais alto do quadro burocrático que um preso pode alcançar. Organizava processos, movimentava pareceres, recebia pessoas e ofícios em nome da instituição. Trabalhava com bastante autonomia, ao lado de uma grande janela aberta que lhe permitiria fugir a hora que quisesse. Mas não queria. E as autoridades do sistema penitenciário pareciam convencidas disso. Desde o episódio da sua intervenção em favor do carpinteiro Raimundo, seu amigo esquizofrênico que acabaria se suicidando, João não se desviara mais um milímetro do projeto de bom comportamento. Na verdade, acabara indo muito além da meta. Com o espírito de cooperação e a capacidade de trabalho que demonstrou, tornara-se homem de confiança da administração do manicômio.

Logo que chegou, ele admitia quase tudo para se enquadrar, menos trabalhar para quem o mantinha preso. Era uma questão de princípio. "Não vou dar o meu suor de graça pra esses putos", pensava. Em pouco tempo percebeu que o orgulho provavelmente tornaria mais distante o dia em que se livraria daqueles "putos", e resolveu arregaçar as mangas. Começou como faxineiro, incumbido de despejar galões de creolina nos dois andares de galeria e nas três rampas de acesso, abrindo os trabalhos para a turma do rodo e da vassoura. Foi ampliando suas funções, controlando o estoque de materiais, e em pouco mais de dois meses tinha completado sua ascensão no aparelho administrativo da instituição.

A posição conquistada tinha algumas vantagens imediatas. Ganhava direito ao mesmo cardápio destinado ao diretor da casa, o que significava no mínimo um feliz reencontro com os temperos. Passava a ocupar durante a maior parte do dia uma sala relativamente confortável, com ar-condicionado, instalado em sua própria mesa e com livre acesso a pelo menos duas linhas telefônicas. Embora procurasse moderar os impulsos (emocionais e telefônicos), os contatos com a família e os amigos, que antes eram rarefeitos, passaram a ser frequentes.

Um dia, João deu azar. Estava falando em dois telefones ao mesmo tempo, um com alguém da família, outro com um colega músico (um *expert* em estúdio com quem discutia o projeto da gravação de um disco seu), ocupando a mesa do principal funcionário do setor, um agente do Desipe. De repente, irrompeu na sala ninguém menos que o diretor do manicômio, esbaforido, aparentemente precisando de alguma providência urgente de sua equipe. Para infelicidade geral, João era naquele momento o único funcionário presente no setor, ocupando a mesa principal relaxadamente recostado, com um telefone em cada ouvido, cuidando do futuro de sua carreira artística.

A explosão do chefe provavelmente pôde ser ouvida em todo o Complexo Frei Caneca. Foi uma descompostura em dois tempos: primeiro, quem ouviu foi João; logo em seguida, com a chegada de dois outros funcionários, a coisa piorou:

– Com uma equipe desse tamanho, é só o Estrella que trabalha nessa porcaria? Então tá resolvido: acabou esse negócio de duas folgas por semana. A partir de agora é uma só – espanou o diretor, deixando João, no final das contas, até bem na foto.

Na maior parte do tempo, porém, a vida de burocrata era tranquila. Além da rotina mais confortável e de fazer o tempo passar mais depressa, aquele posto era, acima de tudo, o lugar de onde poderia dar seu salto definitivo para a liberdade – não pela janela, mas pela porta da frente. Não havia forma mais clara de mostrar à Justiça que estava recuperado para viver em sociedade. Enquanto a sentença não saísse, sua conduta ali estaria influenciando diretamente a decisão da juíza sobre o tamanho da pena que seria condenado a cumprir. E mesmo depois de anunciada a sentença ele poderia tentar conquistar o direito de passar fins de semana em liberdade – possibilidade com que começou a sonhar obsessivamente desde que soube da existência desse tipo de benefício.

E João pôde não apenas sonhar com fins de semana dourados, mas também batalhar por eles, agora que estava enfronhado no universo dos processos e trâmites legais em geral. Passou a conhecer bem a ciranda dos papéis entre advogado, peritos, psicólogos e juiz para que uma concessão como aquela pudesse ser feita. Montou sua estratégia com o advogado Renato Tonini, cumpriram à risca ritos e prazos requeridos, mirando na possibilidade de ganhar aquele primeiro aperitivo de liberdade até o fim do ano. Sabiam, no entanto, que se tratava em última instância de uma decisão subjetiva – ou seja, poderiam fazer tudo certo e dar tudo errado. E, à medida que o fim do ano se aproximava, a falta de uma resposta positiva foi minando as esperanças.

Assim como acompanhava a olho nu o trânsito de papéis do seu próprio processo, João também tinha vista privilegiada para os processos dos outros presos. Era uma questão delicada, talvez a maior provação ética que o cargo lhe impunha. Na reunião que formalizou seu ingresso no sistema administrativo do Hospital Heitor Carrilho, o representante da direção da casa deixou claro que qualquer deslize nesse aspecto não seria perdoado:

– Estou te dando um cargo de confiança. Esta confiança significa, entre outras coisas, um compromisso de sigilo. Ou seja, você vai atravessar todos os dias do escritório para a cela, mas a informação não pode passar dessa porta.

Naquele momento, tudo que João desejava era merecer crédito total. Mas não queria ficar sozinho na berlinda. Achava que na delegacia, na rua ou no manicômio, polícia é polícia – e ele, egresso do hemisfério dos presos, seria ali um alvo apetitoso para sondagens, fuxicos, perguntas insidiosas. Selou então o pacto do sigilo, mas devolveu o alerta:

– Espero que vocês também não queiram que a informação do lado de lá passe por essa porta quando eu entrar.

No dia a dia, o vai e vem entre os dois mundos não era algo trivial. Tinha preconceito dos dois lados, e João ia procurando se equilibrar entre a confiança das autoridades e a dos presos. Não podia perder nenhuma delas. Por parte dos funcionários do manicômio a coisa estava mais sob controle. A desconfiança maior vinha do lado dos presos, que recebiam com certo mal-estar um colega que passara o dia no campo do adversário. Era difícil convencê-los que não se tratava de cooptação ou traição – ainda mais considerando-se que a lucidez *per capita* ali não era, evidentemente, alta. Os internos só começaram a se convencer de que João não estava vendido ao "sistema" num episódio em que ele, de certa forma, abandonou a neutralidade pactuada.

Dentro do Manicômio Judiciário havia os casos dos presos que até apresentavam boa recuperação, mas caíam num vácuo de assistência jurídica e familiar e acabavam piorando novamente. A vida desses internos ia se tornando uma sucessão circular de estados mais ou menos dopados, da qual ficava cada vez mais difícil sair. Era o que parecia estar acontecendo com um sujeito que, rezava a lenda, fora segurança do traficante Escadinha e já estava preso havia dez anos. Ele passava seus poucos momentos de lucidez reclamando que tinha sido esquecido lá. Dependia de uma autorização da Justiça para ganhar a liberdade, e recebera a informação de que os documentos do seu processo tinham sido encaminhados ao juiz havia cinco meses, mas ainda não havia voltado a resposta. O negro forte e um tanto mal-encarado vinha tendo uma atividade mental quase vegetativa, com períodos de ausência cada vez maiores, resultado das doses crescentes de calmantes que recebia. Um dia João localizou o processo dele e constatou que estava parado no manicômio, ainda dependendo de pareceres médicos. Não tinha sequer sido enviado ao juiz.

Consultando psicólogos e outros funcionários da casa, verificou que não passava de um desses entraves burocráticos kafkianos, em que o processo não andou por falta de uma assinatura e a assinatura não foi dada porque o processo não andou até ela. Com cuidado para não ser pilhado como agente duplo, João botou a papelada do colega debaixo do braço e iniciou sondagens sobre o caso, ao mesmo tempo em que dava a ele um sinal de que estava buscando uma solução. Como o processo não tinha nenhum nó mais complicado, com um empurrãozinho aqui e outro ali a coisa foi desemperrando. E antes que o ex-capanga de Escadinha enlouquecesse de vez sua liberdade chegou. Sem ferir suscetibilidades no hemisfério da lei, João ia deixando claro no hemisfério dos presos que não estava contra eles.

Até como jornalista ele atuou para dar voz aos internos. Começou a procurar os mais angustiados e propor entrevistas tipo pingue-pongue com eles para o *Correio do Amanhã*, o jornal da comunidade do Heitor Carrilho. Só valia falar a verdade. Produziu assim algumas pérolas de reportagem, como a entrevista com um ex-peixeiro da Praça XV apelidado de "Dinossauro" (os colegas achavam que seu rosto largo e envelhecido era "pré-histórico"):

Nome: Antonio Desidério dos Santos

Apelido: Dinossauro

Pergunta: Por que você está aqui?

Resposta: Porque eu roubei a bicicleta da funerária em Bento Ribeiro, onde eu moro.

P: Há quanto tempo você está internado?

R: Há cinco anos e quatro meses.

P: O que você acha deste lugar?

R: Muito ruim.

P: Por quê?

R: Porque bom é a rua, onde tem dinheiro, mulher e trabalho.

P: Você tem contato com a sua família?

R: Já mandei cartas e, até hoje, nada.

(...)

"Dinossauro" gostou de se ver na página 3 do *Correio do Amanhã*, espaço nobre, onde todos leriam suas opiniões, o conheceriam melhor e receberiam sua mensagem de liberdade, que encerrava a entrevista. Esse tipo de atividade ajudava a tornar um pouco mais natural o trânsito de João entre os dois mundos do manicômio.

Mas que a situação era estranha, era. E começou a beirar a esquizofrenia com a chegada no Heitor Carrilho de um preso de alta periculosidade, dono de uma boca de fumo numa favela vizinha ao Complexo Frei Caneca, com quem João passaria a ter grande proximidade. Com apenas 20 anos, Dedé já possuía perfil de general. Grande capacidade de comando, vivência de batalhas sangrentas, razoável conhecimento de táticas e armamentos, ele tinha entrado cedo para a escola do tráfico pelas mãos do pai, Nelson, antigo "dono" dos morros daquela região.

Nelson era um bandido da velha-guarda, que tinha trabalhado na vida, aberto pequenos estabelecimentos de comércio legal, mantinha cordial relação com a vizinhança e agregara a venda de drogas aos negócios. Seus métodos não continham a crueldade e o sadismo das novas gerações de traficantes, mas Dedé já crescera com o espírito bélico mais aflorado, com a gana expansionista das facções. Segundo funcionários do manicômio, Nelson dera uma boca de fumo para o filho administrar sozinho, apenas para se livrar do comportamento neurastênico dele.

De fato, Dedé era um paranoico. Já comentara com João que a cocaína "não lhe fazia bem", mas só deu para compreender o que significava aquilo vendo com seus próprios olhos a reação do bandido ao aspirar uma carreira ("importada" do presídio ao lado). Em dois minutos, começou a esticar o pescoço para a entrada da galeria, como se observasse alguma movimentação suspeita, e passou a correr de um lado para o outro aos gritos:

– Estão chegando, estão chegando! Eles vão invadir! – berrava horrorizado.

João se assustou, olhou na mesma direção que ele, mas não percebia um leve ruído sequer nas imediações. O outro, porém, insistia desesperado, agora já se jogando debaixo da cama:

– Os inimigos vão invadir! Cadê o meu fuzil, porra!

Certamente, o delírio persecutório provinha de vivências reais de guerrilha. Mas passava rápido. E em seu estado normal Dedé era um cara engraçado, até sereno. João ficou conhecendo-o melhor num dia em que tinha pego o violão – que em geral praticava reservadamente para criar algumas das várias músicas que compôs na prisão – e decidira tocar no meio da confusão da galeria, para variar. Não estava tocando nenhuma música em especial, apenas repetindo uma base de dois acordes de forma bem ritmada, quase percussiva, quando Dedé sentou ao seu lado e começou a improvisar uma espécie de rap-samba extremamente criativo. Além da grande musicalidade, logo revelou um humor demolidor. Cada interno que entrava na galeria ou passava diante da dupla virava personagem do repente de Dedé, cujos versos traduziam as características e, principalmente, os defeitos do sujeito de forma impiedosamente fiel. A cada rima correspondia uma gargalhada geral (com exceção do infeliz que estivesse na "passarela", que em geral não achava nenhuma graça).

O ritual festivo se repetiria por muitas outras tardes e entrosaria bastante a dupla. Apesar da diferença de idade – João já tinha completado 35 anos –, havia ainda outras afinidades além da música. Dedé era um mulato forte e jovem, cheio de vitalidade e atitude, mas era também chegado a um bom colóquio. Na verdade, a coisa em geral tendia mais para monólogo, caso o interlocutor não se impusesse com decisão. Como João também era do tipo "deixa que eu falo", muitas vezes se dava um diálogo em estéreo, com as vozes simultâneas e sobrepostas – e mesmo assim se entendiam, a não ser que o assunto fosse futebol.

Dedé era Flamengo, daqueles que podem até libertar um inimigo jurado de morte em dia de vitória rubro-negra (em dia de derrota, pena máxima para todos). João era Vasco. Quando os dois times se enfrentavam, Dedé religiosamente propunha uma aposta e não sossegava enquanto ela não fosse aceita. Ganhou algumas camisetas do colega, porque naquele período o urubu andou maltratando o bacalhau. Mas isso era o de menos. Quando o jogo terminava, João tinha que aguentar a euforia um tanto bruta do rival, que investia sobre ele junto com o Capetinha – aquele que fugira do manicômio na sua frente – e outros flamenguistas da área: tiravam-no da cama, jogavam-no de um lado para outro e arrancavam seu lençol, entre outras gozações delicadas.

João e Dedé se tornaram uma dupla razoavelmente influente no manicômio – por motivos opostos: João, pelo bom comportamento; Dedé, pela periculosidade. A rigor, ambos se impunham pela personalidade forte, pela boa lábia, e tinham conquistado seus passaportes diplomáticos ali dentro. Transitavam bem tanto entre presos quanto entre funcionários (embora parte do respeito que Dedé merecia do pessoal do Desipe se devesse mesmo ao seu poder de retaliação). Aos poucos, conseguiam ampliar relativamente sua liberdade de circulação entre os muros. Forçando um pouquinho a barra, passaram a ter acesso até à cozinha da cantina, e faziam seu próprio almoço a quatro mãos.

Bife acebolado, arroz fresquinho, salada – uma verdadeira regalia autoconcedida, incrementada pelos dotes culinários de Dedé. O traficante se gabava por cozinhar bem, e isto fazia parte do seu lado familiar, bem nítido, talvez herança do pai bonachão. Apesar de tão jovem, não era adepto do rodízio de namoradas, comum em seu meio. Era casado e tinha um filho de 1 ano, que o visitava regularmente na prisão com a mãe.

Esses modos amistosos fariam qualquer um duvidar que ali estivesse um sujeito perigoso. Mas João teve a oportunidade de ver Dedé em fúria – não num acesso qualquer de paranoia, mas a ponto de matar uma pessoa (algo que fora dali certamente fazia parte do seu "trabalho"). Nesse episódio, João esteve a 1 metro do rosto crispado de Dedé quando ele partira para trucidar um colega de cela, e reconheceu no ato o olhar do assassino.

A confusão começara com um caso de delação. Havia um intercâmbio de cigarros, dinheiro, drogas e outras mercadorias entre o manicômio e o presídio vizinho, parte do mesmo complexo penitenciário Frei Caneca. As transações aconteciam entre as pequenas aberturas de ventilação nos fundos do prédio do manicômio, próximo ao campo de futebol, e uma grande janela gradeada na lateral de uma das galerias do presídio. A distância era relativamente pequena – dali João tinha recebido a saudação de Alcides "Mick Jagger" – e os presos haviam criado um sistema de comunicação e transporte engenhoso, apelidado de "ligação". O "cliente" anunciava o pedido acendendo e apagando rapidamente um isqueiro. Assim que captavam o sinal, os fornecedores improvisavam um potente estilingue no janelão, amarrando uma borracha entre duas hastes da grade. Dali lançavam uma pedra, amarrada a uma linha longa, em direção ao teto do manicômio. Em geral, acertavam de primeira. Era a vez então dos internos do Heitor Carrilho, com outra pedra amarrada a uma linha, tentar "pescar", de suas pequenas janelas, a ponta que chegara ao teto. Jogavam algumas vezes a marimba, sem ver o alvo, até que as duas extremidades se enroscassem. Aí era só esticar a linha e a ligação estava feita.

Com bastante sobra de linha dos dois lados, o comprador amarrava então o pacotinho com o dinheiro e um bilhete especificando a encomenda, e o "teleférico" ia sendo puxado até chegar ao vendedor. Este recolhia o pagamento e amarrava os papéis de cocaína, as trouxinhas de maconha ou o que fosse pedido. O bondinho então andava de novo até o comprador, e a transação estava consumada, a não ser nos casos em que a linha arrebentava no meio do caminho. Eventualmente, agentes do Desipe estavam de tocaia e recolhiam o dinheiro, a mercadoria ou o que viesse abaixo com a ruptura do teleférico. Numa dessas ocasiões, foi recolhido um bilhete de Dedé encomendando maconha.

Ele se identificara apenas por iniciais, mas o guarda já tinha sua lista de suspeitos e iniciou uma investigação entre os internos. Até que um deles confirmou serem as iniciais de Dedé. A intenção do delator talvez fosse provocar o confinamento do traficante na tranca e ganhar um crédito com o guarda. Mas sua punição pela delação chegou primeiro. João estava lendo na cela quando ouviu explodir uma gritaria e sentiu a trepidação característica de correria em bando. Foi até a porta e viu que, no final do outro corredor, oposto ao que ele se encontrava, o tumulto estava formado – os presos tinham feito uma espécie de roda de capoeira, comprimida nos cerca de 3 metros de largura da passagem. Parecia um ritual de linchamento, mas quando chegou lá João viu que estavam todos só olhando e gritando. No centro da roda, apenas Dedé e seu delator.

Além de parecer possuído pelo demônio, Dedé tinha na mão direita um pedaço de vergalhão com mais ou menos 1 metro, largo numa ponta (com acolchoamento para melhorar a pegada) e afiado na outra. O inimigo já sangrava, com um corte no braço e outro na barriga, mas ainda se defendia, e seu algoz parecia procurar a posição para o golpe fatal. Numa fração de segundo João viu que Dedé ia matar o sujeito e estragar sua própria vida de vez. Atravessou o cerco da plateia e conseguiu se aproximar do colega, por trás dele. Passando sua "espada" de uma mão para outra, num movimento meio gingado para preparar mais um ataque, Dedé investiu de novo contra o delator, agora possivelmente para acabar com ele, mas teve seu braço direito seguro por João. Este sabia que poderia levar uma estocada por puro reflexo, e por isso, ao mesmo tempo em que conteve o outro, já metralhou-o com as palavras certas:

– Você tá fazendo merda! Tua família teve aqui ontem, teu filho tem 1 ano, só faltam seis meses pra você sair daqui. Vai fazer isso com o teu filho?

Dedé pareceu congelar sua ira por um breve instante quando percebeu quem estava falando com ele. Vendo que eram boas as chances de evitar o assassinato, mas sabendo também que o traficante não ia desistir candidamente do acerto de contas, João sugeriu-lhe que largasse a arma:

– Faz na mão, porra! Faz na mão!

As palavras de João borbulharam por alguns segundos na cabeça de Dedé, e devem ter feito algum sentido. Dizendo apenas "então guarda aqui pra mim", ele entregou a arma e cresceu de novo para cima do delator, retomando a surra com uma sequência vertiginosa de socos e pontapés. A plateia, que queria mais sangue, foi ao delírio. Mas ficou sem cadáver.

Quando os guardas do Desipe chegaram, Dedé já tinha se cansado de bater, e o delator – ou o que sobrara dele – estava sozinho em cena. Mas os funcionários não demoraram a descobrir o autor do espancamento. Mal começaram a inquirir os internos sobre o que acontecera ali, o próprio agressor apresentou-se e assumiu a autoria.

– Fui eu. O cara me "caguetou".

João evitara que Dedé se complicasse seriamente na cadeia com um homicídio nas costas, mas a carreira da dupla terminava ali. Imediatamente confinado na tranca, era como se o jovem traficante, que até então apresentara ótimo comportamento nos quatro meses de internação, tivesse acordado as autoridades para o seu poder destrutivo. Uma semana depois, no dia programado para voltar ao convívio normal com os outros internos, Dedé foi surpreendido pela notícia: estava sendo transferido naquele momento para outro manicômio judiciário, no município de Niterói. No mínimo, estaria mais longe da sua quadrilha, que montava guarda bem ali, ao lado do Complexo Frei Caneca, no Centro do Rio.

Sem ele, a rotina no manicômio não seria mais a mesma. Mais tranquila para muitos, mais tediosa para alguns, como João Guilherme. Dedé era um desfalque irreparável nas sessões improvisadas de rock-samba-rap, nas invasões à cozinha da cantina, nos colóquios tumultuados, na febre de transformar tudo em aposta, dos resultados de Flamengo x Vasco ao destino dos personagens nas telenovelas. Também era um sério desfalque na atividade que melhor materializava a ponte diplomática entre presos e funcionários: o futebol. Uma das fontes de prestígio da dupla ali dentro era o fato de serem grandes animadores das peladas, provavelmente os momentos de maior sanidade geral naquele território. Os dois não apenas gostavam de jogar, como sabiam jogar – sendo que Dedé era um craque. E seu talento era um fator de mobilização, motivando os que jogavam no seu time e desafiando os que jogavam contra ele. Por ironia, foi transferido para Niterói dias antes do início do campeonato anual do manicômio, do qual seria talvez a maior estrela.

Mesmo sem Dedé, porém, a "Copa" do Hospital Heitor Carrilho reservava a João fortes emoções, incluindo provações físicas e morte súbita. Quase ao mesmo tempo, sua vida levaria um solavanco da Justiça.

14
Morrendo do próprio veneno

A hora da verdade chegara para João Guilherme, com a entrada de seu processo na reta final. Com base nas investigações da Polícia Federal, a Promotoria apresentara indícios de que ele era um grande empresário da droga. Se conseguisse convencer a Justiça disso, aconteceria o que Renato Tonini só admitia para os seus botões: seriam 30 anos de cadeia, ou algo não muito diferente disso. As últimas chances de evitar o desastre estavam concentradas nas alegações finais do advogado – a sua bala de prata.

Ao confessar que aquela quantidade formidável de cocaína era sua, e que pretendia vendê-la, João já entregara ao inimigo o artigo 12 do Código Penal: tráfico de entorpecentes, pena de 3 a 15 anos de reclusão. Com esta vantagem no placar, o Ministério Público Federal partiu para a goleada, concentrando sua acusação na tese de que se tratava de um bando articulado (artigo 14 – 3 a 10 anos de reclusão): "Todas as provas produzidas indicam irrefutáveis indícios de tratar-se de uma organizada quadrilha voltada para o tráfico internacional de entorpecentes, como se pode verificar com o exame do relatório da ordem de missão (...).” Se, além de quadrilha, ficasse provado que o contrabando era tipo exportação, a pena aumentaria em até dois terços do tempo (artigo 18).

O primeiro trunfo de Tonini eram os laudos atestando que João tinha dependência química da cocaína – conclusão a que chegou a perícia particular e, em seguida, também a oficial. Ambas sustentavam que ele era parcialmente incapaz de responder por seus atos, o que, se aceito, significaria um abatimento da pena. O problema é que, diante da desenvoltura do preso nos interrogatórios, a juíza Marilena Soares desconfiou que o teor dos laudos poderia ser ficção científica.

O exame de sanidade mental solicitado pela Justiça, portanto oficial, dizia: “O uso da substância é compulsivo e afeta sua determinação. Esta se encontra diminuída, porém não totalmente abolida, pois o relato que o periciado fez dos acontecimentos revela, sem margem de dúvida, um certo nível de planejamento (...). Portanto, era o periciado à época dos fatos parcialmente incapaz de determinar-se, em razão de sua dependência à cocaína.” A juíza não duvidava do vício dele, tinha inclusive se impressionado com seu depoimento, mas uma pulga lhe infernizava a orelha sobre aquela história de perda do controle sobre a própria vontade. Além disso, Laura, que segundo ambos consumia muito menos drogas que João, tivera constatada perda total da autodeterminação (e não parcial, como ele). Marilena Soares queria checar ao vivo a lógica e os critérios daquele perito, um psicólogo do Instituto do Manicômio Judiciário, e decidiu convocá-lo para explicar melhor suas conclusões.

Ao iniciar o interrogatório, a juíza mostrou logo, pela contundência do tratamento, que o perito não merecia sua confiança até prova em contrário. Ficava claro mais uma vez que sua fama de rigorosa e implacável não era folclore. Convocado para a audiência, João gelou ao avaliar a figura do perito José Renato Avzaradel. Pareceu-lhe um sujeito apagado, jeito de burocrata de penúltimo escalão, cuja apatia contrastava com o vigor de Marilena. Chegara o momento de ver o seu valioso laudo virar pó.

Debaixo da intensa pressão, porém, o psicólogo aguentou o tranco. Reagia às estocadas da juíza com tranquilidade e segurança nas respostas, dando a impressão de que sabia do que estava falando. Foi didático sobre a personalidade do réu, explicou os sinais da falsa lucidez proporcionada pela cocaína e justificou a diferença do seu diagnóstico para o de Laura: apesar do consumo muito maior de drogas, João apresentava mais coerência no raciocínio em geral e nas respostas que dera durante a perícia. Demonstrava também maior equilíbrio emocional, o que a própria juíza já pudera constatar na audiência anterior.

– Assino embaixo do meu parecer, Excelência, e assinarei de novo se for preciso.

O laudo estava salvo. Ou, pelo menos, não tinha sido enterrado antes do tempo.

Mas Tonini sabia que, num julgamento, o único argumento vitorioso é aquele que aparece na sentença. E a tese do viciado-que-não-sabe-bem-o-que-está-fazendo ia na contramão de um flagrante indecente. A qualquer momento podia ser atropelada pela acusação de que ali estava o articulador de um grande negócio, que não rasgava dinheiro e sabia bem o que fazia. O advogado captara o seu desafio: provar que a atividade criminosa de seu cliente não tinha estrutura empresarial. Um tráfico precário, improvisado, quase trapalhão.

O primeiro alvo da defesa foi a suposta valentia de Juan Navarro, o delator. Tonini usou um argumento singelo: partindo do princípio de que o espanhol tinha amor à pele, ele jamais denunciaria João se este fosse o cabeça de uma quadrilha organizada e perigosa. Pelo simples motivo de que, nesses casos, como se sabe, a represália é uma questão de tempo, e Navarro não escolheria condenar a si mesmo perante o tribunal assassino do tráfico. "O único interesse desse cidadão espanhol era reconhecer alguém que pudesse indicar como o fornecedor da droga com a qual foi surpreendido, pretendendo assim obter algum benefício legal pela delação", alegou o advogado. "Para tanto, apontou João Guilherme por saber que ele não teria qualquer condição de atentar contra sua incolumidade física, eis que João não fazia e não faz parte de alguma falange criminosa – ao contrário da maioria dos outros presos nas celas do Núcleo de Custódia da Polícia Federal."

Era um jogo de xadrez, no qual Renato Tonini adotara a tática do contraveneno: em vez de abafar os fatos apontados pela acusação, se concentraria exatamente neles, interpretando-os pelo lado avesso. Assim como fizera ao inverter o significado do depoimento de Navarro, o próximo lance seria usar uma foto feita pela própria polícia, momentos após a prisão em Copacabana, em defesa de João. A imagem mostrava os tais saquinhos de cocaína escondidos no sapato dele, para uso próprio. O advogado se espalhou. Era o flagrante de amadorismo e precariedade que ele pedira a Deus. Que grande empresário do tráfico andaria por aí com um papelote de pó enfiado num Top Sider caquético? Seu cliente era, isto sim, um viciado, fissurado, e só faltou dizer que João desmoralizava a classe dos grandes traficantes:

"O tráfico de entorpecente é considerado uma atividade séria para aqueles que têm essa atividade. Eles não utilizam a droga que vendem. João Guilherme, ao contrário, estava tão tomado pelo vício que sequer conseguia dele se desvencilhar, a ponto de andar com cocaína em seu sapato."

A pescaria na peça de acusação daria a Tonini outra pérola, um detalhe perdido nos relatos de espionagem, que lhe serviria sob medida para carnavalizar a imagem de João como traficante. Ele fez questão de reproduzir fielmente o texto dos investigadores:

"Por volta de uma da tarde, o alvo saiu do prédio onde reside e dirigiu-se a um dos orelhões ali próximos. Depois de alguns minutos, deslocou-se ao interior do Ceasa, onde fez um rápido lanche, retornando logo em seguida à rua onde mora. Dirigiu-se ao carro que usou em deslocamentos anteriores (Volkswagen, marca Voyage, cor preta, placa UN 5684), o qual, após várias tentativas, não deu partida." Ou seja, o empresário da droga tinha ficado a pé. E seu advogado não perdeu a viagem: "Qual traficante profissional de drogas, integrante de uma quadrilha permanentemente organizada, se utiliza de um veículo que lhe cause embaraços?", foi a pergunta certeira que dirigiu à juíza.

Como nas artes marciais, o criminalista estava usando a própria força dos golpes do inimigo para derrubá-lo. Desde o primeiro instante em que se debruçara sobre os documentos do processo para redigir as alegações finais Renato Tonini comentara com seu assistente Flávio Lerner, jovem advogado que lhe vinha sendo um parceiro fundamental na maratona daquele caso:

– Flávio, a nossa munição está toda na própria investigação policial. E a acusação não percebeu isso! Bom, então a gente vai mostrar...

Mas se a acusação tinha seus furos, a defesa também tinha. A versão de que os tais casacos longos, comprados em pleno verão, serviriam para levar drogas ao Rio Grande do Sul, e não à Europa, estava fraca. Tonini sabia que ela cairia a qualquer momento, até porque na Região Sul também fazia um calor enorme na época. E por mais que ele reprisasse o amadorismo do esquema de João, as evidências de que Laura e Jonas não se encontravam naquele apartamento por coincidência (como sustentara a defesa) eram claras. Dificilmente a juíza deixaria de concluir que os três estavam envolvidos na mesma operação de venda de cocaína. E era nesse ponto que a Promotoria jogava suas fichas para provar que havia formação de quadrilha.

Prevendo isto, Tonini simplesmente abandonou o álibi do encontro casual do trio, e foi buscar seu contragolpe na filosofia do Direito. Jogando o debate para o terreno conceitual, argumentou que a forma da denúncia não preenchia com exatidão a definição do crime de formação de quadrilha. Era a hora de espremer cada minúcia ou filigrana que a literatura pudesse dar.

Sabendo tratar-se de uma juíza culta e atenta ao espírito da lei, o advogado recorreu a um dos mestres do Direito Penal, professor Julio Fabbrini Mirabete, para alertar que o conceito de quadrilha era mais complexo do que parecia. E reproduziu sua interpretação da lei – que, para bom entendedor, poderia deixar a acusação de calças curtas: "O delito de quadrilha exige não só serem três ou mais os meliantes, como também apresentar-se a associação criminosa com características de estabilidade ou permanência, com o fim de cometer crimes. Uma organização entre seus membros que revele acordo sobre a duradoura atuação em comum", esclarecia o mestre Mirabete, para concluir, ainda citado por Tonini: "Não há que se confundir 'coparticipação', que é uma associação ocasional para cometer um ou mais crimes determinados, com 'associação' para delinquir, configuradora do delito de quadrilha ou bando."

Levantada a bola com estilo, o advogado entrou batendo firme – e sugerindo que, se a investigação pretendia mostrar a formação de quadrilha, o dever de casa tinha ficado pela metade: "Não há nos autos qualquer notícia da existência da sociedade mencionada na denúncia. Quais os fundamentos para essa acusação? Qual a participação de cada um deles no grupo? Onde, nos autos, ficou patenteado o prévio ajuste para o cometimento de delitos?"

Em lugar algum. O que estava patente nos autos, registrado e documentado, era uma série de encontros entre João e Laura, em datas e locais diversos. Formação de quadrilha? Até poderia ser. Mas com aquelas provas reunidas pela investigação, consideradas as ressalvas de Tonini, qualquer amizade entre duas senhoras que frequentassem a Confeitaria Colombo poderia configurar associação para o crime. O advogado ainda convocou testemunhas para atestar que Laura e Sofia, mulher de seu cliente, eram amigas há 15 anos, e que ele acabara de ser escolhido padrinho da filha recém-nascida de Laura. Tinham, portanto, bons motivos não criminosos para se frequentarem.

A tese de que João chefiava um bando articulado continha, porém, outros pontos contra os quais a doutrina do mestre Mirabete de nada valeria. Um deles era o aguardado depoimento de uma funcionária da loja Taco, que vendera os casacos a João e Jonas. Ouvida anteriormente pela polícia, ela dissera lembrar-se que os dois chegaram a mencionar uma viagem à Europa durante a compra.

Diante da juíza Marilena Soares, no entanto, a vendedora surpreendeu a todos. Declarou que sequer reconhecia os dois acusados, e muito menos lembrava-se de qualquer comentário que eles pudessem ter feito na sua frente sobre viagens, ou o que quer que fosse. A defesa agradeceu aos céus, compreendendo de imediato o que ocorrera: a moça decidira negar tudo com medo de represálias.

Mas ainda havia pelo menos duas outras pedras graúdas no caminho traçado por Tonini. Alex, o grande fornecedor de João (preso pouco antes dele), acabara de ser condenado por tráfico – e a polícia tinha documentado vários encontros entre os dois. A outra, mais que pedra, era dinamite: durante a campana, a Polícia Federal vira João e Sofia saindo de uma agência da financeira Western Union, na avenida Rio Branco, e conseguira apurar uma ordem de pagamento de 5 mil dólares da Espanha, em nome dela. De fato, entre as Operações Amsterdã, ele tinha feito algumas transações em Madri e no Estreito de Gibraltar. Avançando um pouco mais, os federais descobriram que o remetente era um cidadão espanhol já processado por tráfico de entorpecentes.

Sem sombra de dúvida, havia um cerco fechado em torno de João Guilherme. Mais do que nunca, o trabalho da defesa seria encontrar brechas e pontos fracos nesse cerco, se não para rompê-lo, ao menos para torná-lo menos asfixiante. O depoimento do agente federal que rastreara a conexão com a Espanha merecia, portanto, atenção total. Ele tinha a faca e o queijo na mão, levantara até a ficha do contraventor que remetera os dólares. Mas ali, diante da juíza, sempre poderia haver um deslize. E ele aconteceu.

Talvez na ânsia de não perder aquela pista que se escancarara à sua frente, os investigadores haviam saltado algumas etapas que agora lhes fariam falta. Na verdade, se viram sem condições sequer de relatar à juíza como boa parte das informações tinham sido obtidas, pois a incursão à agência da Western Union fora feita sem mandado judicial. Marilena Soares já transparecia certa irritação, inclusive com a falta de uma informação precisa sobre a data da remessa do dinheiro, quando quis checar os dados da própria operação de investigação:

– O senhor podia informar o nome dos funcionários da instituição financeira que forneceram tais informações?

– Não me recordo, Excelência – respondeu o agente.

Sem disfarçar sua irritação, Marilena virou-se para o promotor, postado a seu lado direito, e disparou, sem se preocupar em abafar suas palavras:

– Com uma denúncia dessas, o trabalho fica difícil.

Era uma dura crítica aos aspectos menos consistentes da investigação, que dificultavam a transformação de alguns dos bons indícios colhidos em provas definitivas. Ao final do depoimento do agente a juíza ainda se dirigiria diretamente a ele, diante de todos, repetindo a crítica em tom de repreensão.

Aquilo era ouro puro para Renato Tonini. Na primeira oportunidade, ele capitalizou o episódio, protestando contra a "absoluta ausência da observância dos preceitos legais e constitucionais na obtenção da inverídica informação bancária". Mas manteve as barbas de molho. Sabia que, naquele atrito ao vivo entre judiciário e polícia, poderia ter um pouco de rivalidade ou ciúme institucional. E tinha certeza de que a juíza, ao decidir a sós com seu travesseiro, não desprezaria aquela farta coleção de indícios contra João, nem mesmo os de pé-quebrado.

O advogado estava confiante na defesa que fizera, na estratégia de empurrar as acusações pela culatra, mas mantinha os pés no chão. Em 19 de maio de 1996, ao apresentar suas alegações finais, seu otimismo era suficiente para fazê-lo acreditar que João não pegaria a pena máxima. Do jeito que o processo transcorrera, qualquer coisa próxima de 30 anos de prisão seria um exagero. Mas a sentença ia doer de qualquer maneira. Se, com as atenuantes, seu cliente tivesse que ficar em torno de cinco anos na cadeia (como o próprio Tonini chegara a calcular), o desfecho seria dramático do mesmo jeito. A diferença é que para ele, profissional e secretamente, aquilo já seria uma vitória. A ser comemorada em silêncio.

A batalha na Justiça tinha se encerrado com as alegações finais, mas iniciava-se ali um período de tensa incerteza. O advogado sequer podia aplacar a ansiedade da família com qualquer estimativa de prazo. Podia-se esperar tudo da sentença, menos uma data previsível. A cada semana que passava sem qualquer sinal da Justiça João tinha a sensação de que haviam colocado seu futuro no freezer e esquecido de tirar. Era mais ou menos o que sentia Maria Luiza, às voltas com esses pensamentos que assaltam as mães nessas horas: teria a juíza esquecido do seu filho? Era impossível ser racional num momento daquele, e ali começavam para ela quase dois meses de aflição.

Depois do choque da prisão, e de saber da gravidade da situação em que o filho estava metido, até que conseguira algum grau de adaptação às circunstâncias – por mais estranhas que elas fossem. João já se encontrava preso havia sete meses, e havia três fora transferido para o manicômio. Mal ou bem, tinha dois dias na semana para vê-lo, e o encontro acontecia numa cantina espaçosa, equipada com um bom número de mesas e bancos longos – um lugar que adquiria até um clima familiar, nas duas horas em que era ocupado pelos visitantes. Além do tempo de prisão a que o filho seria condenado, sua angústia era quanto à perspectiva de que ele tivesse de ser transferido dali para um presídio. No fundo, seu temor era a perda de contato com João.

No próprio manicômio, isto chegara a acontecer duas vezes. Foram as duas ocasiões em que ele foi confinado na tranca, onde os internos são colocados incomunicáveis quando cometem alguma falta grave (e no momento em que chegam à instituição). Eram períodos de dez dias, e a ausência de notícias, sem saber o que poderia estar acontecendo ao filho na tal masmorra tirava Maria Luiza do sério. Quando reencontrou João depois de sua segunda temporada de confinamento, embora soubesse que ele jamais desejaria ser jogado naquele lugar, ela usou a sua autoridade ilimitada de mãe para "proibi-lo" de ser isolado novamente:

– João Guilherme, eu não quero mais ouvir falar em tranca.

Sem a tranca, até que ia dando para levar a rotina, embora ela jamais fosse acostumar-se com o aspecto fantasmagórico daquele Manicômio Judiciário. Encravado numa verdadeira cidade de cimento e ferro que era o complexo penitenciário Frei Caneca, o Hospital Heitor Carrilho parecia um monstro cinzento e sem vida. Chegava-se a ele por uma rua curta e estreita comprimida entre dois muros altos, e dali para a frente muro alto é o que não faltava. Na entrada, um imenso portão de ferro gradeado não a deixava esquecer que aquilo era uma prisão. Dali para dentro, atravessando um festival de superfícies descascadas e sem cor, misturadas aos olhares vazios e insanos dos internos, tudo era abandono e tristeza.

Logo na entrada, ela passaria a viver um ritual com o qual jamais se habituaria, embora lhe fosse de razoável utilidade. Invariavelmente, Maria Luiza lá chegava com pelo menos uma sacola pesada, às vezes duas, contendo comida e outras encomendas do filho. Um dia, numa de suas primeiras visitas, o lugar ainda lhe parecendo especialmente hostil, ela mal atravessara o portão de entrada, após identificar-se ao policial de guarda, quando levou um susto. Um homem negro e bem grande, olhos arregalados, dirigia-se apressadamente em sua direção. Ela chegou a achar que poderia ser alguma coincidência, mas logo o estranho estava parado na sua frente, olhando para ela, falando-lhe atropeladamente algo que ela não conseguia entender. O coração só começou a desacelerar quando compreendeu o que se passava: era um interno se oferecendo para carregar as sacolas para ela.

Maria Luiza topou, até porque a distância entre o portão e a cantina dava uma boa caminhada. Lá chegando, agradeceu a ajuda e deu uma gorjeta de 2 reais ao rapaz. Quando ele sorriu, deu até para ver que tinha um rosto simpático. E era bom ela ir se acostumando com aquele rosto. Na visita seguinte, a cena da entrada se repetiria, agora em movimentos bem mais abruptos. Reconhecendo-a de longe, o ajudante partira em sua direção em velocidade de 100 metros rasos, provavelmente para evitar que algum concorrente lhe tomasse a frente. Aquela cliente era "sua". Dali em diante, Maria Luiza chegaria ao manicômio tendo sempre que rezar para aquela locomotiva não perder o freio e passar por cima dela. Mas rezava também para que nenhuma outra lhe passasse a frente e se oferecesse antes para ajudar. Era o tipo de concorrência que ela pedia a Deus para não ter que arbitrar.

Mas um dia isso aconteceu. Ao cruzar o grande portão, abordou-a um candidato a ajudante desconhecido. Ela já olhava apreensivamente em volta à procura da velha locomotiva quando o tal rapaz entregou-lhe um pedaço de papel mais amassado que dobrado. Era um bilhete de seu carregador "titular", justificando a ausência:

"Aqui é o neguinho que busca a sua sacola no dia de visita (*ele tinha quase 2 metros de altura*). Eu estou na tranca. Queria saber se a senhora não pode me arrumar 1 ou 2 reais para eu comprar cigarro. Se for possível, envie pelo rapaz que está entregando o bilhete." Na montanha-russa em que Maria Luiza estava vivendo, só lhe faltava aquela. Mal acreditando no que lera, pescou mais 2 reais na bolsa e pagou o frete em dobro – incluindo o subsídio ao cigarro do autointitulado "neguinho". Personagem acidental de uma ópera surrealista, ela não tinha mais direito a estranhar nada. Se bobeasse, sairia daquele manicômio com dois filhos.

João sentia por sujeitar sua mãe àquele universo absurdo, mas quase se consolava ao observar a situação da mãe de Eduardo Lordão, seu colega de prisão. Seus três filhos eram fortemente viciados em drogas, e assim como Eduardo aplicava golpes não-violentos de estelionato, os outros dois tinham um bom repertório de perversões danosas a terceiros. Ainda assim, provando que amor de mãe não conhece obstáculos, ela tratava Eduardo como um menino, visitava-o religiosamente e fazia-lhe todas as vontades. Um dia, porém, ela faltou à visita, e só apareceu na seguinte. Levou uma bronca do filho, irritado porque naquele dia ninguém o visitara. Pacientemente, a mãe então explicou a ele que não pudera ir pois tivera que viajar à Bahia: um dos irmãos de Eduardo havia sido preso em Salvador, envolvido num assalto, e ela precisara pagar 50 mil reais para soltá-lo. Mas agora estava tudo bem, esclareceu.

O pai de Eduardo Lordão também visitava-o com razoável frequência, e sua figura impressionava João. Bem-apessoado, infalivelmente bem-vestido, simpático e sorridente, ele chegava ao manicômio sempre com uma saudação efusiva. "Eduardo! E aí, como vai?!", exclamava, meio formal, meio bonachão, como se estivesse comparecendo a uma festa escolar de fim de ano.

"Tudo ótimo, pai. Isso aqui tá uma delícia! Você nem imagina", respondia o filho irônico, no auge do mau humor. Na enésima repetição daquela cena absurda, João já ria sozinho.

Maria Luiza também tinha humor para aqueles absurdos todos. Quando abstraía a aflição e as incertezas, ria de si mesma, da situação e até do bilhete do neguinho, que acabaria bem guardado numa gaveta em casa. Ela nunca fora de chorar sobre o leite derramado, de sentar para lamentar os pinotes da vida. Acabara de vender o único bem que restara à família, o apartamento na Selva de Pedra, no Leblon, pelo equivalente a 50 mil dólares. Trinta mil seriam empatados nos custos da defesa de João, mas ela não emitia uma palavra de queixa sobre isso. Ao contrário: ainda bem que tinham um apartamento para vender. Mas bem que a doutora Marilena Soares poderia colaborar um pouco, descongelando o futuro de seu filho.

O MOMENTO TÃO esperado chegaria no dia 9 de julho de 1996. A sentença nº 81/96, expedida pela juíza da 13ª Vara Criminal Federal para o processo (nº 95.32967-0) contra João Guilherme Estrella chegara às mãos do advogado Renato Tonini. E ele levou um choque.

João fora condenado por tráfico de entorpecentes (artigo 12), mas também por tráfico internacional (artigo 18). Todos aqueles álibis para os casacos de neve e demais tentativas de dissimular referências à Europa tinham sido solenemente desprezados. As versões de que os três estavam juntos por acaso naquele apartamento vazio também haviam sido refutadas: "Os réus se associaram para o tráfico de drogas. Não seriam os mais eficientes, porque viciados, mas era a forma de sustentar uma dependência cada vez mais onerosa", escreveu a juíza na sentença. Enxergando as evidências por trás dos artifícios jurídicos e dos indícios mais ou menos precários, Marilena Soares considerara João culpado por tudo aquilo que ele realmente estava fazendo quando foi preso.

Mas, por outro lado, não o condenaria pelo que, na sua opinião, ele não era. E sua conclusão sobre a personalidade do réu, e sobre a tese de que comandava uma estrutura criminosa organizada, ficava clara num dos trechos mais eloquentes da sentença: "Fica difícil imaginar um punhado de pessoas com graves problemas de dependência a entorpecente, martirizados por dolorosos problemas pessoais, conseguirem no delito a estabilidade que jamais conseguiram em suas vidas." Em poucas palavras, a juíza demolira a ideia de João como grande empresário do tráfico. Gol de Tonini.

A argumentação contra a denúncia de associação para o crime fora tão bem assimilada por Marilena que ela fez questão de citar ninguém menos que o mestre Julio Mirabete, um dos sustentáculos da defesa – reproduzindo na própria sentença o mesmo trecho do autor que Tonini usara em suas alegações. Estava enterrada a acusação de formação de quadrilha, o temido artigo 14.

Por sua condenação segundo os artigos 12 e 18, João ainda poderia receber uma pena de até 25 anos de prisão. Mas a intuição do advogado, desde aquela primeira vez em que Marilena Soares ouvira o réu contando-lhe sua história, não tinha falhado: ela vira verdade em João, e acreditara que ele poderia valer a pena como pessoa. É o momento mais difícil no ofício de um juiz, quando o conjunto das provas não lhe dá qualquer certeza matemática e ele fica a sós com seu bom-senso. Marilena apostou em João, usou o laudo de dependência química como respaldo jurídico e aplicou-lhe a pena que o otimista mais delirante não preveria:

– Condeno-o à internação em Hospital de Custódia pelo prazo de dois anos.

João estava de volta à vida. Seu futuro, que na véspera não valia um tostão furado, acabara de ser ressuscitado. A sensibilidade de uma juíza, o talento de um advogado, algumas falhas dos adversários e uma série impecável de circunstâncias, tudo reunido no tempo e no espaço por uma dose descomunal de sorte, tinha sido o presente do destino para ele.

Como já se encontrava preso havia nove meses, faltava-lhe cumprir um ano e três meses. Estavam em julho de 96, ou seja, já dava para ir programando o verão de 97/98. Inacreditável! Teve vontade de reencontrar aquele policial que tripudiara dele no Fórum apenas para dizer-lhe que não, não ia dar tempo de mofar na cadeia. O sol estava esperando por ele logo ali adiante.

Saboreando seus prognósticos equivocados sobre a pena, Renato Tonini comemorava, aos 41 anos, uma vitória capaz de abrilhantar toda uma carreira. Aos 58 anos, Maria Luiza sentia como se recebesse de volta o filho roubado. Aos 35, João queria que seu pai estivesse ali para vê-lo nascendo de novo.

ALGUMAS SEMANAS depois da sentença João Guilherme caminhava no pátio do manicômio quando viu, próximo ao portão de entrada, uma movimentação diferente. Logo notou que se tratava de um grupo de pessoas de fora, e não eram visitas, pois naquele dia isto não era permitido. Quando se aproximou um pouco mais, identificou a pessoa que vinha no centro do grupo e não acreditou: ali estava, em carne e osso, ninguém menos que a juíza Marilena Soares Reis Franco – aquela que passaria a ser uma das pessoas mais importantes de sua vida, mas a quem imaginava que talvez nem encontrasse novamente.

Tratava-se de uma espécie de blitz. O objetivo era justamente checar se havia condições de um preso como ele, condenado à medida de segurança (internação para tratamento de dependência química), recuperar-se de fato naquele ambiente. João nunca tinha ouvido falar de um juiz federal que fosse pessoalmente averiguar em que condições seus condenados estariam cumprindo a pena.

Acompanhada do juiz Abel Gomes, da 4ª Vara, Marilena convocou João para uma entrevista. Era parte da inspeção, precisava checar se o preso apresentava mesmo sinais de evolução em direção à cura. Foi um grande encontro. A empatia entre juíza e condenado, que já se manifestara durante o julgamento, acentuou-se fortemente naquela sessão privada. Estabeleceu-se um tal clima de confiança que a conversa fluiu para além dos seus propósitos formais. A juíza acabou revelando-lhe seu projeto de criar, nos Manicômios Judiciários, alas especiais para viciados em drogas – para facilitar-lhes a recuperação e evitar que o próprio ambiente (e a companhia dos doentes crônicos) terminasse de comprometer sua sanidade.

E acabou confidenciando-lhe: ali mesmo, naquela vistoria, ela estava constatando que o Manicômio Judiciário do complexo Frei Caneca apresentava condições impróprias para a recuperação da saúde mental de alguém. No entanto, tinha que admitir que o estado dele, João, parecia contrariar toda a sua observação:

– João Guilherme, como é que você pode estar tão bem, com essa cara tão boa, num lugar como este? Se eu tivesse visto este lugar antes, não te mandava para cá, de jeito nenhum. Era melhor te mandar para uma cadeia aí qualquer.

Sem esperar por mais aquela, João engoliu em seco e apenas amansou a fera:

– Não, Excelência. Acho que a senhora fez a coisa certa...

15
Morte súbita, alegria do povo

Manicômio, doce manicômio. Aquele lugar podia ser horrível aos olhos da juíza Marilena Soares, e era mesmo, mas àquela altura pareceria um lar se João tivesse de trocá-lo por qualquer dos presídios da cidade. Ali, mal ou bem, ele tinha amizades, trabalho – que ocupava sua cabeça e acelerava o tempo – e a confiança de quem o mantinha preso. Além de tudo, até por sua localização em pleno Centro da cidade, o acesso era fácil para os amigos e a família, com quem vinha celebrando a maior (e mais inesperada) vitória de sua vida. Naquele lugar, tudo estaria bem se conseguisse não enlouquecer e escapar dos surtos homicidas de alguns colegas. Mas era daí que brotaria seu próximo pesadelo.

A patologia mais comum entre os pacientes daquele hospital penal era a esquizofrenia paranoide, uma modalidade de psicose. E entre os delitos que haviam causado as internações predominavam os assassinatos. Trabalhando no manicômio há mais de 20 anos, a psicóloga Elza Ibrahim sabia identificar de olhos fechados o início de um surto, quando os delírios persecutórios vinham à tona e geravam situações perigosas. Um paciente desses desandava a falar aceleradamente quando estava para surtar. Às vezes aproximava-se dela com um discurso agressivo e erótico, sinal inequívoco de que a explosão era iminente.

Mas houve o dia em que o aviso não veio. Ele estava vendo televisão de pé e um colega atravessou na frente da tela, passando na volta por trás dele. Foi o suficiente, no seu universo paranoico, para dar-lhe a certeza de que aquilo era um cerco para assassiná-lo. Partiu então para cima do outro, em "legítima defesa", derrubou-o e passou a pisoteá-lo ferozmente. Quando surgiu alguém para tentar detê-lo, o assassino imaginário já estava morto.

Esta era a tônica das crises neste tipo de distúrbio: atacar antes de ser atacado. E a força descomunal adquirida pelo doente nessas horas provinha do desespero pela sobrevivência (de alguém acuado pela situação-limite de matar ou morrer). Elza nunca fora alvo da violência dos doentes, andava sem guardas pelas galerias, geralmente acompanhada de algum paciente mais antigo. Na única vez em que esteve prestes a ser atacada, escapou a tempo. Fábio era um rapaz muito pequeno e magro, mas seu grau de violência em surto parecia sobre-humano. Ficava, por isso, boa parte do tempo isolado na ala feminina. Certa vez, sozinha com ele em sua sala, a psicóloga percebeu tarde demais, pelo olhar parado do paciente, que a crise ia explodir.

– Fábio, por que você está olhando pro meu pescoço? – tentou negociar Elza.

Mas a mente de Fábio já estava impenetrável ao diálogo. Ela só teve tempo de posicionar-se mais próximo do que ele da porta de saída. E pular fora no último instante.

O objetivo realista traçado pela psicóloga para seus pacientes no manicômio era que, no mínimo (e no máximo), reconhecessem que eram doentes. E que precisavam se tratar. Na maioria dos casos o objetivo não era alcançado, mas a sensação de vitória era embriagante quando assistia à tomada de consciência de um deles.

– Sei que preciso tomar esses remédios até morrer – disse-lhe certa vez, categoricamente, um paciente que tinha matado o pai (o delito mais frequente entre os internos). Podia não parecer, mas aquela frase singela representava uma conquista épica. Seu autor seria um dos que acabariam liberados para voltar à vida normal.

A chegada de João Guilherme, acompanhada em seguida pela detenção de alguns outros usuários de drogas, levou Elza Ibrahim a iniciar uma experiência pioneira no Heitor Carrilho. Pela primeira vez seria realizado ali um trabalho terapêutico para viciados. Tinha sido uma demanda deles próprios, que se sentiam desnorteados na convivência com a imensa maioria de esquizofrênicos. A psicóloga conseguiria implantar o novo tratamento de forma permanente, mas não abandonaria suas críticas ao pecado original daquela situação: psicóticos e usuários de drogas jamais deveriam ser tratados sob o mesmo teto. E não muito tempo depois seria exatamente este pecado original – a proximidade com criaturas em delírio que atacam para não serem atacadas – a causa do novo inferno de João.

Mas o manicômio também tinha seus momentos nobres, em que até deixava de ser um lugar estranho e triste. Um deles era quando havia um torneio de futebol. Com a aproximação do fim do ano, época em que a instituição promovia o campeonato anual, chegava a haver uma excitação bastante saudável no ar. Aquele universo estilhaçado da rua Frei Caneca, onde vidas apontavam para direções distintas (ou para lugar nenhum) e a coletividade mais parecia uma soma de solidões, de repente assumia cara e coração de comunidade. Por um momento, o milagre do futebol unificava as almas baratinadas sob um mesmo regime de regras, valores e objetivos. Dentro de campo, um lunático indócil como o Capetinha virava um gênio altamente produtivo, embora não deixasse de lançar seus olhares de fugitivo para o muro do estabelecimento, que ficava ao lado do campo. Do esquizofrênico ao viciado, do cozinheiro ao diretor, todos queriam disputar, todos queriam ganhar.

A começar por João. Desde criança, ele sempre detestou perder. Entrava com tudo até em cara ou coroa. A competitividade era um valor bastante estimulado em sua casa, a começar por seu pai. Quando era o próspero executivo do Banco Nacional, nos anos 70, João Estrella voltava do trabalho religiosamente com um saco de moedas, que os caixas do banco trocavam todos os dias para ele. Era um agrado para os filhos, que, como toda criança da época, cultivavam sua poupança própria em cofrinhos de metal. Mas nada de dividir irmãmente os centavos. A cada dia, apenas um dos três – João, André ou Alexandre – seria o dono da prenda. E a regra era clara: ganhava quem, à chegada do pai, gritasse primeiro a palavra "moedinha". Os irmãos aprenderam a distinguir ao longe o barulho do motor do carro do pai, e diariamente, ali pelas sete da noite, disputavam aquele torneio particular de esperteza e exclusividade – que só podia ser ganho no grito.

As apostas e pequenas disputas proliferavam na prisão, até como passatempo. Tudo era motivo de aposta. No manicômio, a coisa chegou a um ponto em que se disputava até quem acertaria o que ia acontecer no próximo capítulo da novela das oito. Como as tramas costumam ser razoavelmente previsíveis, João em geral jogava uma isca no ar, do tipo "Esse cara vai trair a mulher com a empregada...". Só esperava alguém soltar um "Vai nada", para rebater: "Quer apostar?" Apostavam um cigarro, uma salsicha, um pedaço de pão. Às vezes, comer ou fumar o produto conquistado não era tão prazeroso quanto saborear a armadilha montada e a vitória em si, por mais prosaica que ela fosse.

Tripudiar sobre os derrotados era sempre uma delícia, sobretudo se fossem flamenguistas atropelados pelo seu Vasco da Gama. Mas o que João preferia mesmo era apostar em si próprio. Principalmente se estivesse em jogo uma mistura de competência, guerra de nervos e sorte – ingredientes típicos das mesas de pôquer e, mais ainda, dos tabuleiros de gamão. Foi em torno do tradicional jogo de dados e corrida que ele se meteu numa das grandes confusões de sua temporada na cadeia da Polícia Federal.

No meio daqueles presos de várias nacionalidades (a maioria capturada por tráfico de drogas), não demoraria a aparecer um gamão na carceragem da Praça Mauá. O dono era um inglês enorme e arrogante, muito branco e muito gordo, que vivia desafiando os outros para uma partida de *backgammon* – jogo praticado desde a Roma Antiga, mas que teve no colonialismo inglês sua difusão definitiva. Simples e sofisticado, o gamão obedece a um pequeno conjunto de leis básicas, mas já inspirou livros e livros sobre desenvolvimento de estratégias. João era viciado no jogo, e um dia soube que o tal inglês, junto com um italiano, estava planejando um campeonato organizado, com taxa de inscrição, tabela e prêmio. Era como perguntar se macaco quer banana: pagou a taxa de 5 reais e passou a se concentrar para a primeira partida, que seria contra um japonês metido a samurai.

Como bom oriental, o sujeito dominava bem algumas artes marciais, que andara tentando ensinar aos soldados do Comando Vermelho (sem sucesso: todos os golpes ficavam com cara de ginga de capoeira). O japonês não estava preso por tráfico. Cidadão americano, era filho adotivo de um industrial na Califórnia, e tinha incendiado uma fábrica do pai, recém-falecido, para receber o seguro. No incêndio morreram quatro bombeiros, e ele foi indiciado como principal suspeito. Fugiu então para o Brasil, foi condenado à revelia e acabou preso pela PF. Estava aguardando o processo de extradição. Apesar de tudo, era uma personalidade imperturbável, no melhor estilo zen. Podiam acontecer as maiores barbaridades à sua volta que ele jamais se alterava. Ninguém conseguira vê-lo perder a calma uma vez sequer.

O jogo começou no alto da cama-beliche da cela do próprio japonês, e João logo viu que o homem jogava muito. Como ocorre nos torneios profissionais de gamão, cada confronto era vencido por quem ganhasse 11 partidas primeiro. Com inteligência e agilidade, o samurai em pouco tempo já ganhava de 8 a 2. Mas aí os dados passaram a conspirar a favor de João. Ele mesmo não acreditava: de repente, só lhe vinham os pontos exatos de que precisava. Para piorar, João tinha o hábito de "pedir" em voz alta os números que queria tirar, e à medida que os dados iam "obedecendo-o" insistentemente, o japonês começava, pela primeira vez, a sair do sério.

Até então a partida não tivera plateia. Mas no que os outros presos viram o samurai imperturbável xingando e chutando a grade da cela, começou a juntar gente para ver o que estava acontecendo. Os brasileiros não conheciam as regras do jogo, mas logo entenderam que João tinha chances de uma virada sensacional, e passaram a embarcar na vibração dele. Ver o japonês fora de si não tinha preço. Evidentemente, àquela altura, com aquela barulheira, ele já estava completamente desconcentrado – o que no gamão é fatal –, mas ainda assim o jogo continuava parelho. Nos lances finais, porém, João tirou uma sequência sobrenatural de quatro "dobras" (quando os dados saem iguais e os pontos são multiplicados por dois) e liquidou o adversário. Não acreditando no que via, o japonês agarrou o tabuleiro e atirou-o para o alto, fazendo-o bater contra o teto e espalhar as peças por toda a cela. O espetáculo de fúria levou a plateia ao delírio.

O adversário seguinte foi um italiano, preso por tráfico de cocaína. Mais uma vez, João tinha diante de si um jogador melhor do que ele, mas a sorte continuava despudoradamente ao seu lado. A diferença era que, como se tratava de um italiano, as explosões de fúria aconteceram desde as primeiras jogadas (e a plateia não achava tanta graça nelas). Agora com uma claque brasileira a seu favor, João investia nos artifícios psicológicos, vibrando ruidosamente a cada ponto favorável, totalmente à vontade naquele ambiente de competição ostensiva de que tanto gostava. Depois veio um português, baixo, franzino e já para lá dos 50 anos, mas quase violento nas reações aos dados encantados do adversário. Foi derrotado pelo próprio destempero.

A final do campeonato foi entre João Guilherme e um nigeriano, chamado Mamadouf. Dessa vez o adversário também tinha torcida. Além de animados, os outros presos africanos também sabiam jogar – portanto compunham uma torcida mais esclarecida que a do brasileiro. Mamadouf era uma figura peculiar. Alto, negro e muito forte, tinha sido preso no Aeroporto Internacional do Rio com várias cápsulas de cocaína no estômago. A prisão apareceu na TV e os traficantes cariocas na cela de João, loucos com a abstinência, festejaram a notícia.

– Opa! Esse vem pra cá! – calcularam, fissurados. Chegaram a bolar um plano para "sequestrá-lo" e fazê-lo vomitar aquela "preciosidade" em sua cela, mas a polícia foi mais rápida e resolveu o problema com laxante.

Apesar da aparência barra pesada, Mamadouf era um sujeito emotivo, às vezes sentimental, meio solitário. Quando se deprimia, avisava que ia se matar, que a vida não fazia mais sentido. Mas seu astral podia melhorar em questão de minutos, e aí se tornava uma simpatia, capaz de boas camaradagens. Contra ele, João jogou sua melhor partida, tomando as decisões certas com rapidez e, como sempre, levando algumas bafejadas da sorte. Ao contrário dos outros, Mamadouf não manifestava sua ira com impulsos agressivos: apenas chorava. Inconformado com o andamento do jogo, foi às lágrimas várias vezes, enquanto soluçava lamentos incompreensíveis, como se quisesse que o destino tivesse piedade dos seus dados. Mas não adiantou, e João, que era o azarão do torneio, sagrou-se campeão.

O prêmio não era nada mau: 60 reais (que na época valiam cerca de 60 dólares), a soma das taxas de inscrição dos 12 participantes. João agradeceu à sua torcida prometendo McDonald's para todos, e foi receber o dinheiro do gordão inglês, que era o fiel depositário do prêmio. Na hora H, porém, mostrou que de fiel não tinha nada.

– *Money? What money?* – respondeu, dizendo que apenas coletara a grana, deixando-a sob a guarda do italiano.

Este, por sua vez, jurou que jamais vira a cor do dinheiro, e acreditava que o tesoureiro era, desde o início, o português. Mas o patrício também não tinha nada a declarar, e João, como se estivesse entre escoteiros, avisou então que ia para sua cela e esperaria a entrega do prêmio lá.

Esperou sentado um dia inteiro, e como nada acontecesse, voltou à cela do inglês ao anoitecer. Ele estava lá, calmamente, jogando uma partida de gamão com o italiano, como se nada tivesse acontecido. Era uma figura irritante, e ligeiramente covarde, apesar do tamanho. Se não estivesse jogando gamão, o inglês estava jogando baralho ou comendo, sempre chapado. Certa vez, ficou claro até onde ia sua arrogância, num bate-boca inflamado com "Mancha Negra", um jovem delinquente que devia ter metade da sua massa corpórea. O apelido se devia a uma marca na pele causada por um irmão mais velho, que lhe jogara óleo fervendo no rosto. "Mancha Negra" chamou o gringo para a briga e ele desconversou, nitidamente amedrontado. A covardia fez a raiva do moleque crescer ainda mais, e João flagrou-o emendando pedaços de alumínio de "quentinhas" para enfiar na tomada. Ia jogar água sobre o inglês e aplicar-lhe um violento choque elétrico. Foi dissuadido a tempo.

João adentrou a cela do inglesão e dessa vez não falou nada. Meteu a mão nas peças do gamão, acabou com o jogo, fechou o tabuleiro, pôs debaixo do braço e se mandou. Com o inglês e o italiano furiosos nos seus calcanhares, entrou correndo em sua cela, gritando para os "colegas" do Comando Vermelho que tinha roubado o gamão dos gringos porque eles não queriam pagar-lhe o prêmio – e se não pagassem, não haveria o prometido lanche do McDonald's para todos. Os fuzileiros da favela abraçaram imediatamente a causa e fecharam o tempo sobre os caloteiros europeus. Em cinco minutos os 60 reais estavam na mão de João. Comemoraram com um festival de Big Macs – só para brasileiros.

AQUELA "COPA DO MUNDO" de gamão acontecera quase um ano antes, e desde então a adrenalina competitiva de João não tinha sido despertada de forma tão clara como acontecia agora, com a proximidade do campeonato de futebol do Heitor Carrilho. Envolveu-se como um menino nos preparativos da competição, sem imaginar que aquela brincadeira acabaria sacudindo-o com uma emoção de gente grande. Os times foram divididos da forma mais equilibrada possível, e João resolveu batizar sua equipe de Grêmio. Pegou um lençol seu azul-claro, encomendou algumas folhas de cartolina preta, recortou as letras com a ajuda de outros "jogadores" e pronto: o time já tinha sua bandeira.

A iniciativa instigou os concorrentes, e logo um deles também foi construindo seus símbolos e sua identidade, se autointitulando Barcelona. Rapidamente o campeonato já estava com cara de competição internacional, embora os dois outros times tenham ficado sem nome. O "capitão" do Barcelona era Eduardo Lordão, um dos internos mais próximos de João, também ligado em música, ainda que não tivesse, como Dedé, talento para a coisa. Era fanático pelo grupo irlandês U2, e passava 90% do seu tempo com um walkman no volume máximo, ouvindo, cantando e "tocando" junto com Bono Vox e sua banda.

Eduardo ainda não tinha 30 anos, era alto, boa-pinta, e talvez fosse o preso de origem social mais próxima da de João. Também era filho da classe média carioca, frequentara bons colégios, mas estava ali por motivos diferentes. Nunca tinha traficado drogas, seu crime era mais peculiar. Vestido impecavelmente, ele aplicara pequenos golpes de invasão pacífica de residências, iludindo empregados desavisados. Fazia-se passar por um parente da família, que estava ali para buscar uma encomenda qualquer. Quando o discurso colava, passeava tranquilamente pelos cômodos da casa recolhendo objetos de valor, no melhor estilo ladrão de casaca, e depois despedia-se cordialmente, deixando lembranças aos "primos". Assim como João, também era candidato, naquele final de 1996, ao benefício de passar fins de semana em liberdade.

Já estavam em dezembro e o pedido de João continuava sem resposta da Justiça. A ansiedade crescia junto com o calor, com a aproximação do Natal e com o acúmulo de mais de um ano de abstinência sexual. De seu "gabinete" na administração do manicômio ele fazia contatos esporádicos com Sofia, ainda vivendo um relacionamento que normalmente já estaria encerrado, mas que as circunstâncias mantinham como que congelado, vivo nas reticências. Várias outras mulheres passavam pela sua cabeça, entre ex-namoradas, conhecidas e imaginárias. Até que aquela situação de privação tinha o seu lado bom. Passara os últimos dez anos (ou seriam 15?) entre namoros, casamentos e casos, quase sempre entrelaçado com alguém, fora as demandas frenéticas da vida social, amigos etc. Só na prisão foi notar que mal olhava para dentro de si, que nunca parava para refletir, para pôr a vida em perspectiva – o pensamento vinha sempre na garupa da ação.

O afastamento do álcool e das drogas tinha sido um capítulo decisivo nessa depuração de consciência. Dentro do manicômio teria cocaína ou maconha quando bem entendesse. Oferta não faltava. A própria Elza Ibrahim sabia disso. Para a psicóloga, aquele era um mal comum às instituições totais (dos presídios aos conventos), mas ela acreditava que a abertura do hospital para a internação de viciados podia estar levando ao aumento da entrada de drogas – e à extensão do problema aos pacientes psiquiátricos. Ao fundar o grupo terapêutico para dependentes químicos, contra-atacava pelo lado que estava ao seu alcance: se a oferta de entorpecentes ali dentro não encontrava obstáculo, ela procurava reduzir a demanda. A arma da dissuasão era a única possível para lidar com viciados que, em pleno tratamento, cheiravam e fumavam na hora que quisessem.

João não queria. A prisão acabara sendo um passaporte para aquele estado mental mais *clean*, que não experimentava há tanto tempo e que o fazia enxergar-se melhor. Fisicamente também se sentia outro. Estava uns 20 quilos mais leve – chegara a pesar 95kg, um exagero para o seu 1,73 metro – e, para ajudar a manter a cabeça boa, vinha cumprindo uma rotina de exercícios físicos como nunca fizera na vida.

O espaço ao ar livre no manicômio era bem generoso, e quando a galeria era destrancada dava para fazer razoáveis caminhadas, às vezes até um *cooper*, emendando em flexões e abdominais ao sol. No final, ensopado de suor, o ideal seria um banho de cachoeira. João conseguiu quase isso. Descobriu num canto do terreno o local de onde vazava com força o ladrão da caixa-d'água, e obteve permissão para usá-lo como ducha. Uma senhora ducha. Todo esse polimento de corpo e espírito dava a ele a certeza de que, quando reencontrasse a liberdade, seria como um renascimento – amaria sua família como nunca, pisaria a areia da praia com a sensibilidade de um bebê, sentiria uma mulher como se fosse a primeira vez. Mas algo lhe dizia que esse reatamento com o mundo não podia demorar demais. Sabia que a frustração e a revolta por passar mais um Natal preso poderiam começar a minar aquele equilíbrio vital que vinha conseguindo, como vira acontecer com tantos outros presos. Precisava de liberdade logo, nem que fosse apenas um gole dela.

Se ficasse 24 horas por dia pensando na sua alforria de fim de semana que nunca chegava, enlouqueceria. Tentava ocupar a cabeça com outros projetos, como a gravação de um disco, aproveitando as composições que vinham brotando ultimamente. Sua criatividade parecia favorecida pelo estado mental mais concentrado e interiorizado que adquirira na prisão. E naquele momento, um outro projeto, mais prosaico, de curtíssimo prazo, absorveria boa parte de sua ansiedade e energia represada: levar o Grêmio a ser campeão. João estava provavelmente em seu melhor preparo físico dos últimos dez anos, quase no ponto da época de goleador nas peladas da rua Pacheco Leão, quando fazia o estilo atacante arisco, finalizando bem com as duas pernas. Até uns 20 anos de idade, aquele futebol no Jardim Botânico era um ritual quase diário, ali pelas quatro da tarde. A pelada só não rolava todo dia porque os participantes tinham um compromisso prioritário nos dias de sol firme: ir à praia. Mas se houvesse alguma nebulosidade no céu, ou até mesmo um temporal, era certo encontrar no velho campo de terra batida João e seus amigos – a turma que misturava egressos do colégio Souza Leão, da Sociedade Hípica Brasileira, da praia em frente ao Country Club, em Ipanema, e da primeira geração de praticantes de voo livre na Pedra Bonita, em São Conrado.

Numa noite qualquer de domingo, esse passado invadiu a cela de João no manicômio. Em suas camas todos assistiam ao *Fantástico* na TV, que exibia o quadro de humor "A vida ao vivo", com os atores Luiz Fernando Guimarães e Pedro Cardoso. Pedro fora colega de João no Souza Leão, e fizera parte daquela turma que batia ponto nas peladas da Pacheco Leão. O quadro parecia feito sob encomenda para a audiência do manicômio: tratava-se de uma situação nonsense em que os participantes de uma partida de futebol, absorvidos pelo clima de disputa, iniciavam o jogo freneticamente, mas sem a bola. O locutor também não notava esse detalhe e narrava de forma inflamada a evolução dos jogadores em campo: "Lá vai Pedro, passa por Vavado, tem a seu lado Bruno Fernandes, João Guilherme se apresenta..."

– Sou eu! – gritou João, levantando-se da cama e apontando para a TV. – Esse João Guilherme aí sou eu! – disse para os colegas de cela, reconhecendo emocionado a citação feita pelo amigo Pedro Cardoso.

– Ah, é? E eu sou o Cid Moreira – respondeu um dos internos, bocejando.

João ainda argumentou que os nomes daquela pelada maluca eram reais, que Vavado se chamava Luiz Osvaldo e era o craque do pedaço, que Bruno Fernandes era filho do jornalista Hélio Fernandes, mas logo caiu em si de que ninguém ali deveria saber quem era o dono da *Tribuna da Imprensa*. Tudo bem, não importava. Ser escalado para aquela pelada sem bola do *Fantástico* tinha sido uma das surpresas mais estimulantes dos últimos tempos.

Até a mais fajuta das peladas tem sua guerrilha psicológica, e João lembrava bem o quanto funcionavam os apelidos incômodos e outras provocações para minar os nervos do adversário. Por isso, no campeonato do manicômio, além da bandeira gremista e de algumas recomendações táticas aos jogadores do seu time, decidira montar uma torcida organizada. Mais do que incentivar o Grêmio, sua função primordial seria azucrinar a paciência dos adversários. Convidou um dos internos mais irrequietos e implicantes para ser o chefe da torcida. Era um negro alto, barulhento, que nas raras situações em que ficava parado era sacudido por uns três tiques nervosos diferentes. Ele foi incumbido de passar os jogos "lembrando" aos jogadores adversários de suas características pessoais menos abonadoras, trombeteando seus pontos fracos, além de puxar coros desmoralizantes a cada jogada errada. Os outros times acabaram ganhando torcida também, e o clima foi esquentando em torno do campo soçaite, que apesar de ter, em vários pontos, mais terra do que grama, era bem nivelado, demarcado e equipado com redes nas duas traves.

Quando começou o primeiro jogo, João constatou que a programação tática do time iria por água abaixo no primeiro minuto. No que a bola rolou, seu zagueiro central se mandou para o ataque e não voltou mais. Parte do time só queria estar onde a bola estivesse, e outra parte só se colocava onde a bola não estava. Se esgoelar com eles ali era o mesmo que tentar organizar recreio de escola primária. A sorte é que o time adversário também apresentava a mesma aplicação tática, isto é, nenhuma. Mas quando se está no Brasil, numa várzea baldia, numa colônia penal ou em qualquer canto, uma partida de futebol, por mais avacalhada que seja, é uma partida de futebol. Portanto, apesar dos lances cômicos em que a bola era esquecida, como no esquete de Pedro Cardoso, aconteceram belas jogadas, vários gols, e o Grêmio saiu vitorioso.

Num campeonato curto, montado no formato mata-mata eliminatório, logo chegou o dia da grande final: Grêmio x Barcelona. O time de Eduardo Lordão não tinha uma torcida tão "participativa", mas a claque gremista também estava um pouco menos abusada. Um jogador adversário, enlouquecido com os insultos, trocara sopapos com o chefe da torcida organizada, provocando a intervenção da guarda na arquibancada. Naquele dia 18 de dezembro de 96, a uma semana do Natal, João Guilherme já tinha arquivado suas esperanças de conseguir seus dois dias de liberdade durante as festas de fim de ano. Tudo bem, continuaria tentando, quem sabe no carnaval. Na prática, aquele dia 18, uma quarta-feira, já seria um pouco o seu Natal/Réveillon. Era dia de visita, ele receberia a família e os amigos mais chegados, e havia um grande clima de festa no manicômio em torno da decisão do campeonato de futebol. Desta vez o "estádio" estava lotado. Praticamente toda a guarda, o corpo médico, todos os presos e a direção se comprimiam ao redor do campo (em bancos, em pé ou no chão mesmo) para ver a partida final entre Grêmio e Barcelona.

O jogo estava marcado para as duas e meia da tarde, mas na hora H alguns jogadores se recusaram a entrar em campo. Os organizadores tinham escalado um guarda para apitar a partida, revoltando parte dos presos.

– Juiz "Desipe" não dá. Juiz tem que ser honesto! – protestavam os mais exaltados, aproveitando para manifestar toda a sua desconfiança e má vontade para com os agentes penitenciários.

Depois de algumas gestões diplomáticas por parte de funcionários e de alguns presos mais moderados, os rebeldes foram convencidos de que o juiz, mesmo sendo "um Desipe", não teria motivos para favorecer um dos times. Ainda contrariados, eles acabaram topando entrar em campo, sob aplausos da plateia, e o jogo enfim começou. Logo se viu que o maior obstáculo não seria o juiz, tampouco o time adversário, mas o sol de rachar crânio que castigava democraticamente a todos. A partida estava equilibrada, com Eduardo, de um lado, e João, do outro, tentando – em vão – organizar a impulsividade caótica de seus times. Ao término do primeiro tempo até a bola parecia mais interessada num pedaço de sombra do que em tirar aquele placar do 0 a 0.

Mas no primeiro lance do segundo tempo as coisas começaram a mudar. Um atacante do Barcelona chutou de longe, fraco, como fizera várias vezes no primeiro tempo sem perigo nenhum. O problema é que dessa vez o goleiro do Grêmio estava ocupado com alguma coisa que acontecia fora do campo (ou talvez fora do planeta Terra), e não vira a bola chegando. O time inteiro berrou e ele acordou de seu transe a tempo de ver a bola entrando preguiçosamente no seu gol. Barcelona 1 x 0.

Revoltados, os jogadores do Grêmio enxotaram seu goleiro e colocaram na posição um preso cujo nível de concentração era ligeiramente mais compatível com a função. Logo em seguida, porém, um adversário escapou livre e ficou cara a cara com ele, deixando-lhe poucas chances de defesa. Não ia dar tempo nem de se distrair. Sabendo que mais um gol, àquela altura, praticamente liquidaria a partida e o campeonato, o zagueiro que vinha por trás do atacante do Barcelona fez o serviço sujo: aplicou-lhe uma pernada desclassificante, daquelas que o transeunte por trás do muro do manicômio deve ter ouvido estalar. O agressor foi expulso no ato (ninguém sequer questionou o juiz Desipe por isso) e o Grêmio ficou com menos um, a poucos minutos do fim. Mas o segundo gol foi evitado.

A partida parecia decidida, e Eduardo Lordão já tripudiava sobre João a cada vez que se cruzavam em campo quando a bola sobrou para um dos piores jogadores do time gremista na área adversária. Por ser tão ruim, não havia zagueiros por perto para marcá-lo. Aliás, ele passara boa parte do jogo parado ali mesmo, esquecido, puxando conversa com o goleiro, completamente alheio à partida. Praticamente ao lado da trave, o mais provável era que seu cérebro jamais enviasse para sua perna a ordem do chute – e mesmo se houvesse esta fatalidade o chute teria direção e intensidade incompatíveis com o objetivo do gol. Mas deu tudo errado e aquele inacreditável personagem empatou a partida.

Eufórico, o time inteiro festejou o outrora desprezível companheiro, a plateia vibrou com a surpreendente reação do Grêmio e o jogo terminou. E agora? O que fazer para desempatar? Não havia regra prevista para esse desfecho, e ninguém aguentava dar mais um passo em campo. Mas a competitividade à flor da pele impedia qualquer solução conciliatória. Dois campeões, nem pensar. O juiz Desipe reuniu no centro do campo os capitães informais João e Eduardo, os dois times fizeram um bolo em volta e surgiu a ideia inevitável de uma disputa de pênaltis. João olhou para o seu goleiro reserva, só um pouco menos distraído que o titular substituído, e constatou que por aquela fórmula de desempate estariam fritos. Sob o pretexto de dar mais emoção à disputa, propôs então o que era uma novidade na época: prorrogação com "morte súbita". Reiniciariam o jogo e o primeiro gol que saísse encerraria a partida, decretando o campeão. Embora, naquele contexto, a expressão "morte súbita" tenha deixado alguns olhos arregalados, a ideia vingou e partiram para mais 20 minutos decisivos.

Um dos mais animados a essa altura era o Capetinha, flamenguista da turma de Dedé, que estava no Barcelona. O ex-namorado do travesti Michelle parecia estar com mais fôlego que os outros e realmente jogava muito bem. Mas aquela fórmula do gol salvador parecia ter-lhe subido à cabeça, e ele não passava mais a bola para ninguém. Queria a glória só para ele. Conseguia até driblar dois ou três, mas o time inteiro não dava. Na verdade, todos em campo pareciam obcecados pela chance de provocar, solitariamente, a morte súbita do inimigo (uma metáfora jamais foi tão sugestiva). Aquela proliferação de candidatos a algoz matou, antes de mais nada, a solidariedade em campo. Virou cada um por si e o sol contra todos – o que reduzia a cada minuto as chances de a bola chegar a um dos gols. E por falar em morte, João estava completamente moribundo em campo. Já não ultrapassava um raio de uns 10 metros ali pelo meio-campo, e tinha que ouvir, além das provocações de Eduardo, os conselhos vindos da plateia:

– Porra, Estrella, vai logo pro chuveiro! Tá enganando quem?

Ele realmente não tinha mais combustível para sair brigando pela bola. Mas se ela se oferecesse a ele, aí seria outra história. E faltando cinco minutos para terminar o jogo um rebote espirrado da sua defesa veio parar limpo no seu pé, ali mesmo naquela faixa intermediária em que ele se encontrava plantado, já criando raízes. E como o Barcelona estava no ataque, João só tinha pela frente dois adversários, além do goleiro. Reuniu as últimas energias e incorporou o espírito daquele velocista dos tempos da Pacheco Leão. Lordão, que estava na defesa dando uma de líbero, veio confiante dar o primeiro combate. Afinal, o rival estava morto fazia tempo. Mas não deu em bola e ficou para trás. O campo se abriu à frente de João, que acelerou ainda mais. Veio o outro defensor do Barcelona, já na entrada da área, e ele tentou um drible largo, sabendo que o zagueiro tentaria agarrá-lo (até porque ali era tudo ou nada). Deu certo, e de repente era ele e o goleiro, enfim sós, já ouvindo o barulho rouco e crescente da pequena multidão que pressentia o gol. O goleiro avançou sobre ele para reduzir seu ângulo de chute, como fizera com sucesso uma vez no início do jogo (num lance em que os dois acabaram trombando e João contundiu o dedão do pé). Aquele sujeito enorme foi crescendo de novo à sua frente, abafando rapidamente o seu espaço, e num relance o atacante do Grêmio vislumbrou um dos últimos ângulos que lhe restavam: a brecha de meio metro entre as duas pernas abertas do guardião. O tiro saiu cirúrgico, passando pelo único lugar por onde poderia passar. Gol de João, Grêmio campeão.

O artilheiro e sua torcida saíram correndo eufóricos, um em direção ao outro, formando aquele sanduíche de abraços que caracteriza as apoteoses futebolísticas. Profundamente emocionado, João sentiu-se também quase asfixiado no meio daquela turma que, somando suas dívidas, devia dar mais de ano sem banho. Nunca tinham estado fisicamente tão próximos, e talvez nunca tivessem estado tão felizes juntos. A festa da "delegação" do Grêmio foi contagiando a todos no Manicômio Judiciário, desembocando numa confraternização generalizada entre presos e funcionários. Até o time do Barcelona acabou aderindo à celebração, embora Eduardo não se perdoasse por não ter detido João na jogada do gol – e repetisse a toda hora ao amigo, candidamente, que deveria ter entrado naquele lance para parti-lo ao meio.

Mal terminara a solenidade de entrega do troféu aos campeões – uma taça bastante imponente comprada pelo diretor – as visitas dos internos começaram a chegar. A festa foi crescendo e ganhando um emocionante clima natalino. João se sentia maravilhosamente bem, mas estava prestes a passar por um teste cardíaco. Por cima de toda aquela euforia, deu de cara com a figura de Laura, a amiga que tinha sido presa junto com ele. Assim como Jonas, ela fora absolvida pela juíza Marilena Soares no processo por tráfico. Mas ambos, declarados viciados e incapazes de responder por seus atos, cumpriam um ano e meio de tratamento no Manicômio Judiciário, conforme determinava a sentença. Correndo esbaforida em direção ao amigo artilheiro, ela gritava sem parar:

– Você conseguiu! Você conseguiu!

Mas não se referia ao gol que dera o campeonato ao Grêmio. Laura tinha cruzado com o advogado Renato Tonini na entrada do Heitor Carrilho, e trazia a notícia bombástica: a Justiça acabara de enviar um ofício autorizando João Guilherme a passar o Natal em liberdade.

16
Fui ao paraíso e já volto

O juiz Abel Fernandes Gomes, da 4ª Vara Federal – na época, por mais um capricho do destino, encarregado do caso da falência do Banco Nacional –, concedeu autorização para que João Guilherme passasse dois períodos de 48 horas em liberdade. Sairia na terça-feira dia 24, véspera de Natal, às oito e meia da manhã, e devia se reapresentar dia 26, quinta, pontualmente no mesmo horário da saída. O esquema se repetiria no Réveillon. Ainda tentando assimilar aquela dose cavalar de felicidade, ele foi tomado por uma confusão emocional que misturava pelo menos três estados diferentes: 1) A sensação de que, afinal de contas, o mundo era justo; 2) Um certo pudor de assumir sua euforia, talvez pelos colegas que não teriam o seu privilégio; 3) O nascimento de uma ansiedade violenta, que transformaria os cinco próximos dias em cinco séculos.

Na manhã seguinte àquela quarta-feira mágica, em que tudo deu certo para ele ao mesmo tempo, como só se vê em capítulo final de novela, João acordou radiante. Mas na hora do almoço o ambiente à sua volta já tinha azedado boa parte daquela alegria. Ele havia sido o herói do campeonato, a confraternização natalina fora emocionante, mas tudo isso parecia um sonho diante da frieza com que muitos passaram a tratá-lo. Não foi muito difícil matar a charada: havia no ar uma desconfiança de que ele tinha comprado a sua liberdade. Aquilo era pior do que água no chope. Só naquele momento João percebeu o quanto lhe importava o que o mundo intramuros achava dele. Aquele passara a ser, em grande medida, o seu mundo, a sua referência social. Não gostaria de sair para desfrutar o benefício que custara tanto a conseguir sendo visto no manicômio como um privilegiado, um corruptor ou, pior, um traidor.

Lembrou do episódio de um interno que estava lá havia muito tempo, parecia bastante adaptado, mas vivia com a ideia fixa de fugir e se mandar para a Bahia, para encontrar a família. Um dia, conseguiu. Algumas semanas depois, porém, estava de volta, por livre e espontânea vontade. Não se sentira acolhido na Bahia, o manicômio provavelmente passara a ser sua verdadeira família. Chegou a pé, faminto, só com a roupa do corpo, mas foi impedido de entrar.

– Vai pra uma delegacia, se entrega lá. Aqui tem que chegar de viatura, não pode entrar assim a pé não – despachou friamente o sentinela.

Tratava-se de um sujeito psicologicamente frágil, perturbado, e era claro que aquele nível de dependência não aconteceria com alguém como João – pelo menos enquanto se mantivesse são. Mas também já não dava para ficar indiferente a um clima de rejeição ou hostilidade por parte de sua "família" de cárcere (até porque ainda teria que conviver muito com ela).

Pouco a pouco, porém, aquele sentimento opressor foi se desfazendo. Em parte, porque vários internos foram se convencendo de que a sua saída devia-se realmente a uma concessão da Justiça (alguns agora até vinham dar-lhe os parabéns); e em parte porque João começara a refazer suas conexões com o mundo externo – afinal, ia encontrar-se com ele em cinco dias.

Os telefones do seu "gabinete" no setor administrativo nunca trabalharam tanto. Precisava montar uma agenda milimétrica para o Natal e o Réveillon, não podia desperdiçar nenhuma das horas contadas que teria em liberdade. Ligou para os amigos com quem mantivera contato e para os que haviam sumido, falou com a família inteira, comentou com algumas amigas e simpatizantes que estaria livre (no sentido mais nobre do termo) e, quem sabe, poderiam se rever. A cada dia a ansiedade aumentava o número de telefonemas, e o número de telefonemas aumentava a ansiedade. Praia, bar, cinema, show, comida, cama – o bom da vida tinha que caber inteirinho em dois fins de semana. Na antevéspera do Natal tinha montado uma agenda de um mês para cumprir em quatro dias. Provavelmente, teria que estar em alguns lugares ao mesmo tempo, mas isso definitivamente não o preocupava.

A saída estava autorizada para as oito e meia da manhã do dia 24. João planejou dormir cedo na véspera, mas o teto não parava de olhar para ele. Impossível dormir. Já era alta madrugada quando o sono o venceu, mas foi só um desmaio. Seu despertador mental tocou às cinco e meia, três horas antes do horário. E a cela toda não teve remédio senão despertar também, com aquela barulheira de chuveiro ligado, cantoria e agradecimentos aos céus ("Obrigado, Senhor!", bradava repetidamente, como se quisesse também arrancar Deus da cama). Depois rezou para que, além de Deus e dos homens, sua mãe também não perdesse a hora.

Nenhum interno botava o pé na rua sem autorização expressa de alguém da família, e Maria Luiza era a eleita para assinar a carta de alforria. Ela foi pontual, e o ato que era para ser trivial acabou tornando-se comovente. Ao ver sua mãe assinando o documento da sua liberdade, João foi tomado por uma sensação de enorme gratidão para com ela. Como se recuasse à primeira infância, sentiu na mãe sua terra firme, seu ponto de partida para o mundo. Naquele instante, teve por ela um afeto primitivo, como o da criança que ainda não pensa, e abraçou-a, como se dissesse: "Obrigado por me parir de novo."

Se o juiz Abel lhe concedeu a liberdade, São Pedro concedeu-lhe a vingança. À medida que deixava o manicômio para trás, seu campo visual ia se alargando e o azul do céu não acabava mais. Aquela véspera de Natal nascera meteorologicamente perfeita, uma cópia exata do dia em que João foi preso. E se quando caiu nas mãos da polícia estava a caminho de um mergulho no mar, cumpria agora, antes de mais nada, pagar aquela dívida consigo mesmo, sem escalas. A única parada seria para deixar sua mãe em casa, em Botafogo, e apanhar o irmão André.

Depois de tanto tempo confinado, esquecera como era longo o Túnel Rebouças. E quando o carro mergulhou de novo na explosão de luz da manhã ensolarada, João foi colhido por um choque estético, quase místico: a visão larga da Lagoa Rodrigo de Freitas, rasgando a paisagem urbana e criando um horizonte quase impossível na selva de prédios. Encaixada no anfiteatro natural dos morros que emendam no Corcovado e na Floresta da Tijuca, seu espelho-d'água estático como vidro multiplicava os azuis. Ali estava a Lagoa, como sempre estivera, mas João agora percebia que nunca a enxergara antes – pelo menos não em toda a sua exuberância. Aquela visão era praticamente a confirmação da existência de Deus. Na dúvida, pôs a cabeça para fora da janela do carro e disparou mais um agradecimento aos céus: "Obrigado, Senhor!"

Da poltrona do copiloto do carro de seu velho amigo Otávio Graça Couto o mundo se revelava a João a cada esquina. Poderia reescrever a Carta de Pero Vaz de Caminha se quisesse. Talvez com um capítulo inteiro dedicado aos cheiros daquela terra abençoada: depois dos odores da cadeia, o ar parecia ter a pureza da primeira brisa brasileira sentida pela esquadra de Cabral. Aquela festa dos sentidos chegou a lembrar-lhe suas primeiras experiências com LSD, como no dia em que passou vários minutos vidrado na exuberância de um cacho de banana. Mas agora – e depois de muitos anos – não tinha ácido, muito menos cocaína, nem mesmo álcool. Tratava-se apenas de seus próprios sensores, aguçados pelas adversidades e prontos para captar os estímulos mais sutis. Nas 48 horas seguintes, tudo teria gosto de virgindade – do mergulho no mar ao reencontro com o sexo.

A linha direta prisão-praia foi cumprida, sem qualquer concessão a paredes, tetos, muros ou grades. João Guilherme foi para o lugar que lhe parecia o mais diferente possível da cadeia – as areias intermináveis da Barra da Tijuca, trecho do litoral carioca onde a costa é mais reta, extensa e livre. Não há outro ponto na cidade com tanto céu e mar. A chegada o arremessou de novo às mais primitivas sensações da infância. Desceu do carro e, ao pisar no areal sem fim, desembestou a correr como um moleque que se desvencilha da mãe e se lança na direção do seu próprio nariz. O nariz de João apontava para um mar plácido, daqueles de dar mau humor em surfista, com ondulação insuficiente para derrubar um bebê. A coloração translúcida e a temperatura amena da água completavam o cenário de paraíso caribenho. Com a sofreguidão de um bólido, o interno do Manicômio Frei Caneca atirou seu corpo sobre aquela imensidão azul. E prolongou o primeiro mergulho até onde sua respiração permitiu, reemergindo com a alma enxaguada. Obrigado, Senhor.

Depois de estatelar-se na areia com a sem-cerimônia de um farofeiro, curtindo o calor dos grãos grudados ao corpo molhado, no melhor estilo bife à milanesa, sentiu vontade de tomar uma cerveja. Comprou uma latinha, e quando chegou à metade dela já estava bêbado. A longa abstinência apresentava sua conta. Com mais dois mergulhos, porém, já estava sóbrio de novo – e as latinhas seguintes já não o abalariam. Era a rápida readaptação aos costumes da liberdade. Mas o exercício da fruição o levaria, um pouco mais adiante, a esbarrar num leve amargor, um certo gostinho de uísque falsificado, como se saboreasse uma liberdade que não lhe pertencia. Era o seu relógio interno lembrando-o de que, ao fim de 48 horas, a carruagem viraria abóbora.

O dia em que teria liberdade mesmo, sem contagem regressiva, ainda estava distante. Readaptar-se à cerveja tinha sido fácil, coisa de meia hora. Mas como seria readaptar-se ao cárcere? Por um momento, bateu a velha claustrofobia, dessa vez por antecipação. Enquanto esteve preso, pensara em fuga várias vezes. Inevitável. Mas acabara apostando, sempre, no combate à luz da lei. Apesar do sufoco, dera certo até agora, tanto que estava ali, solto, entre céu e mar. Só que de repente, junto com a brisa da tarde que lhe chegava ao rosto, assaltou-o a dúvida sobre sua capacidade de suportar mais um longo período enjaulado. No mínimo um ano, se algum incidente não fizesse a Justiça cismar de prorrogar sua internação. Agora que estava de fora, as incertezas o balançavam com mais força: e o risco de pirar? E o de ser morto? Não seria a hora de mudar a estratégia? Deixaria o mundo para trás e se reapresentaria ao manicômio como um cãozinho adestrado? E se simplesmente não voltasse?

Até então, não havia perdido a lucidez nem por um momento sequer na prisão, mas sabia de histórias de presos que enlouqueceram de uma hora para outra. Não achava que isso pudesse acontecer com ele, mas também não dava para ter certeza de nada – ainda mais estando cercado de doentes mentais por todos os lados. Um desses casos de preso que enlouqueceu na cadeia, João viu acontecer na sua frente, ainda na Polícia Federal. Marcelo era um homem jovem, de seus 30 anos, que por coincidência fora preso em Petrópolis junto com o traficante Alex, peça-chave da Conexão Nelore, da qual João era uma das pontas. Tratava-se, antes de tudo, de um azarado. Não tinha nada a ver com aquele "cocainoduto", apenas estava comprando alguns gramas de maconha para consumo próprio no momento em que a polícia estourou o QG de Alex. Marcelo era um pai de família da classe média petropolitana, comerciante, um sujeito correto e até caxias, cumprindo seu primeiro mandato como síndico do prédio onde morava. Desde o primeiro instante deu sinais de que não se conformava em estar preso. Tinham-no colocado no filme errado, e ele agia como se estivesse ali apenas para um pernoite até que o equívoco se desfizesse. Mas o equívoco ia durar muito tempo.

No processo aberto contra ele, Marcelo estava sendo acusado de pertencer à quadrilha de Alex. O jovem empresário transbordava indignação, não se cansava de dizer para si mesmo "Isso é um absurdo!", enquanto andava mecanicamente de um lado para o outro da cela. No início não se misturava muito com os outros presos, parecia fazer questão de permanecer um estranho naquele ninho. Aos poucos, porém, passou a permitir-se instantes de relaxamento – e sempre que conseguia abstrair a enrascada em que estava metido mostrava-se um sujeito espirituoso, engraçado e bom companheiro. Quando alguém lhe perguntava como ia fazer para provar sua inocência, ele respondia lacônico, com a convicção serena de um monge:

– Confio na verdade.

Mas a estratégia da defesa de Marcelo seguiu uma linha perigosa, que talvez não fosse o caminho mais curto na direção da verdade. Para não deixar dúvidas sobre a sua retidão moral, e para descaracterizar qualquer perspectiva de seu envolvimento com atividades criminosas, o advogado orientou-o a sustentar, perante o juiz, que estava com Alex apenas para comprar roupas (o traficante tinha uma pequena confecção e se mantinha no ramo, embora com movimento quase nulo). A versão era, evidentemente, pouco verossímil, e João se surpreendeu quando soube do álibi adotado por Marcelo:

– Cara, você negou que foi lá comprar bagulho? Tá fudido...

– Que isso, que fudido nada... – desconversou o outro, mais preocupado do que nunca, tentando acreditar que sua estratégia estava certa.

As semanas foram passando e aquele ar indignado com pinceladas de bom humor foi dando lugar a um estado mais sombrio. Visivelmente, a angústia tomara conta de Marcelo.

Passava até três dias sem falar com ninguém, agora lendo a Bíblia compulsivamente. Não levantava os olhos nem se estourasse uma briga a 2 metros dele. O comportamento só se alterava nos dias de visita, em que abraçava longamente a mulher e os dois filhos pequenos, chorando muito junto com eles. A cena era de partir coração de bandido. Os encontros com a família pareciam reconectá-lo à realidade, revigorando-o apesar da tristeza, mas esse efeito era cada vez menos duradouro. Logo voltava a se atracar com a Bíblia, circunspecto, andando em círculos por horas a fio.

João assistiu, ao vivo, à sanidade de Marcelo indo embora. Tentava aproximar-se com brincadeiras ou assuntos vibrantes, "para cima", mas a comunicação com ele ia se aproximando do inviável. A marcha circular era cada vez mais acelerada, e a leitura passou a ser em voz alta, assim como as orações que agora repetia obsessivamente. Denunciando a perturbação nervosa, o suor lhe empapava a roupa numa quantidade fora do normal. Louro, baixo e forte, Marcelo talvez tivesse se safado se sua resistência psicológica estivesse à altura de sua resistência física.

Quando finalmente foi a julgamento, seu "pernoite" na cadeia já durava quase quatro meses. Ao entrar na cela de volta do Fórum, Marcelo não apresentava mais aquele comportamento hiperativo, não estava sequer suado. Tinha uma fisionomia plácida pela primeira vez em mais de um mês. Aquela tranquilidade parecia sinal de que a sentença lhe fora favorável. Ou até, quem sabe, tinha sido absolvido. Um dos presos então perguntou-lhe o que todos ali estavam querendo saber: qual havia sido o resultado do julgamento. Num tom frio, com a voz baixa e os olhos vidrados, Marcelo respondeu:

– Peguei oito anos.

A placidez era, na verdade, catatonia. Aquele engano de que fora vítima acabara de se transformar em tragédia. Com o impacto da notícia, o surto nervoso que o sacudira nos últimos tempos dera lugar a uma espécie de mumificação emocional. Marcelo não reagia, não lamentava, não rezava. Andou até o fundo da cela, sentou-se e lá ficou, estático. Sem Bíblia, sem vida.

Sentado ali à beira-mar, lembranças como essa tornavam a tentação da fuga inevitável para João. Eduardo Lordão, por exemplo, não resistiu a ela. Também obtivera da Justiça o benefício de passar dois fins de semana livres, a título de experiência. No primeiro, tomou dois porres, enlouqueceu por uma garota e, sabe Deus como, ainda reapareceu no manicômio às oito e meia da manhã de segunda-feira. Na segunda saída, sumiu no mundo. À medida que o tempo passava e ficava claro que Lordão fugira, um enorme constrangimento baixava sobre médicos e funcionários do Heitor Carrilho. Afinal, eles haviam afiançado sua aptidão para sair e voltar por suas próprias pernas. Erraram.

Era mesmo difícil, humanamente difícil, para um sistema nervoso massacrado por meses ou anos de prisão, simplesmente aceitar a ordem cerebral de caminhar espontaneamente de volta para trás das grades. Mas se a liberdade de fim de semana era finita, a liberdade do fugitivo também era infectada por uma contagem regressiva – que podia não terminar nunca, ou a qualquer momento. Mais do que isso, angustiava João a sensação de trair bruscamente a confiança que construiu, dia a dia, em torno da sua pessoa. Seus sentimentos eram conflitantes, mas uma certeza os atravessava, sobretudo depois da sentença milagrosa que obtivera: não queria mais representar o papel de bandido.

Quando pensava em confiança, sua referência não era mais apenas as autoridades que tinham poder sobre a sua liberdade. Para muitos, a prisão é um lugar onde se desenvolvem o cinismo e o comportamento traiçoeiro, mas para ele vinha sendo o lugar da reconciliação com a boa índole. Fazia-lhe bem constatar a expectativa de lealdade que vários internos do manicômio demonstravam em relação a ele. Não se sentia bem imaginando a notícia de sua fuga sendo recebida por colegas como Seu Joãozinho, uma das pessoas mais corretas e equilibradas que conheceu na prisão, de quem se tornaria grande amigo.

Com 60 anos, Seu Joãozinho estava preso havia 20 e chamara a atenção de João por ser uma figura solitária na vida. Não tinha perspectivas de sair dali, basicamente por não ter mais quem afiançasse sua reintegração à sociedade. Aos poucos, a família fora virando-lhe as costas, e naquela altura ele sequer sabia o paradeiro de algum parente seu. Não se tornara um revoltado, nem transparecia amargura. Nas negociações com o destino, abrira mão de quase tudo – e nessa resignação parecia estar a chave da dignidade com que vivia. Não tinha projetos, mas também não tinha frustrações. Montara para si uma rotina honesta e confortável dentro dos passos miúdos que a vida lhe permitia dar.

Miúdos mesmo. Seu Joãozinho tinha pouco mais de metro e meio de altura, nariz grande e cabelo grisalho apenas nas laterais da cabeça, o que o tornava um perfeito anãozinho da Branca de Neve. Poderia ser o Zangado, devido ao ar quase carrancudo que escondia um temperamento sereno e até afável. Tinha algumas economias que lhe garantiam poder para manter alguns privilégios materiais além do que o manicômio provia. Essas economias pareciam não se esgotar nunca, e um dia João entendeu que Seu Joãozinho era o banqueiro do pedaço.

Até presos de classe média recorriam, na emergência, aos seus serviços financeiros. Podia ser para comprar droga, comida, cigarro ou qualquer artigo no mercado clandestino ou no formal. O "banco" de Seu Joãozinho tinha suas ramificações comerciais, e ele podia conseguir, por exemplo, alguns dentes de alho para o freguês dar algum sabor ao seu feijão. Salgados eram os juros fixados pelo anãozinho, para compensar a alta inadimplência: pelo menos metade da clientela era de enrolões.

E seus modos cordiais o impediam de cobrar as dívidas, ficava sempre esperando que o tomador do empréstimo se manifestasse.

Num dado momento, João Guilherme achou que parte desses devedores estava se valendo da fragilidade e timidez de Seu Joãozinho para acintosamente negar-lhe o pagamento. Olhava para aquele senhor miúdo, solitário, que carregava suas economias na cueca e não pedia nada a ninguém, e seu coração se comprimia. Observava, por exemplo, um dos internos de família mais abastada – que estava preso por atropelar vários pedestres sobre uma calçada – receber 2 mil reais dos parentes e não abater sequer parte de sua dívida com Seu Joãozinho. Indignado, João passou a aproximar-se física e afetivamente do velhinho, e acabou tornando-se para ele uma espécie de protetor. Por motivos quase abstratos, relações como aquela, que tinham a ver com firmeza de caráter, desencorajavam-no agora da opção pela fuga.

O sol já começava a baixar no horizonte deslumbrante da Barra da Tijuca e, fosse como fosse, era preciso dar continuidade à sua agenda atribulada. Deu um pulo no orelhão e confirmou com amigos a próxima parada: praia do Arpoador. Lá estava uma boa parte das pessoas com quem fizera contato de seu gabinete de burocrata. O pôr do sol, a velha e majestosa pedra dividindo Ipanema e Copacabana, os parceiros de boemia que pareciam estar ainda mais incendiados, novos mergulhos, novas cervejas – tudo corria conforme a encomenda. Ou quase tudo. João ainda não tinha encontrado Suzana.

Na prisão, ele repassara várias vezes o filme da sua vida, até porque tempo para isso não faltava. Não chegava a ser uma varredura nostálgica, mas nos últimos meses sua memória afetiva vinha selecionando personagens e fatos inesquecíveis daqueles 35 anos. Quando recebeu a notícia de que teria seus primeiros dias de liberdade, teve vontade de buscar no passado algumas dessas pessoas e reencontrá-las. Já que se sentia nascendo de novo, talvez quisesse reviver os melhores momentos da primeira "encarnação". Conseguiu o telefone de Suzana, sua primeira paixão, e ligou para ela num daqueles dias elétricos que precederam sua saída. Ela atendeu, se emocionou, e disse que sim, gostaria de revê-lo.

João e Suzana começaram a namorar quando ele tinha 20 anos e ela 18. Até então, ele tivera alguns namoros rápidos, mas nada que chegasse realmente a lhe subir à cabeça. Jeito suave, sorriso que quase fechava os olhos já puxados, cabelos castanho-claros e lisos escorrendo quase até a cintura sobre a pele muito branca, afetivamente decidida e livre – Suzana parecia uma linda remanescente da geração hippie naquele início dos anos 80. Apaixonaram-se de cara, e nos dois anos seguintes os amigos raramente veriam João sem Suzana. A rigor, boa parte deles raramente o veria. Se até então João vivia no meio de um bando de 20, logo essa população cairia para uns cinco amigos realmente assíduos. Suzana tirara-o da adolescência, mudara seus hábitos, mudara-se para sua vida.

Ela morava em Ipanema, ele no Jardim Botânico, mas os dois passavam juntos a maior parte dos dias e também das noites. Ambos moravam com os pais, e por isso estavam sempre juntando algum dinheiro para refugiar-se em algum dos motéis que proliferavam no Rio de Janeiro da época. Eram fregueses do Dunas, na Barra, onde chegaram a passar algumas noites a três. Durante o namoro com Suzana, João iniciara outra das paixões de sua vida – por Diana. A cadela Dobermann preta mal desmamara, e ele dificilmente admitia deixar sua nova companheira sozinha ou aos cuidados de outros. Em várias ocasiões, o jeito foi levá-la também para o motel. Diana sempre se comportou muito bem nessas situações, certamente mais discreta do que muitos clientes do mesmo estabelecimento.

Mas houve uma vez que, por um descuido, as arrumadeiras entraram no quarto de manhã quando o casal ainda se preparava para sair. Aí foi demais para o instinto encrespado da jovem Dobermann. Diana saiu do seu cantinho, para a perplexidade das duas funcionárias, e passou a persegui-las porta afora, pela área de serviço do motel. João estava adorando a cena, mas antes que aquilo virasse caso de polícia ordenou com rispidez à cadela que se afastasse das infelizes. Os três pularam dentro do carro e debandaram.

O que tinha de suave, Suzana tinha de intensa e dominadora, e os curtos-circuitos com a personalidade inquieta e explosiva de João eram inevitáveis. Às vezes, podiam ser ouvidos por boa parte da vizinhança. Foram cinco anos de muito amor e sofrimento – como em todo casal jovem, mais amor no início e quase só sofrimento e represálias nos últimos anos. Agora, dez anos depois da última separação, as feridas estavam cicatrizadas e Suzana continuava linda. Bastava olhar para ver como a maturidade dos 30 lhe fizera bem. Mas era véspera de Natal e ela não poderia estar com ele, era dia da ceia com a família. Combinaram de se telefonar no dia seguinte. João não sabia muito sobre a vida atual da sua primeira namorada. Sabia que, como ele, ainda não tivera filhos, e que no momento não estava casada. Não tinha certeza se havia namorados na órbita dela. Dançaria conforme a música, até porque estava caindo de paraquedas no mundo da normalidade. Da Barra ao Arpoador, de Ipanema ao Jardim Botânico, as vidas tinham seguido seu curso normal – ele é que precisava pular no trem em movimento.

Curtido de sol, sal e cerveja, João despediu-se do mar já sob um céu estrelado. São Pedro continuava espetacular. Era hora de preparar-se para pegar outro bonde andando – o bonde da sua numerosa família, cuja maior parte o veria pela primeira vez na ceia de Natal depois que entrara para a crônica policial como grande traficante de drogas. Já imaginava os olhares da ala mais conservadora, o provável preconceito dos tios e primos de feitio, por assim dizer, menos cosmopolita. Mas estava enganado. Não encontraria no ar o menor traço de hostilidade.

Na casa de sua tia Gilda, no velho condomínio da Pacheco Leão onde crescera, e no tradicional almoço de Natal do dia seguinte no apartamento de sua avó Luisinha, em Botafogo, ninguém parecia preocupado em colocá-lo na cruz ou na manjedoura. Não o olharam atravessado, não lhe passaram a mão na cabeça, não o julgaram. Apenas o acolheram. O suficiente para desfazer na sua cabeça a dúvida crucial: para a família, apesar de tudo, João Guilherme Estrella não era um bandido.

Diferente dos anos anteriores à sua prisão, em que bancava presentes para todos com os lucros de barão da cocaína, desta vez João obviamente não daria nada a ninguém. Mesmo assim, aquele seria um Natal especialmente farto. Depois de décadas, a inflação acabara de ser contida pelo Plano Real, lançado dois anos antes, e o Brasil vivia a festa do consumo. Na verdade, aquela conjuntura de prosperidade não se repetiria nos anos posteriores. Embora a moeda nacional tivesse sido realmente estabilizada, já no ano seguinte o mundo seria varrido pela derrocada financeira dos Tigres Asiáticos. Era a primeira de uma sucessão de crises externas que acabariam se estendendo, na virada do século, aos aparentemente invulneráveis Estados Unidos da América.

Mas naquele Natal de 1996 os brasileiros foram às compras para valer, e na família de João não foi diferente. Ao longo da distribuição dos presentes, no dia 25 de dezembro, dava-se na casa de Dona Luisinha um antigo ritual, passado de geração para geração, em que as crianças transformavam os papéis dos embrulhos em munição para uma selvagem guerra de bolinhas (dissimuladamente apoiada pelos adultos). Nem o presépio escapava dos petardos. Daquela vez, a abundância de munição prometia um embate histórico. Mas João não poderia acompanhar o espetáculo até o final. Suzana telefonara convidando-o para jantar.

O primeiro abraço, longo e apertado, encheu de emoção o antigo casal na hora do reencontro. O salto no tempo dava-lhes a confusa sensação de serem dois desconhecidos absolutamente íntimos. Conheciam, ao mesmo tempo, tudo e nada um do outro. Perguntavam e respondiam coisas diversas, se abraçavam de novo. Havia carinho, havia cumplicidade, mas João sentia que aquilo não era só abraço de amigos. Havia um sentimento mais forte entre os dois. No mesmo táxi que João tomara para buscar Suzana, foram para um restaurante japonês em Ipanema. Sentaram lado a lado, pediram dois combinados completos, se olharam fundo. Abraçaram-se mais uma vez e pouparam suas línguas das palavras, que naquela altura já não significavam mais nada, para que elas apenas se enroscassem longa e deliciosamente. Os sushis chegaram, mas os dois já estavam dedicados ao prato principal, que mantinha suas bocas magneticamente ocupadas uma com a outra. Depois de tanto tempo na prisão sem sentir sequer um cheiro feminino tão de perto, João tinha a sensação de estar beijando uma mulher pela primeira vez.

Sua tia Gilda reservara a cobertura de sua casa para ele, e os dois decidiram ir para lá. Não sentiriam saudades do Dunas. Havia ali uma ótima suíte de casal, ligada a uma sala com aparelho de som e muitos discos, além de uma pequena geladeira recheada de cervejas. Uma porta larga na sala levava a um terraço bem espaçoso, com uma pequena piscina, debruçado sobre o exuberante Jardim Botânico – cujas palmeiras a Lua se encarregara naquela noite de iluminar – e escoltado pelo Corcovado e o Cristo Redentor. Obrigado, Senhor.

Reencontrar Suzana e reencontrar o sexo na mesma latitude-longitude da vida tinha jeito mesmo de bênção divina. Seu corpo parecia estar descobrindo de novo as fronteiras do prazer que aprendera a ultrapassar com Suzana. Minha América, minha terra à vista, cantaria Caetano Veloso, com as velas estufadas e o coração em paz. João e Suzana viveram seu reencontro mágico quase em silêncio. Não fizeram concessões aos seus apetites verbais, afinal já tinham falado demais na vida um com o outro, discutido a relação em todos os tons possíveis. Não inventariaram o passado, e foram dormir sem falar também do futuro. João não falou, mas pensou. Talvez o futuro o quisesse ao lado de Suzana, ou talvez ele desejasse que o futuro assim quisesse. O pensamento virou sonho, o sonho se desfez no torpor do sono, que se desmanchou dolorosamente com o som estridente do despertador.

Oito da manhã, hora de voltar para o manicômio.

17
A dois passos do inferno

O retorno à prisão foi um choque. Sim, a alma estava mais leve, o reencontro com o mundo tinha recarregado suas baterias vitais. Mas agora essa energia toda parecia querer entrar em curto, sem ter para onde ir. Ao deixar para trás a liberdade multicolorida e se internar de novo naquele claustro cinzento e opaco, a sensação era de estar sendo preso de novo. João Guilherme deveria resignar-se, compenetrar-se no seu projeto de ser livre novamente – que estava dando certo e entrava na reta final. Mas não conseguia. E sua inquietação parecia um pressentimento do que viria: em poucos dias, ele mergulharia numa jornada infernal, onde a morte poderia surpreendê-lo a qualquer momento.

João sempre soube que, apesar de todas as atenuantes, o manicômio também era um lugar perigoso. Deixara clara essa preocupação a Renato Tonini alguns meses antes, no dia em que os dois tiveram seu encontro mais emocionante. Estava almoçando no refeitório quando vieram avisá-lo de que seu advogado se encontrava lá e queria vê-lo. Largou o prato pela metade e foi imediatamente ao encontro dele. Enquanto descia apressado a ladeira entre o pátio e a entrada, teve certeza de que era a notícia da sua sentença. Tonini já não o visitava regularmente nessa época, e para querer falar com ele pessoalmente, sem o intermédio de seu assistente, só podia ser isso. Avistou-o de longe e começou a tentar decifrar em seu rosto se a notícia era boa ou má.

O advogado mantinha a expressão sóbria de sempre, mas transparecia um ar mais grave do que o normal. João cumprimentou-o apreensivo e foi chamado para conversarem numa sala reservada. Já sentado, frente a frente com o cliente, sem perder a sobriedade mas abrindo um leve sorriso, Tonini falou:

– Vencemos.

Contou então que tinham conseguido a pena mínima, dois anos de tratamento ali mesmo, onde estavam agora. Com os olhos molhados, os dois se abraçaram fortemente. Depois de uma travessia daquelas, era inevitável que a relação se tornasse um pouco mais do que profissional. Perante o destino, passavam a ser cúmplices. E logo descobririam que seus caminhos estavam ligados há muito mais tempo do que podiam imaginar.

Vendo uma foto de 1950 trazida por sua mãe, que mostrava seu pai cercado de amigos de juventude, João foi ler as identificações e levou um susto. Um dos rapazes de topete e gomalina chamava-se Renato Tonini. Fez as checagens e confirmou: era o pai de seu advogado, futuro desembargador, vizinho de seu pai numa vila em Botafogo, na rua São Clemente, número 260. A história de Renato e João começara quase 50 anos antes, com a amizade de seus pais, Renato e João.

Na emoção daquele abraço havia alívio, mas também tensão. A punição tinha saído barato, muito barato, mas não de graça. Olhando para a frente, ainda havia um ano e três meses de pena a cumprir, tempo superior ao que ele já estava preso. As coisas pareciam relativamente sob controle, mas João já vira o suficiente na cadeia para saber que ali tudo podia acontecer. Ainda não presenciara nenhum assassinato, mas já soubera de alguns. Mesmo celebrando a sentença, fez questão de mostrar a Tonini que não se sentia tranquilo, que precisavam tentar outros benefícios, como as saídas terapêuticas regulares.

– Tenho que me livrar deste lugar.

A volta do Natal em liberdade não tinha sido estranha só para ele. Uma parte minoritária dos internos – os mesmos que haviam desconfiado que aquela saída fora comprada – parecia estar estranhando-o. Havia no ar alguns focos de hostilidade, certamente uma mistura de desconfiança e ciúme por sua conquista. Não tinha outra saída senão continuar cultivando em torno de si, dia a dia, a confiança e a liderança adquiridas lá dentro. Mas naquele reinício procuraria ser especialmente diplomático, ajudando na cicatrização das suscetibilidades. Decidira afastar-se ao máximo dos conchavos, fofocas e pequenas conspirações. Por isso, nem ficara sabendo de um movimento que estava em curso para forçar a transferência de um colega para outra cela.

Nas últimas semanas tinha havido uma onda de sumiços de pequenos pertences na cela que João ocupava com mais 12 presos. Coisas como cigarros, biscoitos e outras miudezas que naquele universo valiam ouro. Depois de alguma apuração informal, dois ou três dos mais influentes no pedaço reuniram-se e decidiram pedir à diretoria que transferisse da cela Sebastião, o principal suspeito. O pedido foi aceito, o remanejamento foi feito e ali começava o pesadelo de João.

Ele já participara de várias conspirações para escolher quem ia sair ou entrar na cela. Mas daquela vez não tinha nada com isso. Só que para Sebastião, um dos que o receberam de volta com mais desconfiança, o cabeça da operação pelo seu banimento era João. O acusado dos furtos era alto, forte e estava furioso. Era um dos mais antigos naquela cela, que era maior e melhor do que as demais. Além de chuveiro com mais pressão e água quente, pia grande com três bicas, sua área estendia-se de um lado a outro do prédio – o que significava, entre outras coisas, uma ventilação muito superior à das outras celas. Ali, Sebastião fazia parte do grupo dos influentes e também participara de diversas manobras como a que agora o atingira.

João não demoraria a perceber que o problema era com ele. Sebastião não era de falar muito, mas a ele não dirigiria mais nem uma palavra. O ódio saía pelos olhos. Declarara-lhe guerra em silêncio, e João só foi saber o que aquilo significava exatamente quando um colega de cela veio lhe avisar:

– Estrella, o Sebastião te jurou de morte. Ninguém consegue tirar isso da cabeça dele.

Sem querer deixar a ameaça parada sozinha no ar, rebateu por puro reflexo:

– Ah, é? Então manda ele vir, tô esperando.

Mas esse era o problema maior. Sebastião não queria pegá-lo quando ele estivesse esperando. Não queria bravata, espetáculo ou demonstração de força. Queria apenas liquidá-lo.

Alguns dias se passaram sem nenhum sinal que confirmasse a ameaça. João estava atento, mas no fundo avaliava que, como tudo ali dentro, aquele episódio devia ter uma boa dose de folclore. Até pouco antes do Natal os dois se davam bem, e Sebastião ia acabar largando aquela cisma de que ele provocara sua saída da cela cinco estrelas. Além do mais, era de se duvidar que qualquer plano sobrevivesse mais que 24 horas numa cabeça tumultuada como aquela. Não ia descuidar-se do perigo, mas também não era do seu feitio ficar fugindo de assombração.

Um dos rituais que com o tempo João instituíra na cadeia se dava logo de manhã, algumas vezes por semana. Assim como na Polícia Federal ele acordava no meio da madrugada para ter um instante de paz e reflexão, no manicômio também encontrara um espaço na contramão da boiada. No horário do café da manhã, quando as galerias se abriam e todos desciam para a cantina, ele eventualmente ficava na cela e trancava-a por dentro (com um cadeado sobressalente, que era administrado pelos próprios presos). Tinha então seu momento privativo. Em geral, entrava no banho, botava uma música no seu equipamento portátil a todo volume e ligava o "foda-se" para o mundo. Quase sempre ultrapassava o horário do café, e nem ouvia os companheiros de cela batendo na grade e gritando para que abrisse a porta. Se escutasse, fingia não ter escutado – e ainda cantava junto para abafar melhor os sons externos.

Ouvir música era como se ligar na tomada e recarregar todas as baterias. Era uma de suas principais reservas de sanidade, e fora assim desde o final da adolescência. Um bom disco na velha vitrola – ou agora no não menos velho toca-fitas – funcionava como uma bússola mental, espécie de onde estou, quem sou eu, para onde vou do dia a dia. Quando já tinha um certo poder em casa, e o clima familiar desandava, gritava seu bordão "som na caixa!" e tocava alguma de suas bandas favoritas a todo volume. Era o rock usado como freio de arrumação para conflitos domésticos. E funcionava.

Curiosamente, o som que rachava as paredes de sua casa na época era, em boa parte, o mesmo que agora ensurdecia o manicômio. Rolling Stones, Pink Floyd, U2 – gostava das bandas imunes ao tempo. Na parte nacional do repertório, também ficara com aquelas que eram, ao mesmo tempo, as primeiras e últimas estrelas do rock brasileiro – que inauguraram os anos 80 e sobreviveram a eles para contar a história. Lobão, Kid Abelha e Barão Vermelho estavam entre os artistas que fizeram a cabeça de João, e que depois viria a conhecer pessoalmente, na batalha da carreira musical. Em shows ou no chuveiro, ele deixava clara a influência daquela mistura sonora, em inglês e português, sobre o seu estilo de canto, de composição e de vida.

David Bowie, Dire Straits, Cazuza e Lulu Santos também eram presenças obrigatórias do toca-fitas ao repertório das apresentações em bares e festas, no Rio ou na Bahia. Ali na cela "vip", uma das mais tocadas era a banda *dark* inglesa The Cure, outra das que o acompanhavam desde antes dos 20 anos – e com a qual teria uma experiência perturbadora na prisão. Estava no manicômio ainda para as primeiras perícias médicas quando de sua cama, já quase adormecendo, começou a ouvir nitidamente os primeiros acordes da música "Boys don't cry", um dos sucessos do grupo. Dava até para sentir a trepidação dos sons mais graves. Quem teria um equipamento tão potente, numa região tão isolada e desabitada num horário daquele?

As músicas do The Cure se sucediam, em qualidade límpida, mas algumas interpretações pareciam diferentes do original, como se estivessem acontecendo ao vivo. E era bom demais para ser uma imitação qualquer. Durante duas horas João viveu o delírio de estar ouvindo um show da banda inglesa como se ela estivesse tocando para ele no pátio do manicômio. Dormiu extasiado e acordou certo de que não tinha sido um sonho. Algumas horas mais tarde, assistindo ao noticiário na TV, desvendaria o mistério. O som que ouvira à noite não era disco, nem imitação. Era nada menos que o próprio The Cure, de passagem pelo Brasil para um show na Praça da Apoteose – a apenas alguns quarteirões da cama de João. O espetáculo tinha sido assistido por milhares de pessoas, mas só para ele fora uma viagem transcendental.

No toca-fitas, o som *dark* do The Cure era a primeira opção para os dias de astral mais pesado – portanto, o mais indicado para uma daquelas manhãs tensas de janeiro de 1997. Mal os internos foram liberados para o café, ele preparou o velho ritual. Ligou o chuveiro bem forte e pôs para tocar a música "Lullaby", na qual uma aranha encarna a mistura de sedução e morte. Colocou o volume no máximo e mergulhou em seu universo paralelo. Daquela vez, porém, acabara não passando o cadeado na porta da cela. Sem querer, como se amaldiçoado pela aranha, montara uma armadilha para si mesmo.

Sebastião também não descera para o café. Estivera espreitando sua antiga cela, e notara a movimentação de João. Forçou de leve a porta, viu que estava aberta e deu meia-volta. Retornou com o objeto mais pesado que achara por ali, um banco de madeira maciça e bem cortado, ou seja, cheio de arestas e pontas. Abriu e fechou a porta atrás de si, atravessou toda a ampla cela pisando devagar, sempre protegido pela barreira sonora do The Cure. De dentro do chuveiro, então, não havia a menor possibilidade de se ouvir nem um prego sendo martelado na parede.

Uma divisória de cimento separava a área do banheiro do resto da cela, e foi ali que Sebastião se colocou de tocaia. Na posição em que estava, quando João saísse do banho estaria de costas para ele, a meio metro de distância. O invasor era mais alto que ele, e já segurava o tal banco acima de sua cabeça, com o ângulo perfeito para o golpe fatal: no primeiro passo do outro para fora da divisória, desceria o banco sobre sua cabeça com a máxima violência que seus braços de estivador pudessem produzir.

João desligou o chuveiro sem desconfiar de nada, pegou a toalha e continuou cantando enquanto se enxugava. Uma gilete descartável sobre a saboneteira lembrou-o de que estava com a barba por fazer, e resolveu fazê-la logo. O período do café da manhã se aproximava do final, mas Sebastião não se precipitava. Esperava-o na mesma posição, imóvel como uma pedra. João terminou de se barbear, amarrou a toalha na cintura e preparava-se para sair do banheiro quando um outro interno, que voltara à cela para buscar um cigarro, teve num relance a visão completa da cena e do que estava para acontecer. Encheu os pulmões para superar o vocalista do The Cure e berrou:

– Cuidado! O Sebastião tá na tua escolta! Não sai daí que tu vai morrer!

Por reflexo, João imediatamente colou na parede oposta à da divisória, gritando um "filho da puta!" de raiva e susto. Foi avançando devagar, perplexo. Sem o fator surpresa, a tarefa do inimigo ficava mais difícil. Saiu do banheiro de lado, quase arrastando-se à parede, para que em qualquer hipótese de ataque estivesse de frente para o algoz. Finalmente deu de cara com ele, saindo detrás da divisória ainda com o banco suspenso pelas duas mãos.

Sebastião tinha seus 37 anos, era troncudo e tinha um bom peitoral, físico provavelmente enrijecido por muito trabalho braçal. Mas suas pernas eram finas e ele mancava de uma delas. De qualquer forma, era um armário – bambo, mas um armário. João tinha bem menos estatura e massa muscular, mas não era um analfabeto na escola da porrada. Frente a frente, os dois passaram a se xingar e se ameaçar, sem no entanto sair do lugar. Ambos espumavam de ódio, mas de certa forma estavam igualmente acuados. Um, por ter seu ataque descoberto, o outro, por descobrir que seria atacado. Acabaram não indo às vias de fato e afastaram-se rosnando. Mas a guerra estava oficialmente declarada.

João teve que refazer seus cálculos. A assombração era real, ele estava mesmo marcado para morrer. Procurou no forro do teto o estoque (um pedaço de vergalhão pontudo) que ganhara de Fernando Manhães na tranca, no dia de sua chegada ao manicômio. Manhães, o goleiro esquizofrênico que fora seu primeiro amigo ali dentro, dissera-lhe que guardasse a arma com ele até o dia em que fosse embora, porque ia precisar dela. Quase um ano depois, estava precisando pela primeira vez. Encontrou-a no mesmo lugar em que a tinha escondido e a deixou ao lado da cama, sob algumas roupas. A essa altura, nem de madrugada, com a cela trancada, ele se sentia seguro. Bastava um pequeno descuido – ou uma pequena colaboração – de algum "Desipe" para que Sebastião tivesse caminho livre. Naquela noite, dormiu segurando o estoque – se é que se podia chamar aquilo de dormir.

Passaram-se mais dois dias e duas noites de vigilância absoluta, mas o inimigo sumira. Parecia mais uma espécie de guerra fria, em que a hostilidade dos combates é substituída pela da ameaça permanente de destruição total. João estava exausto. Não conseguia compreender como despertara tanta ira contra si. Só não podia mais duvidar de que a ira existia, era obsessiva e mortal. Todo dia, a todo instante, a cada passo que dava na galeria, no pátio ou na cantina, aquele samurai mal-acabado podia surgir por trás de uma pilastra, de uma murada, pronto para executá-lo. Qualquer delírio persecutório era brincadeira de criança perto do pesadelo real que estava vivendo.

Andando como um soldado americano na selva do Vietnã, onde qualquer folhinha se mexendo poderia ser um vietcongue emboscado, só faltava a João enxergar através da parede. E numa dessas minuciosas varreduras óticas, enquanto atravessava um trecho da galeria próximo à entrada da sua cela, achou que tinha captado um vulto por trás de um grupo de internos, que conversavam de pé numa pequena roda. Ralentou o passo e sem virar a cabeça naquela direção aguçou a visão em diagonal através das poucas frestas que aquela barreira humana oferecia. Mais uns três passos e teve certeza: era Sebastião, com um estoque em cada mão, encolhido e pronto para o bote exatamente no local onde ele passaria.

Só que agora João não passaria mais. Parou onde estava, sentiu o sangue ferver e, pondo em risco sua situação legal e a própria busca da liberdade, partiu para a ofensiva. "Tu é um covarde, seu merda!", foi a primeira explosão, chamando a atenção de toda a galeria e expondo o inimigo tocaiado. Já olhando nos olhos dele, emendou o desafio:

– Vem pra cima de uma vez, rapaz! Larga esse ferro e vamos resolver isso agora!

O outro não se mexia.

– Não quer largar essa porra?! – continuou o desafiante. – Então vem assim mesmo. Pode vir. Mas vem de frente, sai dessa crocodilagem, traíra filha da puta!

Mas Sebastião não veio. E dessa vez nem disse nada. Guerra fria era guerra fria. Não lhe interessava duelos inconclusos, que só renderiam alguns ferimentos e diversão para a plateia. Seu negócio era a bomba atômica. Continuaria, portanto, a busca silenciosa pelo golpe perfeito, definitivo. Deixando o desafio exasperado do oponente no ar, foi recuando e sumiu pela porta da galeria.

João nunca tinha vivido nada parecido. Comparado com aquilo, as perseguições da polícia eram um show de lealdade e ética. Na tarde seguinte, numa breve pausa naquele sufoco (deitado na cama, com a cela trancada e a mão no estoque), lembrou da primeira vez que dançou com cocaína, pego por policiais civis dentro do banheiro do Real Astória, coração do Baixo Leblon. Estava há cerca de um ano no tráfico, época em que percorria o circuito dos bares mais badalados do Rio com os bolsos cheios de papéis de cocaína (prontos para a venda no varejo). Já o tinham avisado de que a Polícia Civil desconfiava dele e logo armaria uma tocaia para pegá-lo. Viveu alguns meses a adrenalina de ser a caça, na mira de um caçador que podia surgir de qualquer lugar. Achava que se pusessem a mão nele estaria entregue a um vale-tudo de agressões e humilhações, em que a prisão seria a hipótese mais civilizada. Mas estava enganado. Comparada ao cerco de Sebastião, sua primeira vez nas mãos da polícia seria quase uma sessão diplomática.

E o inimigo não era tão implacável e obstinado, tanto que já estava prestes a desistir da caçada. João contava na época com fornecedores ainda inconstantes, e aproveitara um período de "seca" para dar uma sumida do circuito Baixo Gávea–Baixo Leblon e adjacências. No dia em que reapareceu no Real Astória, depois de um mês, os policiais à paisana que o perseguiam estavam ali para uma última incerta, conforme admitiriam depois. João fazia um "frila" como gerente de uma casa de festas na estrada das Canoas, no alto de São Conrado, e descera para o Leblon no carro dos policiais que faziam bico como seguranças da mansão. Eles jamais imaginariam que nos bolsos do blazer do carona houvesse 30 papéis de cocaína, com 1 grama em cada. Saltou no Baixo, encontrou-se com um amigo músico, pediram dois chopes e foram ao banheiro "testar" a qualidade do produto.

Estavam com as carreiras esticadas sobre a pia quando ouviram as batidas fortes na porta. Era a polícia. Depois de alguns berros de intimidação e mais pancadas na porta, veio o arrombamento. João foi imediatamente algemado, e o amigo, que virara estátua atrás da porta, conseguiu ser ignorado e deixado para trás. Já dentro do carro dos policiais ele começaria a descobrir que, apesar de todo o aspecto brutal e animalesco da caçada, os caçadores possuíam alguns claros sinais humanos. Entre eles estava uma razoável disposição de falar e ouvir – ou seja, estava garantido um dos princípios básicos da civilidade. Embora repleta de cinismo e intimidação, a comunicação com os algozes acabou fluindo e desembocando numa negociação.

E uma negociação até sofisticada. Chegaram à Delegacia de Polícia mais próxima e esperaram a presença do escrivão, acordado em casa às cinco da manhã para preparar o termo de prisão. O documento foi lavrado, mas permaneceria inicialmente clandestino. Seria destruído se João cumprisse a promessa de garimpar em liberdade 5 mil dólares – e reapresentar-se em quatro dias com o dinheiro. Subtraindo-se a podridão dos valores em jogo, aquele era um acordo que só poderia ser firmado entre seres racionais.

Cumprindo sua parte no compromisso, João reapareceu com a quantia estabelecida (a rigor, entregou-lhes 3.500 dólares, mas a quantia pareceu saciar o apetite dos credores) e assistiu à mais insólita afirmação de ética que poderia conceber. Num terreno baldio, a algumas dezenas de metros da delegacia, os policiais tocaram fogo no termo da sua prisão, enquanto o mais graduado, dirigindo-se a ele, declarava solene:

– Aqui todo mundo é homem. Palavra é palavra.

Livrava-se assim da perseguição de um inimigo que tinha garras, mas falava. Por mais absurda que fosse a sua lógica, era possível dialogar com ele. Não era, enfim, um monstro. Sebastião era.

Àquela altura, João Guilherme já desistira de tentar convencer seu caçador obsessivo de que não tivera nada a ver com sua transferência da cela cinco estrelas. O sujeito tinha entrado num estado mental impenetrável à razão. Ao mesmo tempo, a opressão daquele cerco louco crescia e beirava o insuportável. João não avistava mais saída para a situação-limite em que estava vivendo. Como se dizia no Velho Oeste, o manicômio ficara pequeno demais para os dois. E começava a se sentir empurrado para a conclusão inevitável: a única forma de livrar-se da morte anunciada era fazer com que seu carrasco se encontrasse com ela primeiro.

Sabia que se tivesse que mandar Sebastião para o inferno seu caminho para a liberdade faria uma curva de 180 graus. Mas um bicho acuado não consegue fazer cálculos. A única conta possível passa a ser a da sobrevivência, e era nesse estágio extremo que ele se encontrava. Sebastião estava preso por homicídio, e no fundo João preferia ter que responder por uma morte do que o inimigo passar a responder por duas. Quem sabe até o lance final da guerra fria não fosse um duelo também frio, fatal mas discreto, sem testemunhas ou pistas?

Nos dias de visita, a família e os amigos vinham estranhando seu comportamento tenso e circunspecto. Embora tivesse vontade de gritar ao mundo que estava marcado para morrer, não comentara nada com eles, porque de nada adiantaria. Mesmo perante os guardas e psicólogos não havia muito a fazer: o comportamento perfeitamente dissimulado de Sebastião desautorizava suspeitas contra ele. E já entravam no segundo mês daquela perseguição absurda quando se deu, enfim, o embate decisivo.

Numa tarde abafada de sábado, João calçara o tênis e fora até o campo de futebol dar uma descontraída. Era um lugar aberto e desprotegido, mas um ataque assassino ali era improvável, pela movimentação constante das peladas. Ficou sentado um pouco ao lado do campo onde, menos de dois meses antes, tinha sido o herói da "morte súbita" – expressão que agora lhe soava especialmente desconfortável. Esperou terminar a partida e entrou na vaga de um dos jogadores do time perdedor. O jogo recomeçou, ele pediu a bola e já deu uma arrancada pela ponta direita. Ao menos ia suar um pouco e botar tensão para fora. Quando parou bem junto à linha lateral, preparando-se para fazer o cruzamento, sentiu uma presença por trás de si, pelo lado de fora do campo, e virou-se. Era Sebastião, que acabava de arremessar um tijolo duplo de cimento contra sua cabeça.

O bólido passou a um palmo de distância do alvo, e agora o agressor se abaixava para apanhar do chão outro de mesmo calibre. Por reflexo, João dera alguns passos para trás, e Sebastião, que mais uma vez desperdiçara o fator surpresa, desistiu do arremesso e investiu contra ele com o tijolo na mão. Ia tentar o golpe à queima-roupa.

– Pode vir, seu babaca! – gritou João transtornado, depois de parar de recuar e armar a guarda para encarar o agressor.

Decidira estourar com ele, com tijolo e tudo, certo de que o golpe, mesmo que machucasse, já não tinha mais como ser definitivo. E depois ficariam um à mercê do outro, para finalmente poderem se trucidar à vontade. Aconteceu, então, um fenômeno raro naquele universo. Normalmente, na iminência de uma briga, os outros internos não só incitavam os desafiantes como ainda faziam um círculo em volta deles para que não fossem interrompidos tão cedo. Mas o ideal era que nenhum dos dois morresse, pois aí fatalmente viria alguma forma de endurecimento do regime para todo mundo. Talvez por isso, e porque naquele momento dois guardas do Desipe passassem por ali, três presos que participavam da pelada saltaram sobre Sebastião, fazendo-o largar o tijolo. João também foi contido, e os dois estavam ainda frente à frente quando o carrasco, espumando, expressou pela primeira vez em palavras a sentença que havia decretado para ele:

– Não adianta! Teu nome tá no meu caderno! Só tiro ele de lá quando tu tiver com a boca cheia de formiga!

Com o instante de cólera, e a verbalização da ameaça, Sebastião não estava apenas saindo do script de sua guerra fria. Estava decretando, involuntariamente, o fim da caçada. A jura de morte fora ouvida pelos agentes penitenciários que presenciaram o atentado, e então reportada à direção do manicômio, de acordo com as normas de segurança da instituição. No dia seguinte, João foi chamado à sala do diretor para dar seu depoimento sobre o caso. Pôde finalmente narrar a perseguição implacável que vinha sofrendo, agora amparado pelo testemunho dos guardas. E completou, com franqueza, que já não poderia limitar-se a uma posição defensiva se tivesse que continuar convivendo com Sebastião:

– Ou o senhor me transfere para outro manicômio, ou transfere ele. Se deixar como está, alguém aqui vai morrer.

A iminência do desfecho sangrento ficara clara para a direção do Hospital Heitor Carrilho, assim como o papel de Sebastião sendo o agente provocador da situação. E João, afinal, já merecia a essa altura algum crédito por mais de seis meses de serviços prestados no departamento administrativo. Em menos de 48 horas seu carrasco estaria a quilômetros dali, transferido para uma unidade de tratamento do outro lado da Baía de Guanabara. Estava terminado o maior sufoco que vivera desde o dia de sua prisão.

– O QUÊ?! Seis meses? Não é possível, não pode ser. Não posso esperar isso tudo.

A reação de João Guilherme à informação que um psicólogo do manicômio acabara de lhe dar era de estupefação. Ao voltar de seus dois fins de semana em liberdade, no Natal e no Réveillon, ele não atinara para o fato de que a licença para sua saída tinha sido uma autorização especial da Justiça. Não era ainda a permissão para que entrasse no programa de ressocialização através das "saídas terapêuticas" regulares – geralmente, um fim de semana em liberdade a cada 15 dias. Este seria um novo processo, em que tudo recomeçaria do zero, laudo por laudo, parecer por parecer. E ele acabara de saber que os psicólogos do manicômio só podiam emitir novo parecer sobre um mesmo interno, segundo as regras da instituição, após intervalo mínimo de seis meses.

Se a volta ao manicômio já tinha sido como ser preso de novo, a perspectiva repentina de ficar mais de seis meses sem poder sair novamente parecia – na sua forma caudalosa de sentir tudo – prisão perpétua.

– Seis meses? Mas eu não sei nem se vou estar vivo mês que vem! – continuou a protestar, na conversa com o funcionário.

Estava indignado, mas sua reação não era apenas choro. Adquirira um conhecimento bastante específico dos ritos administrativos em sua experiência como burocrata. Já conseguira desemperrar e acelerar vários processos de colegas, identificando os pontos de retenção e convencendo (ou pressionando) os responsáveis a dar andamento aos papéis. A regra estabelecia seis meses? Tudo bem, mas os encarregados dos laudos psicológico, psiquiátrico e social já podiam se acostumar com a ideia de que João os "lembraria" do seu processo toda semana.

Estava iniciando esse lobby de água mole em pedra dura, enquanto seu advogado fazia o mesmo no âmbito da 4ª Vara de Execuções Penais, quando começou a ser caçado por Sebastião.

Agora já estavam em meados de fevereiro, e apesar de esgotado por aquela perseguição macabra o alívio pela transferência do seu carrasco era maior do que tudo. Até a sensação de prisão perpétua tinha desaparecido, e João retomou com ânimo total seu jogo de pressões suaves e constantes no porão da burocracia local.

Aquela água mole devia ser corrosiva, ou então a pedra não era tão dura assim. O fato é que o tal embargo de seis meses acabou caindo, vencido pelo cansaço. Depois de um insistente leva e traz de papéis, autorizações e assinaturas, regados a muito telefonema e conversa ao pé do ouvido, João e Tonini conseguiram botar de pé novamente a documentação que atestava sua aptidão ao convívio social. No final de março, três meses antes do prazo mínimo para os laudos, o juiz dava ao preso novamente a chave da rua. Continuaria retomando a liberdade em suaves prestações, mas agora, pelo menos, as prestações seriam regulares.

Praias, *beautiful people*, Búzios. Lanchas, ilhas, Angra dos Reis. Cachoeiras, matas, Petrópolis. João não era mais barão de nada, e naquele momento em especial, estando preso, não tinha um tostão no bolso. Mas alguns amigos endinheirados transformariam boa parte de seus fins de semana em *happenings* turísticos. Era bom, mas aos poucos foi ficando estranho. O contraste entre os dois mundos estava demais para ele. Era como se sua alma estivesse sempre de ressaca. A cada volta ao manicômio crescia a sensação de estar sendo preso de novo – e quando conseguia readaptar seu sistema nervoso estava na hora de sair outra vez.

Mesmo nas primeiras saídas para as festas de fim de ano já tivera alguns choques. Depois da experiência paradisíaca do Natal, o Ano-Novo acabaria jogando-o numa *bad trip*. Como o tempo era curto, repetiu a tática de buscar as emoções mais instantâneas possíveis. Como alguns cariocas que só vão conhecer o Corcovado quando levam os filhos, aos 35 anos João nunca tinha visto o espetáculo da queima de fogos no Réveillon da praia de Copacabana. Adorou a sugestão dos amigos e se mandou para lá no dia 31 de dezembro.

Nem parara para pensar como seria, depois de mais de um ano vivendo em cubículos, meter-se no meio de uma excitada multidão de quase 1 milhão de pessoas. Após conseguir livrar-se do cerco de buzinas, motores e fumaça do colossal engarrafamento que cercava o bairro, caiu num rio de gente que subia a pé a rua Rainha Elizabeth em direção à praia. Aquela multiplicidade de rostos, gritos e movimentos descoordenados, como em qualquer grande aglomeração, perturbava-o e deixava-o fisicamente tonto. A cada rojão que estourava nas proximidades ficava mais assustado e tenso.

À meia-noite, o show pirotécnico até que fora bonito. Mas durara algo como 15 minutos e, não muito tempo depois, ele já estava de novo metido no rio de gente que agora descia a Rainha Elizabeth, rumo ao engarrafamento gigante. Um Réveillon traumático.

No dia seguinte àquela noite equivocada João decidira ficar de molho na cobertura de sua tia Gilda, no Jardim Botânico, reservada para ele. Relaxava imóvel na piscina, por volta de onze da manhã, quando viu surgir diante de si uma figura bastante familiar: Sofia. Chegara para a última cena de um casamento intenso – que não merecia terminar soterrado por uma ocorrência policial. Haviam brigado violentamente às vésperas da prisão, e seu último encontro amoroso, mais de um ano antes, na visita íntima comprada dentro da carceragem, tinha sido um desastre. João saiu da piscina, beijou Sofia e, na companhia de algumas comidas gostosas trazidas por ela, internaram-se no quarto, de onde só sairiam quase 24 horas depois. Era o bonito ato final de uma relação aventureira, que ficava para trás com os fogos de Copacabana e o ano de 1996.

No confuso pingue-pongue entre praias deslumbrantes e o mundinho cinza do manicômio, outra fonte de angústia para

João Guilherme era a realidade picotada da vida extramuros. Ninguém vive saltando de fim de semana em fim de semana. Nada tinha continuidade para ele, sentia-se sempre meio forasteiro. Desde o maravilhoso reencontro com Suzana no Natal – naquela mesma suíte em que se internaria com Sofia na semana seguinte –, flertava com a possibilidade de recomeçar a vida ao lado de sua primeira mulher.

Mas nos três meses em que ficara preso pela burocracia o mundo continuara girando para Suzana. E numa dessas voltas ela fora capturada por um novo amor. Quando finalmente conseguiu seu direito de sair novamente, João a procurou e esbarrou na notícia: ela ainda o amava, mas naquele momento teriam que seguir cada um o seu caminho.

Mesmo voltando muitas vezes de coração vazio das saídas terapêuticas, elas despertavam ciumeira nos colegas do manicômio. Frequentemente era cercado por eles ao chegar, e se via tendo de administrar a curiosidade e ansiedade alheias. Eventualmente, o salto entre os dois mundos era vertiginoso, como no retorno de uma viagem que fizera de jatinho fretado a Ribeirão Preto. Convidado por um grande amigo, tinha ido à inauguração de um empreendimento dele – uma sofisticada cervejaria, que embutia em seu ambiente a própria unidade de fabricação da cerveja. Depois de passar um fim de semana de fausto, com festa de arromba, hotel de primeira, mordomia total, ficava ainda mais surrealista a "fiscalização" de um daqueles seres ávidos, mal ele cruzara o portão de entrada do manicômio:

– E aí, Estrella? Como é que tá a rua?

– Tá a mesma coisa, cara. Muita fumaça, todo mundo com pressa. Um caos.

Mesmo com cínicos boletins em preto e branco como esse, alguns dos internos faziam grandes fantasias sobre o que o colega vivia do lado de fora. Certa vez, João adormecera na praia de Ipanema, de cara para o sol de meio-dia, e só acordara duas horas depois. Queimara-se violentamente, e dois dias depois sua pele estava coberta de bolhas e começava a descolar em grandes placas. Parecendo muito impressionado, um dos "fiscais" chamou-o num canto e comentou:

– Pô, Estrella. Essa mulher foi foda, hein? Azeite fervendo, isso?

João se divertia com aquelas figuras lunáticas. Mas já entendera que desde o início de suas saídas regulares voltara a ser um pouco estrangeiro para eles. E isto parecia embaralhar todo aquele delicado código de confiança vigente entre os internos. Mesmo assim, ainda tinha momentos impagáveis com eles. Andava cada vez mais atracado com o violão, aprimorando suas músicas e compondo novas. Estava decidido a sair da cadeia com um disco praticamente pronto para gravação. Compunha em qualquer canto, até na cela, com TV ligada, falatório e agitação. Os colegas tinham se acostumado à trilha sonora. Bastava soar o primeiro acorde para que eles fossem se chegando, como quem não quer nada, que nem gato em volta de lareira.

Com oito músicas prontas, ou ao menos com letra e harmonia bem resolvidas, João decidiu registrá-las em fita cassete. Pegou seu walkman, que tinha função de gravador, e saiu em busca de um "estúdio". Agora não podia mais haver a habitual algazarra à sua volta, e ele acabou indo parar numa cela escura e vazia, no alto da última galeria, completamente abandonada. Com excelente acústica, devido à total ausência de mobília, era o local perfeito para as gravações. Já estava no meio da segunda canção quando teve a impressão de ouvir batidas desritmadas. Continuou tocando, mas o batuque insistia, cada vez mais alto, agora acompanhado de um lá-lá-lá atrapalhado. João se virou e deu de cara com meia dúzia de internos aglomerados na porta da cela abandonada, já começando a acompanhar com palmas as batidas do violão, animadíssimos para participar do show. Não havia a menor possibilidade de explicar a eles que aquilo não era um show. Riu, desligou o gravador e comandou a festa. No dia seguinte, iniciaria a procura por um estúdio sem "orquestra".

Mas a fronteira entre a curiosidade e o estranhamento dos doentes em relação a João tornara-se débil, e podia desaparecer diante de um mal-entendido ou uma cisma qualquer. Aos poucos, foi se dando conta de que fora isto o que acontecera com Sebastião. A fixação contra ele não tinha sido só pelo problema da transferência de cela. Provavelmente, fora a expressão final de uma desconfiança crescente, invejosa, incendiada pela escalada paranoica comum àquele tipo de sentimento.

Passara a sentir-se, enfim, tremendamente exposto e inseguro naquele lugar. Ao aproximar-se do segundo aniversário de sua prisão, parecia acordar a cada dia com o dobro da ansiedade da véspera pelo momento da libertação. Talvez por começar a avistar a olho nu a saída definitiva, pela primeira vez brotava nele uma intolerância crônica com o ambiente da cadeia. O zelo e até o apego ao seu canto, às coisas ajeitadas em forma de "lar", eram agora pura rejeição. Certa madrugada, acordado pelo barulho de uma tempestade diluviana, radicalizou: galgou a pequena janela circular do paredão lateral e retirou-lhe a proteção que improvisara com os colegas justamente para os dias de chuva. A força do vento sudoeste então provocou imediatamente uma enxurrada cela adentro. João ficou ali, de pé sobre a cama, deixando a água socar sua cara e empapar os lençóis, o chão e tudo o que estivesse à sua volta. A cada estalar de raio e estouro de trovão, a fúria da natureza fazia-o sentir-se um pouco mais perto da liberdade.

Em 25 de outubro de 97 finalmente encerrava-se o prazo estabelecido na sentença para a detenção de João Guilherme. Alvoroçado, ele confirmou com Tonini que, a partir dali, a Justiça poderia expedir a qualquer momento o ofício decretando a sua soltura. O advogado o alertara, porém, que os dois anos a que fora condenado pela juíza Marilena Soares eram, conforme expresso na sentença, o "mínimo" que teria de cumprir – embora seus ótimos resultados ali dentro tornassem improvável qualquer prolongamento do prazo.

De sua posição privilegiada na proa do departamento administrativo, João passou a checar cada envelope que chegava do Judiciário. Avançava sobre cada novo lote certo de que num deles estaria a sua carta de alforria. Mas passaram-se dois dias, três, uma semana, e nada. Com a cabeça a mil paranoias por minuto, ele lembrou de uma antiga frase de Tonini: a Justiça procura a lógica, mas não é matemática. Ou seja, o juiz baseia sua decisão na técnica, mas a toma conforme sua convicção. E convicção é abstrata. E se a decisão de soltá-lo caísse num desses buracos negros da inércia judicial? E se o juiz resolvesse simplesmente ir empurrando sua internação com a barriga? Sua única certeza era que, àquela altura, sentia-se como um maratonista se aproximando de completar os 42 quilômetros – e sendo avisado de que alguém empurrou a linha de chegada 500 metros para a frente. Não dava para dar nenhum passo a mais.

18
A volta do "Mick Jagger"

Existem pessoas que têm o sono pesado e leve ao mesmo tempo. Dormem feito pedra, mas podem despertar completamente com o voo de um mosquito ou um clique de maçaneta no quarto vizinho. João era assim. E nas noites do manicômio havia sempre uma tempestade, um concerto sobrenatural ou simplesmente algum caso de insônia alheia para colocá-lo em vigília. Dependendo do que fosse o despertador, podia ficar um bom tempo acordado – ouvindo um show inteiro ou tomando banho de chuva, por exemplo. Mas se o motivo fosse mais fútil, tipo um sonâmbulo esporrento, ele dava apenas uma xingada no infeliz e mergulhava de volta no travesseiro. Na madrugada do dia 2 de novembro de 97 ele teria um desses despertares mais excitantes, que o mantinham algum tempo em alerta. Mas naquela noite ele não voltaria mais para a cama.

Já tinham decorrido exatamente oito dias desde que se encerrara sua pena e o silêncio absoluto da Justiça deixara seu sono pesado ainda mais leve. Um ruído abafado trouxe-o das profundezas, e na primeira vez que abriu os olhos teve a impressão de ter ouvido alguém chamando seu nome. Como sempre ocorre com quem acorda de sopetão, a consciência só veio à tona quando ele já estava sentado na cama. Se deu conta, então, de que o nome ouvido era "João", e no manicômio só o chamavam de Estrella. Ou seja, era sonho. Deitou-se de novo e ajeitou o lençol sobre o corpo. Mas ainda estava bem acordado quando ouviu de novo a voz sussurrada:

– João! Aqui, porra, no corredor!

O susto colocou-o sentado novamente em um segundo. Olhando para a porta da cela, viu um homem baixo, socado, gesticulando eletricamente para ele. Não era agente Desipe, nem se lembrava daquela figura entre os internos. Normalmente já não enxergava muito bem, e ali a escuridão e a vista embaçada do sono pioravam tudo. O visitante teve que se identificar:

– Cacete, meu irmão! Não tá me reconhecendo? Ave Maria, cheia de graça, o Senhor é convosco... Reconheceu agora?!

Não era possível. Aquela voz metálica e acelerada de Pernalonga, aquela inquietude desengonçada – não havia dúvidas: quem estava na sua frente era ninguém menos que Alcides, o "Mick Jagger" que comandava as orações (e a balbúrdia) na cadeia da Praça Mauá. Na última vez que tinham se visto, o bandido acenara para ele de uma janela da penitenciária vizinha, no mesmo complexo Frei Caneca. Como teria chegado até ali? Teria conseguido também a transferência para o manicômio?

Não. João levantou-se, aproximou-se dele, e só então notou que Alcides portava um fuzil, aparentemente um Sig Sauer suíço. Ou seja, o malandro não estava ali a passeio. Chocado com aquela aparição, o ex-*ghost writer* de Alcides recomendou-lhe que sumisse dali o mais rápido possível, antes que fosse descoberto pela guarda. Com a segurança inabalável de sempre, sorriso trincado de cocaína, "Jagger" terminou de atordoar o interlocutor:

– Que guarda, rapaz?! A guarda tá rendida, tá tudo dominado. Eu vim te buscar.

A situação era grave. Alcides tinha conseguido fugir da cadeia – o que não era nenhuma novidade, pois já era a terceira ou quarta vez. Mas pouco antes da fuga conhecera um outro preso mais jovem que ele, de personalidade igualmente forte, recém-transferido de um manicômio judiciário em Niterói, onde espancara um interno. Os dois carismas logo se atraíram, e ambos passaram a descobrir uma série de afinidades, como a paixão pelo manejo de fuzis. Tinham os mesmos delírios "Rambo" de investir quase solitariamente contra facções inimigas e tomar de assalto bocas de fumo. Gostavam de formar "exércitos" de dois ou três atiradores – entrincheirados no alto do morro e turbinados por montanhas de cocaína – para trocar fogo durante horas com pelotões policiais inteiros.

Na cadeia, em geral os dias parecem ser todos iguais, a não ser que Alcides esteja lá. E numa dessas tardes que tinham tudo para ser a repetição da anterior ele estava matutando mais um plano mirabolante (seu esporte predileto na prisão), quando se sentiu iluminado por uma ideia genial. Chamou o outro aspirante a Rambo para junto da janela da galeria, de onde se via o campo de futebol do manicômio, e iniciou sua dissertação:

– Eu nunca invadi uma prisão pra soltar alguém. Não que eu não me garanta, é que ainda não apareceu um cidadão que mereça ser salvo por mim.

– E o que é que eu tenho a ver com isso? – devolveu o outro, entediado.

– Sei lá. É que tudo tem que ter a primeira vez, né não? E aí nesse manicômio tem uma figura que é meu camarada. Eu fiquei devendo uma pra ele. O cara me ajudou no contato com a minha família. Escrevia também umas cartas de amor sem-vergonha e botou na minha mão a melhor mulher que eu já comi na vida. Esse cara já devia até tá na rua, mas ouvi dizer que o juiz vai deixar ele mofando lá.

O bandido mais jovem entrou então na conversa, comentando que também tinha um chapa internado naquele hospital penal. O tal sujeito era músico, parecia também meio intelectual, filho de família rica, e segurara sua onda no momento crucial em que ia matar um otário. Ficara devendo essa a ele. O cara tinha mostrado caráter, "apesar de vascaíno", ressalvou. Tinham jogado muita bola juntos e sacudido as galerias do manicômio com duelos invocados de voz e violão, em longos improvisos de rap-pop-samba. Ou seja, o interlocutor de Alcides era aquele general precoce do morro vizinho que, na música, no futebol e até nas invasões à cozinha do manicômio formara uma dupla afiada com João: Dedé.

– Então tá armado, tu vai comigo. Eu tiro o João de lá e tu resgata esse tal de Estrella – arrematou Alcides, prático.

– Como assim, resgata? A gente tá preso, porra!

– Não, eu sei. Primeiro a gente foge.

– Ah, entendi.

Alcides e Dedé não precisaram disparar um único tiro para chegar até a galeria onde, ao fundo, ficava a cela de João Guilherme. Os dois sentinelas da Polícia Militar haviam sido rendidos dentro de suas próprias cabines, e estavam sob a vigilância de "soldados" da dupla invasora. Um dos agentes penitenciários de plantão também já tinha sido dominado e obrigado a abrir a galeria. As chaves das celas da ala de João estavam com outro agente, que Dedé fora caçar enquanto Alcides ia acordar o amigo.

– É o seguinte, João. Junta aí tudo que tu quer levar, que eu já volto com o homem da chave. Mas não demora, pelo amor de Deus!

Desde que deixara a carceragem da Polícia Federal João pressentira que a "solidariedade" daquele doido ainda ia lhe trazer problemas. Mas agora tinha que ser franco com ele, e com firmeza fazê-lo entender que, dessa vez, não ia tomar parte no seu plano genial.

– Tu tá maluco, Alcides! Eu já cumpri minha pena, tô com um pé fora dessa porra. Vou sair andando pela porta da frente, com meu alvará debaixo do braço. Tu é meu chapa, nunca vou esquecer essa tua atitude de irmão. Se quiser, solta essa malucada toda aí, pra não perder a viagem. Mas eu não saio nesse bonde.

Mesmo com toda sua clareza, aquelas palavras pareceram não mover um milímetro da convicção do fuzileiro desconjuntado, um Rambo com jeito de Chaplin e eletricidade de Mick Jagger. Mantendo o tom quase didático, Alcides explicou ao seu fiel *ghost writer*, com a dose de calma que a situação permitia, que ele estava iludido. Entre os agentes do Desipe, o que se comentava era que muita gente – promotores, policiais federais e mesmo juízes – tinha ficado insatisfeita com a sua sentença. Seria um precedente perigoso pôr na rua tão rapidamente um traficante que chegara onde ele havia chegado. Àquela altura, seu processo já devia estar devidamente estacionado na geladeira da Vara de Execuções Penais:

– Que alvará, cumpade?! Não vão te dar alvará nenhum. Vão te empurrar com a barriga, te deixar mofando aí. Todo mundo sabe. Até aquela mordomia de passeio no fim de semana tu já já perde, vai por mim. Vamo embora enquanto tá fácil. Daqui a pouco nego te tranca num lugar pior, e aí não adianta mandar recado que eu não vou lá te buscar não.

A cabeça de João virou um liquidificador. Sua aflição disparara com o discurso de Alcides, que miseravelmente fazia todo o sentido. Encaixava-se com perfeição às suas paranoias mais recentes. Realmente, o ofício da Justiça decretando a sua soltura já devia ter saído há mais de uma semana, e não havia até então qualquer explicação no horizonte para aquela demora. E se estivessem mesmo preparando uma virada de mesa contra ele? Se esperasse para ver se havia alguma manobra judicial para jogá-lo num presídio talvez fosse tarde demais. Ficou olhando estarrecido para aquela criatura de fuzil na mão, sem conseguir dizer nada. Persuasão sempre fora o forte de Alcides, que convencia até policial a encomendar Big Macs para os presos. Notando a hesitação do outro, decidiu por ele:

– Vem comigo. A gente sai te arrastando, pros Desipes acharem que é sequestro. Depois, se tu se arrepender, é só bater aqui de novo e dizer que escapou do cativeiro.

Nessa hora, Dedé apontou esbaforido na outra ponta da galeria, trazendo o guarda que tinha as chaves. Alcides perguntou se ele já localizara o tal Estrella, porque não podiam perder mais tempo. O outro já ia dizendo que não conseguira achá-lo em lugar nenhum no exato momento em que chegou diante da cela e deu de cara com o próprio.

– Estrella! Achei, é esse aí que tá falando contigo.

– Não, esse é o João, aquele das cartas que eu te falei...

– Meu nome é João Estrella, porra. Vamo embora logo dessa merda – decidiu enfim o protagonista do plano, diante daquela incrível força-tarefa que se mobilizara em função dele. Já fora da cela, carregando só a roupa do corpo, um maço de cigarros e um saco de biscoito pela metade, assistiu a um inacreditável recuo estratégico comandado pelo general Dedé:

– O violão! Para! Volta! Temos que resgatar o violão!

Atravessaram a galeria correndo, porque a essa altura, por mais que tentassem abafar os ruídos, eles já tinham sido suficientes para acordar vários internos. Vendo a movimentação frenética e as armas pesadas, os presos começavam a perceber tratar-se de um resgate. Um grito dali, umas batidas na grade de lá, e as reações foram se multiplicando, se avolumando. Logo o silêncio da madrugada era arrombado por uma barulheira estrondosa vinda do interior das celas. Dedé chegou a sugerir que parassem para soltar todo mundo, mas foi cortado com rispidez por Alcides:

– Tu tá maluco! Olha o esporro que tá isso aqui, não dou 15 minutos pra polícia estar cercando a área toda. Esse negócio de soltar todo mundo acaba que não sai ninguém. Cala a boca e corre!

Passando diante das celas, João ouvia, no meio dos gritos, alguns dirigidos pessoalmente a ele: "Vai, sete um! Tu nunca enganou ninguém com esse papo de bom comportamento!", ou: "Tá certo! Pra sair desse cemitério de doido só fugindo mesmo!" Bem no final da galeria, já quase na rampa que dava acesso ao pátio, ouviu um pedido suplicante:

– Estrella, Estrella! Me leva contigo, por favor! Não aguento mais esse inferno!

Era o Capetinha, que já tinha fugido duas vezes, só no período em que João esteve lá (e recapturado em ambas). Seu método não continha maiores artifícios: nomeava um ajudante para lhe dar um calço num trecho mais baixo do muro, se esborrachava do outro lado e saía correndo para o morro vizinho. Aquela súplica foi a única manifestação que mereceu resposta do fugitivo:

– Fica frio, Capeta. Vai dormir. Amanhã, se tu ainda quiser fugir, tu sabe o caminho.

Quando a pequena tropa de elite iniciava a descida da rampa, ouviu a primeira sirene de polícia na rua Frei Caneca. "Pronto, vamo ter que metralhar inimigo", sentenciou logo Dedé, entre nervoso e animado. Alcides deu ordem para que acelerassem a disparada, antes que as forças policiais tivessem tempo de se posicionar completamente à entrada no manicômio. Nessa hora, talvez pelo corpo ainda amolecido pelo sono recente, João pisou em falso e foi ao chão, rolando alguns metros ladeira abaixo. Apesar da dor generalizada, ficou de pé novamente e tentou caminhar, mas não conseguia. Tinha torcido fortemente o pé direito, talvez até o tivesse fraturado. Com vigor incomum, auxiliado pela energia de seus 20 anos, Dedé, que vinha logo atrás, fez uma alavanca e jogou os mais de 70 quilos do amigo nas costas, num só movimento. E continuou correndo, como se carregasse uma mochila.

Conforme planejado, os quatro "soldados" da tropa de resgate já estavam posicionados do lado de fora do portão de entrada. Abririam caminho a bala para a passagem dos "generais" e lhes dariam cobertura. O indicador de Dedé já coçava no gatilho de seu AR-15 quando ganharam a rua e, surpreendentemente, não avistaram um só policial. Fora alarme falso. A tal sirene soara por outro motivo, possivelmente menos nobre. Envolta pela calma da madrugada, sem nem um rato de esgoto como testemunha, a pequena milícia pulou dentro da Kombi estacionada por Alcides bem em frente ao complexo penitenciário Frei Caneca. Deram algumas rajadas para o alto, só para remediar a coceira do dedo, levantaram os braços de um João Guilherme aturdido, em sinal de comemoração, e tocaram o bonde para um morro vizinho, onde Dedé comandava uma boca de fumo.

A alguns quilômetros dali, preso numa penitenciária em Bangu (Zona Oeste do Rio), Alex, o homem que comandara de uma cadeira de rodas a Conexão Nelore no Sudeste, ficara sabendo da operação-resgate. Mandara então um emissário dar a boa-nova a seus parceiros de Rondonópolis, cujo laboratório de refino havia sido estourado numa megaoperação pouco antes da prisão de João. A parte da quadrilha que não caíra nas mãos da polícia estava restabelecendo a produção numa cidade ainda mais modesta, já em território boliviano, e precisava reconectar-se ao fabuloso mercado carioca.

A reconstituição da linha completa até a Holanda seria improvável, uma vez que Felipe se retirara completamente do negócio. Mudara-se para Londres e agora trabalhava numa grande agência de publicidade. Casara-se de novo, com uma mulher totalmente careta e, para todos os efeitos, nem sabia o que era cocaína. Mas a reconquista da Zona Sul do Rio não seria difícil, caso João estivesse decidido a retomar seus negócios. E provavelmente estaria, porque agora, como foragido, não teria muitas opções para o ganha-pão (e menos ainda para o ganha-pó).

Segundo as instruções de Alex, os parceiros na Bolívia, que não conheciam João mas tinham fotos dele, deveriam procurá-lo cerca de um mês após sua fuga. A varredura teria de cobrir diariamente três pontos específicos da cidade, onde mais cedo ou mais tarde ele daria as caras: os bares da Cobal do Leblon, o Baixo Gávea e o prédio do amigo Lúcio, em Ipanema. Valia também algumas incertas nas proximidades da casa da mãe de Sofia. Estavam separados, mas como todo casamento intenso que termina de repente, aquele possivelmente teria o seu vale-a-pena-ver-de-novo. Em todo caso, o ideal era que a aproximação fosse feita num ambiente de bar, de forma sutil, através de uma espécie de senha ditada por Alex: "O homem da cadeira de rodas pediu pra te lembrar de levar a Diana para passear." Era uma referência a um ritual diário de João com sua Dobermann, que Alex conhecia bem, e no auge do entrosamento da dupla virara até bordão para combinar por telefone os encontros para a receptação da droga:

– João, tudo certo. Já pode levar a Diana para passear – avisava o fornecedor.

A primeira noite do fugitivo no barraco arranjado por Dedé no "seu" morro foi um horror. Fazia um calor enorme, seu pé machucado doía muito e a consciência doía mais ainda. Lembrou da chance que tivera de fugir no próprio dia da sua prisão, 25 de outubro de 95, quando os policiais o deixaram sozinho para resolver um problema mecânico no outro carro, no Aterro do Flamengo. Na ocasião, deixara passar o momento exato do tal salto do alto da cachoeira – sua metáfora para decisões na vida que precisam ser tomadas em meio segundo, numa combinação instantânea de arrojo, presença de espírito e ausência de reflexão. São situações em que o pensamento é banido e só pode voltar à cabeça após o salto. Do contrário, paralisará o saltador. Agora, deitado sobre uma esteira no chão daquele barraco paupérrimo, o pensamento refluía para dentro da cabeça e ele tomava consciência de que, dessa vez, tinha saltado.

A primeira sensação angustiante era a de ter jogado pela janela mais de dois anos de vida sofrida. Já que era para arriscar o salto do penhasco, que tivesse arriscado logo da primeira vez. Por outro lado, naquela ocasião, as chances de a acrobacia terminar em morte eram maiores. A boa notícia era que ele estava vivo. E no dia seguinte se sentiria ainda mais vivo, com a redução das dores e a constatação de que não quebrara o pé, já podendo caminhar. Tomando uma cerveja com Dedé numa birosca no pé do morro, comentou que ainda não tinha a menor ideia do que faria da sua vida.

– Eu sei o que tu vai fazer – respondeu o outro com segurança, dando um pinote para trás, sumindo numa viela e reaparecendo um minuto depois com o violão de João na mão. – Tu vai levar um som comigo e a gente vai botar essa moçada pra dançar.

Em plena luz do dia, no meio do intenso ir e vir da favela, soou a levada pop de um dos contagiantes hits de Lulu Santos, logo pontuada pelos improvisos vocais de Dedé. Como no manicômio, João repetia infinitamente aquela sequência de acordes cada vez mais ritmados, aos quais se encaixava a voz quase percussiva de rapper do parceiro – que ia montando uma crônica instantânea das coisas e das pessoas que passassem por seu campo visual. A exemplo do que acontecia no Heitor Carrilho, a dupla rapidamente tornou-se o centro de um pequeno turbilhão de batuques e gargalhadas.

Foi a primeira de uma série de sessões musicais dançantes e hilariantes da dupla, até o dia em que João decidiu ir embora do morro. Já estava lá havia um mês, vivendo precariamente, e precisava reencontrar as pessoas de sua relação. Despediu-se de Dedé e pediu que mandasse um abraço a Alcides caso ele aparecesse por lá. O "Mick Jagger" tinha sumido no dia seguinte ao resgate, e João estava certo de que ele comandara aquela operação arriscada mais para se divertir do que para salvá-lo. Pendurou o violão nas costas, filou o último cigarro do dono da venda e pôs o pé na estrada.

Já próximo à entrada do Túnel Santa Bárbara fez sinal para um táxi. Não tinha um tostão no bolso, mas daria um jeito de pagar no destino. E seu destino seria a primeira pessoa conhecida que ele conseguisse achar em casa. Era uma sexta-feira, perto de meio-dia, e era capaz de ele pegar algum amigo boêmio ainda tomando café da manhã. Mandou o motorista tocar para a casa de Lúcio, na avenida Vieira Souto.

Acertou o primeiro tiro na mosca. O próprio amigo atendeu o interfone e fez uma demorada pausa quando o visitante se identificou. Não era possível, João Guilherme estava preso, aquilo era algum doidão, provavelmente virado, querendo curtir com a cara dele.

– Meu irmão, vai dar um mergulho na praia e na volta tu decide se quer dizer quem é, falou?

– Lúcio, não desliga, porra! Sou eu mesmo. Preciso que tu me dê uma força aqui pra pagar um táxi, depois te explico tudo.

O taxista, já desconfiado, finalmente foi pago, e João narrou toda a sua louca aventura, enquanto devorava esfomeado o café da manhã do amigo. Até porque Lúcio não conseguira comer mais nada. Estava chocado com o que João fizera. E mais impressionado ainda como tomara por verdade acabada aquela teoria de Alcides de que a Justiça lhe negaria a liberdade. Apesar de tudo, porém, jamais lhe negaria solidariedade. Como morava sozinho naquele espaçoso apartamento de frente para o mar de Ipanema, sugeriu que o amigo ficasse algum tempo escondido ali, até que as primeiras operações de recaptura dele esfriassem.

Ali pelo terceiro dia, já impaciente com seu cativeiro voluntário, João esperou Lúcio sair para trabalhar e resolveu descer até o calçadão da praia. Precisava sentir melhor a brisa oceânica para clarear suas ideias. Parou ao lado de um quiosque, pediu fogo ao vendedor de cocos e estava dando o primeiro trago quando notou um homem jovem andando em sua direção. Pensou em sair andando depressa, mas se o sujeito fosse policial isto só despertaria mais suspeitas. Procurou então colocar a mão sobre a boca e baixar o rosto, como se estivesse pensativo, para dificultar o reconhecimento da sua fisionomia. Mas a aproximação do estranho continuou, até parar a cerca de 2 metros de distância dele, apoiar um dos pés sobre um banco de cimento, olhar para o mar e dizer em voz alta:

– O homem da cadeira de rodas pediu pra te lembrar de levar a Diana pra passear.

João captou a charada no ato, virou-se para o garotão e fez um discreto sinal de positivo com o polegar. O outro então lhe estendeu a mão e se apresentou, enquanto se cumprimentavam:

– Fala, João. Meu nome é Zé Luís. Tenho notícias boas do Alex pra você.

Como era uma segunda-feira nublada e a praia estava vazia, caminharam até a beira do mar, para ficarem menos expostos. O emissário explicou que o paraplégico porra-louca soubera de sua fuga porque fora interrogado sobre ela. As autoridades de segurança suspeitavam que Alex estaria no comando da operação que o resgatou do Manicômio Judiciário. Não, não tinha sido ele, mas agradecia a excelente notícia. Àquela altura, o novo laboratório de refino já funcionava a pleno vapor num rancho boliviano próximo à fronteira, comprando a matéria-prima das mesmas plantações e produzindo o Nelore Puro idêntico ao original. A diferença estava na conexão com o Rio. Os carregamentos tinham passado a ter no máximo 20 quilos, e a rota evitava as entradas principais da cidade. Os caminhões agora seguiam diretamente para a Baixada Fluminense, de onde a droga passara a ser transferida para pequenas embarcações no fundo da Baía de Guanabara. De lá era levada por mar até algum ponto da costa próximo ao Centro da cidade – da Ilha do Governador à Praia de Botafogo, variando a cada remessa.

Zé Luís explicou que não tinha nada a ver com o negócio. Era mato-grossense e há dez anos vinha regularmente ao Rio, desde que participara de uma prova de triatlon na cidade. Continuara treinando e participando de competições, mas aprendera também o voo livre, na Praia do Pepino, e começara a namorar uma carioca. Seu irmão mais velho era um dos sócios do laboratório de refino Nelore Puro, e eventualmente pedia sua ajuda para a comunicação com Alex. O novo receptador da conexão no Rio era um primo de Alex, que morava no Recreio dos Bandeirantes e chegara a tentar bicar o mercado da Zona Sul, sem muito sucesso. Conhecia pouca gente, não conseguia dar vazão nem a 10 por cento da carga.

– Cara, então é o seguinte: eles querem saber se você tá dentro de novo. Se estiver, o esquema é o mesmo. Pega a parada uma vez a cada dois meses no estacionamento da Cobal do Leblon ou do Carrefour, na Barra. Te apresento ao Maurício (que ficou no lugar do Alex) e saio fora. Pensa direitinho, porque eu não vou deixar nem o meu telefone contigo. Vai ser ruim de tu me achar de novo – explicou o triatleta.

– Tô dentro – devolveu João, sem piscar.

Tomaram uma água de coco enquanto Zé Luís pegava uma caneta e um guardanapo de papel para repassar os contatos de

Maurício e as coordenadas sobre a próxima remessa. Despediram-se e João retornou imediatamente ao prédio. Cumprimentou o porteiro, pegou o elevador para o décimo andar e voltou a ver o mar – e a vida – de cima. Saíra para um breve e inocente passeio no calçadão e voltara com um emprego milionário.

Telefonou para Maurício, que o atendeu efusivamente e disse que ele não morria tão cedo. Acabara de receber uma nova carga da Bolívia, e em seguida a ligação de Zé Luís dizendo que conseguira localizá-lo em Ipanema. Tinha 5 quilos de cocaína pura para ele, e propunha encontrarem-se no dia seguinte, terça-feira, 9 de dezembro, para a entrega da preciosidade. João propôs que o encontro fosse na quarta, para que pudesse fazer um rápido comercial do produto entre seus antigos clientes. Explicou ainda que não era mais vizinho da Cobal, e perguntou se não poderiam marcar na Praça Nossa Senhora da Paz, que ficava a dois quarteirões de onde se encontrava hospedado. Maurício topou tudo. Estava tão animado que era capaz de aceitar até levar a encomenda de helicóptero à janela dele na Vieira Souto.

O dono do apartamento chegou do trabalho e foi de cara recebendo a notícia:

– Lúcio, em uma semana no máximo desmonto meu acampamento aqui e te deixo em paz de novo. Tu foi do caralho comigo, brother. Valeu.

– Que isso, cara? Vai fugir de novo? Teus amigos Rambos vêm te resgatar? Pode ficar aí, meu irmão, não tem erro, não.

– É que depois de amanhã minha vida vai mudar. Tem 5 quilos da branquinha me esperando ali na Praça da Paz. Tô na área de novo, garoto!

– O quê? Tu vai entrar nesse inferno de novo? Tu não aprende não, cara? Vai fazer outra coisa na vida, porra. Vai bater perna por aí... É, bom, tu não tá podendo muito bater perna por aí, não... Mas vai tentar uma... Porra, sei lá o que tu vai tentar... Tu falou 5 quilos, é? Daquela mesma de antes? Purinha mesmo? Puta que pariu, que maravilha!

Uma semana depois João e Lúcio estavam de novo no topo da noite carioca. João alugara um apartamento para ele no Leblon, e os dois alternavam-se como anfitriões das loucuras quase diárias. No cúmulo da ousadia, chegavam a dar umas voltas pelo Baixo Gávea e pela Cobal, só para que o exilado visse um pouco a rua, sem se expor muito. Acabavam encontrando gente e arrastando para as festinhas particulares patrocinadas pela grife Nelore. No fundo, porém, havia sempre uma preocupação em não chamar demais a atenção da vizinhança, controlar o volume da música e do falatório, evitar que a coisa varasse a madrugada. João precisava de uma celebração mais ampla, ruidosa, sem restrições ao volume do som, das pessoas e da loucura.

Só havia uma saída para a realização daquele desejo: alugar uma mansão e dar uma festa de arromba, regada a bom uísque e ao melhor pó da cidade. Estava decidido. Naquele Natal, para umas 300 pessoas, ia nevar no Rio de Janeiro.

– SUSPENDE A CERVEJA! Senão a coisa vai desandar.

A ordem foi dada, quem diria, pelo próprio João Guilherme, no casarão alugado para a grande festa. Mas os embalos ainda não tinham começado. Era de tarde, e quem estava lá eram os músicos convidados pelo anfitrião, todos instrumentistas da primeira linha do pop-rock carioca, que ensaiavam para o show ao vivo que dariam durante a festa. João seria o vocalista daquela banda formada em tempo recorde, e precisavam afiar o repertório escolhido à sua imagem e semelhança: David Bowie, Rolling Stones, Stray Cats, Barão Vermelho, Paralamas do Sucesso etc. O problema era que o ensaio tinha atingido altíssima octanagem, e o dono da festa temia que se não suspendesse a bebida seus amigos músicos "queimassem a largada" e na hora do show estivessem totalmente fora de combate.

A véspera fora de muita chuva e vento, São Pedro realmente jogando contra. Mas nas últimas horas a atmosfera parecia estar se depurando, o cinza-chumbo ficando mais leve, e no fim da tarde surgiram os primeiros azuis, deixando vazar até alguns raios do sol que se punha. Era tudo a preparação para uma noite olímpica, indefectivelmente estrelada – e ainda realçada pela pouca iluminação urbana do Recreio dos Bandeirantes, bairro da Zona Oeste bem pouco ocupado na época. Na mansão próxima ao Clube Português, numa superprodução que totalizaria o equivalente a cerca de 5 mil dólares, João preparava-se para fazer nevar em pleno verão.

Era uma festa daquelas que a cidade fareja de longe. Semanas antes, já estava na boca do povo, correndo de mesa em mesa os Baixos cariocas. A boemia sabe pressentir seus momentos imperdíveis. O anfitrião tinha uma lista extensa de convidados, e quem não estivesse na lista entraria também. Era uma questão de princípio. Se a pessoa aparecesse lá, é porque havia sido convidada por alguém. Portanto, não podia ser barrada. E cada convidado era recebido de maneira muito especial. João tinha separado pacientemente 100 gramas de cocaína em papéis de 1 grama, que distribuíra pelos bolsos de seu blazer. Cada um que chegava para cumprimentá-lo ouvia o texto inusitado: "Parabéns, tenho um presentinho pra você." E ganhava sua porção de alegria em pó.

Poucas horas antes da festa uma amiga lhe perguntara se ele ia servir jantar ou só salgadinhos.

– Comida? Taí, não tinha pensado nisso...

Com o arsenal pesado de cocaína, uísque, champanhe e cerveja que montara, não lhe passara pela cabeça nada que tivesse algum parentesco distante com proteína ou sal. Ainda argumentou com a amiga que os maxilares iam estar travados demais para mastigar alguma coisa, mas ela respondeu que ele estava louco e decidiu providenciar, por conta própria, um bufê qualquer. O cálculo de João estava certo. Quando começou a nevar o pó branco e puro emanado dos bolsos dele, e iniciaram-se os "pit-stops" nos banheiros e quartos do casarão, restou às torradinhas, pastinhas e bolinhas de queijo assistir a tudo de um canto do salão. E esperar pelo ataque das moscas no dia seguinte.

O dono da festa havia convidado todas as pessoas interessantes que passaram por sua vida – e que ele fora capaz de lembrar do nome e descobrir o paradeiro. Por volta da meia-noite os salões e a pista de dança fervilhavam com gente de todas as fases do seu passado e do presente. Gatas burguesas que transformaram em point o pedaço de praia em frente ao Country Club, na Ipanema dos anos 80, misturavam-se às pós-hippies que fizeram a fama do Baixo Gávea e do Posto 9. Numa rápida olhada em volta da piscina, via no mesmo quadro ex-colegas de escola (parceiros nas primeiras aventuras proibidas) e os amigos mais recentes de som e boemia (parceiros nas últimas aventuras proibidas). Rostos íntimos juntavam-se a outros conhecidos só de vista. Quase lado a lado, a primeira mulher, Suzana, e a última, Sofia. Depois de muito tempo sem subir num palco, preparava-se para um show definitivo, em que a plateia eram as testemunhas da sua vida inteira.

Se o DJ já estava fazendo a mansão tremer com seu repertório rock'n'roll impróprio para tímpanos sensíveis, os primeiros acordes do show soaram como princípio de terremoto. João contratara o melhor e mais potente equipamento da praça, da empresa Mac Áudio, a mesma usada pelo Canecão, a mais famosa casa de shows do Rio. Ao longo de 12 músicas, selecionadas entre as 50 melhores que já interpretara nos bares, palcos e calçadas, o vocalista-anfitrião dedicou-se ao que mais gostava: fazer a galera vibrar. Era o embaixador da diversão geral arregaçando as mangas, como quem diz "agora deixa comigo". E pôde concentrar-se perfeitamente em tudo que acontecia no palco e na plateia, por conta de algo que o diferenciava de todas as outras pessoas presentes àquela casa: ele estava careta.

Não tinha cheirado uma única carreira, nem tomado um gole de uísque sequer. Mal dera duas bicadas numa cerveja para molhar a boca. Não se tratava de algum surto virtuoso ou acesso febril. Apesar do currículo *junky*, diante de um microfone ele assumia o puritanismo de um frade. Senão, passaria o show inteiro, como naquele bar em Veneza, na dúvida se estava cantando muito bem ou muito mal, se sua voz estava inaudível ou distorcida de tão alta. Mas essa concessão só duraria até o último acorde. A plateia pediu mais, ele agradeceu, mas passou a tarefa aos outros músicos. Já eram duas da manhã, e não podia esperar mais meio minuto para mergulhar naquele caldeirão de gente e loucura.

Caiu de boca e de nariz em tudo o que tinha direito, circulou de roda em roda, ia conversar quando não aguentava mais dançar, ia dançar quando não aguentava mais falar. No gramado, no entorno da piscina, nos salões e nas escadas, assistia a cenas da boa e velha busca desvairada do prazer. Pequenos grupos que se formavam casualmente e em dois minutos se trancavam em algum dos quartos para aprofundar os trabalhos. Não muito tempo depois um membro daquele grupo original já formava um dos casais de outro grupo inteiramente diferente, que também partia para sua curta temporada num dos cômodos do segundo andar.

A festa de João Guilherme ignoraria completamente o nascer do dia. Possivelmente, ignoraria o dia seguinte inteiro, se não fossem interrompidos pelos administradores da casa às sete e meia da manhã. Eles sentiam muito, mas precisavam iniciar a preparação para o próximo evento. A festa estava terminada em sua existência física, mas ainda duraria muito tempo na mitologia dos bares da cidade.

Para o anfitrião, a missão poderia ser declarada cumprida em seu aspecto, por assim dizer, social. Mas pessoalmente, dar a festa por encerrada assim, sem mais nem menos, era como tentar estacionar um carro a 200 quilômetros por hora. Precisava transferir-se com uma boa provisão de cocaína e grana para alguma estação intermediária, onde pudesse iniciar a desaceleração (ou talvez continuar acelerando). E durante três dias ninguém teria notícias dele – nem os amigos mais próximos, nem Lúcio, nem os clientes, que entupiriam sua secretária eletrônica desesperados com o seu sumiço.

Na saída da festa, Cláudia, uma ex-namorada, com quem João estava saindo nas últimas semanas, sugeriu que o estágio para readaptação à atmosfera terrestre fosse feito em seu apartamento, no Leblon. Mas, estando no Recreio, o Leblon era muito longe para quem precisava se esconder do dia. Decidiram então que a quarentena seria no motel Dunas, na Barra. Abriram logo um saco de cocaína na mesa principal do quarto e pediram pelo telefone uma dúzia de cervejas.

– Duas cervejas, senhor? – quis se certificar o atendente.

– Não, meu amigo. Uma dúzia. Doze. Não gosta do 12? É, eu também não. Manda 13, então, ok? Treze. Melhor assim?

Sobre uma das mesas de cabeceira os trabalhos eram reiniciados com uma fileira de pó de aproximados 30 centímetros por 1 de largura – a maior carreira da sua carreira de cheirador. Sem tirar o canudo do nariz, nem mesmo trocar de narina, fez desaparecer aquela "lacraia" num fôlego só. Por alguns segundos sentiu como se estivesse preso debaixo d'água, prestes a se asfixiar. Arregalou os olhos e Cláudia veio em seu socorro, derramando-lhe goela abaixo metade de uma das latas de cerveja que acabavam de chegar. Foi o que o fez conseguir voltar a respirar, ainda sob uma taquicardia violenta. Pediu então à namorada que enchesse a banheira com água quente e se afundou ali por umas duas horas, cercado de cervejas, procurando destravar um pouco o corpo e os nervos.

Estavam perto de completar 24 horas sem comer, sem dormir e sem parar de cheirar, e era apenas o começo. Naquele tipo de maratona química, iniciava-se o estágio em que a euforia começava a baixar, mas aumentava o prazer. A "ligação" acelerada ia dando lugar a um estado mental mais profundo e contemplativo, assemelhado ao das drogas alucinógenas. João chamava aquela fase de estado "plâncton", propício à prostração no escuro, a colóquios vadios e sem sentido, com boa música ao fundo e, eventualmente, algum sexo – no caso, sem sair da banheira em nenhuma hipótese.

Passadas 48 horas, nada acabava: nem a cocaína, nem o dinheiro, nem o álcool, nem a vontade de permanecer exatamente naquele estado físico e mental. A ausência de sono e de comida só apresentaria sua conta ao fim do terceiro dia. Uma espécie de câimbra no estômago remeteu ao cérebro um estranho desejo de comer uma colherada de requeijão. Fez exatamente esse pedido à copa do motel – que não estranhava mais nada – e lambuzou-se uma, duas, três vezes naquela orgia salgada e leitosa. Cláudia fez o mesmo, e em cinco minutos os dois desabavam na cama, para cumprir dormindo as 12 horas de sua sexta diária no Dunas.

Quando finalmente acordou, João não tinha sequer uma ponta de dor de cabeça, e não reconheceu o lugar onde estava. Parecia tudo diferente, e não avistava Cláudia. Teria ela ido embora sozinha? Olhou em volta e viu uma porta de grade. Confuso, teve a impressão de estar preso de novo. Deu um pulo, sentou-se na cama e deu de cara com um de seus "fiscais" do manicômio, colega de cela "vip", que lhe repetiria a mesma pergunta de sempre:

– E aí, Estrella? Como é que tava a rua?

– Tava a mesma coisa, cara. Tudo igual.

João nunca tinha tido um sonho tão real. Até porque a festa de arromba de fato acontecera, exatamente como no sonho. Só que pouco mais de dois anos antes, no dia 7 de maio de 1995, seu aniversário de 34 anos – no auge do seu baronato. Até a maratona química no motel fora fielmente reproduzida por seu inconsciente (que apenas tomara a providência de censurar a figura de Sofia, a verdadeira parceira do transe no Dunas).

Agora, ao olhar para a porta da cela, ele quase podia ver as figuras de Alcides e Dedé, com seus fuzis, prontos para arrancá-lo dali. Mas eles nunca viriam. Graças a Deus.

19
Guaraná para o demônio

João Guilherme sonhou com sua fuga provavelmente por não ter fugido – e para não fugir. Deixou para o inconsciente o serviço sujo de lidar com o desejo, tantas vezes abafado, de jogar tudo para o alto e se mandar dali. Desde a adolescência, os sonhos viviam lhe trazendo recados. Às vezes, acordava com uma decisão tomada a respeito de algo que na véspera o atolava em dúvidas. Por isso, ao levantar-se, tinha sempre o cuidado de reconstituir o filme que sua cabeça passara à noite. E um desses filmes, talvez o mais realista de todos eles, viria para libertá-lo – não da cadeia, mas de uma prisão emocional de quase 20 anos.

Era ainda jovem demais, adulto por fora e garoto por dentro, quando o pai já doente veio pedir-lhe ajuda. Não tivera estrutura para sustentar aquele abraço inesperado e cheio de dor de João Estrella, no andar de cima da velha casa 13. Mas a cena não sairia mais de sua cabeça. E quando o pai morreu, veio a culpa. Devia ter ficado mais tempo ao seu lado, tinha que ter sido forte para encarar o sofrimento dele e corresponder ao seu abraço. "Amarelei", pensava, sempre que o episódio lhe voltava à mente.

Até que os porões da sua consciência lhe jogaram o assunto na cara. Veio o sonho avassalador, no qual seu pai aparecia preso em seu lugar. E ele ia ao seu encontro para libertá-lo, vencendo o medo de acabar preso também. Ao chegar à prisão, descobria, porém, que João Estrella não estava sofrendo. Parecia até se divertir, cercado de ninfas, comida e bebida. O filho acabava participando da festa, e depois os dois saíam juntos pela porta da cela, tranquilamente, até ganharem a rua.

Acordou profundamente aliviado. Não era espiritualista, mas sentia como se tivesse ido dizer a seu pai que podia contar com ele em qualquer hipótese. E como se ele tivesse lhe respondido que estariam sempre juntos, sem descuidar do seu primeiro mandamento: jamais abrir mão de se divertir na vida.

Na manhã de 4 de novembro de 97, exausto de tanto sonhar, João não checou a correspondência vinda do Judiciário para procurar o ofício da sua libertação. O chefe da sua seção tinha chegado cedo, e tomara a iniciativa de abrir os envelopes. Na mesa em frente, ele era um poço de ansiedade tentando ler na cara do outro se havia chegado o seu dia. O chefe sabia disso, e talvez, sem sentir, fizesse um certo suspense na apreciação dos papéis. João não tinha mais saco para o seu personagem de burocrata, e fazia um esforço monstruoso para continuar portando-se civilizadamente naquele escritório. Terminada a revisão da correspondência, o funcionário levantou os olhos e disse friamente:

– É, não tem nada pra você.

João levantou-se, foi até a janela e voltou, só para dar um pouco de vazão ao seu enorme inconformismo. Teria mais um dia inteiro de incerteza pela frente, sem saber onde aquilo tudo ia dar afinal. Estava sentando-se novamente quando o chefe da seção chamou-o até sua mesa, apontou para um dos documentos que tinham acabado de chegar e encerrou seu teatro:

– João Guilherme Estrella é você? Então acho que chegou sua hora de ir embora...

Deu um sorriso, ergueu a mão e lhe mostrou o ofício da 4ª Vara Federal. João estava livre.

AOS 36 ANOS, o ex-traficante e ex-preso não parou para catar os cacos do mundo espatifado de 25 de outubro de 95. Na época, tinha bastante dinheiro, cocaína, Sofia e um bando de amigos na sua órbita. Agora, não tinha um tostão furado, nem a perspectiva concreta de arranjar algum. O casamento com Sofia ficara para trás, e ele sabia que ela já havia saído com outros homens – aliás, daquela mesma órbita. Diante da sua nova realidade, João sabia que boa parte daqueles amigos ia agora orbitar em outra freguesia. Que fossem. Ele não ia ficar inventariando sobras do seu apogeu de barão.

Numa das saídas de fim de semana ficara sabendo que logo após sua prisão um de seus amigos mais chegados fizera um estranho discurso numa mesa do Baixo Gávea. Diante dos lamentos pelo ocorrido, ele reagira com uma mensagem do tipo "rei morto, rei posto":

– Não adianta ficar aí lamentando pelo cara – interveio o tal amigo, dirigindo-se principalmente à ala feminina. – Ele tá preso, vai ficar preso. Dançou, acabou. A vida aqui fora continua.

João recebeu a confidência como a popular facada nas costas. Depois daquilo, podia esperar tudo do mundo que o recebia de volta. Mas quando reencontrou o amigo traidor surpreendeu-se com uma acolhida calorosa, que não parecia cínica. Em pouco tempo teria várias demonstrações de lealdade da parte dele. Depois de consultar uma ou outra testemunha do tal discurso, confirmou que ele de fato acontecera, mas não tivera aquele tom de "foda-se quem se fodeu". Acabou descobrindo tratar-se de uma intriga. O verdadeiro traidor era o informante.

Os falsos amigos provavelmente estavam esperando João reassumir seu posto no tráfico para se reaproximarem qual insetos em volta da lâmpada, como cantava Cazuza no "Blues da piedade". E não só eles. Da polícia aos bandidos, tinha muita gente à espera de sua volta ao circuito do pó. Era o que as estatísticas diziam ser o mais provável: a maioria dos traficantes de drogas libertados após cumprir pena retomava suas atividades criminosas. Muitos deles por não conseguirem mais encontrar outro meio de vida. E João não precisaria dar um passo sequer em direção ao negócio da droga. Na primeira semana em liberdade a cocaína iria até ele – e agora já não era sonho.

De cara, recebeu a oferta de um antigo fornecedor para pegar 2 quilos e pagar em um mês. Quase ao mesmo tempo vieram propostas de dois ex-clientes, ambas também acima de 1 quilo e com prazo bom. Mais que mercado, João tinha um nome na praça. Num estalar de dedos poderia reativar a roda-viva e fazer os dólares voltarem a jorrar no seu caixa. Ele estalou os dedos, várias vezes até, mas quando não havia traficante nenhum por perto. Quem estava diante dele era o sambista João Nogueira, passando o som para seu novo show, e João acompanhava o teste marcando os compassos.

Estavam em Madureira, subúrbio do Rio, bairro que, diferente de Ipanema, não brilhava à noite – ao menos não o brilho químico citado pelo delegado Hélio Luz. O cantor se preparava para se apresentar no novo shopping da região, construído numa ofensiva do comércio para plantar os templos de consumo na periferia da cidade. João Guilherme era o produtor do show. O projeto Happy Hour no Madureira Shopping estava a cargo de um amigo seu, que lhe arranjara uma vaga de programador musical. Era o primeiro trabalho depois da prisão, e quase um mundo paralelo àquele dos dólares fartos e fáceis de outrora. Ali, o estalar de dedos não fazia chover dinheiro. No máximo fazia pingar, junto com muito suor, uns parcos reais no fim do mês. Em vez das excitantes viagens de trem pela Europa, ele agora embarcava diariamente no famigerado trem da Central do Brasil, na hora do rush, espremido entre amontoados de anônimos que nunca foram barões de nada.

Ele mesmo não sabia aonde aquela conexão suburbana o levaria. A única certeza é que o faria ir para a frente, e não para trás. Duas horas por dia enlatado num trem da Central era bem melhor que 24 horas por dia entalado numa cadeia. Sua noção de liberdade se transformara completamente – pelo menos enquanto as feridas da prisão ainda latejavam. Mal ou bem, o emprego em Madureira era uma fronteira nova. Era a sua marcha para o Norte, sintomaticamente oposta à Zona Sul, seu antigo reino, onde o passado o esperava cheio de falsas promessas.

Trabalhando no Madureira Shopping, João fez uma série de novos contatos, e começou a empresariar duas bandas de hip hop da Baixada Fluminense – Cabeça de Nego e Nocaute. Sentia-se bem nesse novo universo, onde não carregava o estigma de ex-preso e começava a ser valorizado como produtor. Era bom estar com seus artistas, por exemplo, numa megafesta no município de Belford Roxo, periferia do Grande Rio, onde não havia a menor chance de topar com algum personagem que o identificasse pelo currículo de traficante. Estava saboreando este pensamento quando, a 10 metros dele, um rosto conhecido fez seu coração disparar. Sobre o palco aonde o Nocaute se preparava para subir, encontrava-se ninguém menos que Flávio Furtado, o delegado da Polícia Federal responsável pela sua prisão.

Suando frio, João se enfiou no meio da multidão, abrindo caminho sofregamente para longe dali. Puro reflexo. Furtado estava lá como convidado da festa, prestigiando um dos projetos culturais que apoiava. Por uma extraordinária coincidência, era um entusiasta das duas bandas que seu ex-"bola da vez" estava produzindo. Ou seja, poderiam ter iniciado uma amizade ali mesmo, em cima daquele palco. Mas João talvez precisasse de algumas gerações para chegar ao dia em que ficaria à vontade ao lado de um policial.

Depois de um ano vendo o mundo de baixo para cima no trem da Central, ele se daria conta de que não lhe bastava deixar o passado para trás. Faltava encontrar um trilho para o futuro. Qualquer futuro. Morando com a mãe, pouco dinheiro no bolso (muitas vezes nenhum), vida social e amorosa fragmentada, ainda não reencontrara seu lugar no tempo. Como o estrangeiro de Caetano, sentia-se estranho ao momento presente. Era como se de repente o fim de semana fosse terminar e ele fosse voltar ao manicômio – ainda sua principal referência. Na verdade, estava sem referências. O tempo engolido pela prisão tinha-o feito perder o passo. Alguns amigos estavam em casa criando filhos, outros, não eram amigos. Sofia tinha casado de novo, Suzana também. Volta e meia recusava nova carga pesada de cocaína. As estatísticas criminais continuavam ali, esperando pacientemente por ele.

Mas os trilhos da Central do Brasil acabariam fisgando um pedaço de futuro. A partir das bandas de hip hop, que chegaram a resultados razoáveis de rádio, show e disco, sua agenda de produtor musical foi abocanhando artistas e eventos de maior expressão. Até que recebeu o convite para trabalhar na Festa da Música em Paris, no staff de um dos grupos brasileiros escalados para a série de concertos que se espalharia por toda a França. Apenas quatro anos depois da última Operação Amsterdã, voltava à Europa para iniciar sua nova trajetória (agora voltada para ouvidos, não mais para narizes). E para reencontrar Juliana.

Das mulheres com quem se divertira depois de solto, Juliana fora a mais importante – a única com quem ultrapassara a pura diversão. Tinham sido, um para o outro, um caso sério. E um romance dos mais improváveis. Quando ainda não tinham tido nada, João andara saindo com duas das melhores amigas dela, e acabaram ficando amigos. Ambos adoravam cachorro e futebol. E dar a última palavra sobre tudo. Duas personalidades fortes, que viviam se implicando, se alfinetando. Às vezes pareciam irmãos. Amigos em comum diziam que qualquer mesa de bar era pequena demais para João e Juliana. Até que numa dessas noites as bicadas implicantes de repente se transformaram em beijos. Os dois saíram uma, duas vezes, e antes de saírem a terceira ela procurou as duas amigas com quem João tinha namoricos frequentes. Queria dizer que estava gostando da brincadeira, mas que, se alguma delas tivesse objetivos mais sérios em relação a ele, ela sairia de cena numa boa. Ambas fizeram pouco caso. Uma ainda disse que não ficaria com um cara que jamais poderia apresentar à avó. Independentemente do grau de sinceridade das conversas, a consulta ética estava feita, e Juliana protocolou sua candidatura única:

– Bom, se vocês não querem, então eu quero.

Namoraram muito, brigaram feio e se mandaram, cada um para o seu lado. Mas ao serem reunidos pelo acaso em Paris os dois lembrariam como gostavam de estar juntos. Juliana juntou-se à trupe musical de João que descia de trem de Paris para a Cidade do Porto. Mas um incêndio na ferrovia obrigou-os a parar numa pequena cidade francesa, onde, ao chegar, descobriram que não havia restaurante aberto nem vaga de hotel para o pernoite. Revoltada, a maioria do grupo decidiu seguir de ônibus para Portugal noite adentro. João e Juliana preferiram ajeitar-se na estação ferroviária mesmo. Uma birosca com algumas cervejas e um vagão vazio fora de operação lhes seria o bastante para uma noite de algum sono e muita paixão. O reencontro em Paris, intenso, viria mostrar-lhes que a energia reativa com que se fustigavam, desde que se conheceram, só não era superior à força atrativa que os magnetizava. Em outras palavras, ali começava um casamento.

Ju, como todos a chamavam, era uma designer de joias de estilo bastante original, marcado pela mistura de materiais como couro, pedras preciosas, madeira e ouro. Suas coleções ficariam famosas pelos protagonistas das novelas da Rede Globo. Antes de conhecer João Guilherme, os dois tinham vivido anos de um curioso desencontro. Em várias fases da vida, tinham andado com as mesmas pessoas, frequentado os mesmos lugares – o bar Empório, em Ipanema, o Real Astória, Arraial d'Ajuda –, nas mesmas épocas, e nunca haviam se esbarrado. A proximidade era tal que Ju soube quando ele foi preso e também quando foi solto, sem saber de quem se tratava.

Foram apresentados logo depois da sua libertação, e dividiriam muitas mesas na Cobal do Leblon – quando elas ainda não eram pequenas demais para os dois. Impressionava-a aquele ex-barão ali na sua frente, sem nem mais uma migalha do poder e do dinheiro que tinha tido, assumindo humildemente a realidade de morar com a mãe, andar a pé e mal poder pagar um chope. Antes de charme ou sensualidade, viu dignidade nele.

Ela nunca tivera preconceito em relação ao seu passado de traficante. Mas quando se tornaram um casal, quis tirar algumas dúvidas sobre a louca aventura dele:

– Porra, João, você não via que aquilo ia dar errado?

Não, ele não via. Certamente pela onipotência decorrente das doses cavalares de cocaína, mas também pela mania, esta incurável, de acreditar que tudo, até o errado, sempre ia dar certo. Compreenderia então que a força vital do parceiro fora sempre a mesma, mas agora, como costumava dizer, seu demônio estava domesticado. Nos momentos mais difíceis, Ju pegaria carona nessa teimosia em não desistir de nada. E no seu fio terra desencapado: se acostumaria a ouvir João sobre tudo, inclusive as questões mais específicas de trabalho, sempre que quisesse tomar um choque de realidade. Às vezes, era quase como enfiar o dedo na tomada.

João também a ouvia muito. Dizia a ela coisas que não diria a mais ninguém, deixava seu demônio falar à vontade e fazer suas bravatas. Numa delas, no auge da falta de grana, ele lembrou as altas ofertas que já recebera de traficantes e fez as contas em tom de desabafo:

– Calcula aí: 3 quilos de cocaína pura, vezes 30 mil dólares, é igual a...

– Trinta anos de prisão – cortou Juliana de bate-pronto, mandando o demônio de volta para o seu lugar com o rabo entre as pernas.

Ao lado dela, João fez sua transição na vida boêmia. Na prisão, depois de crises de abstinência quase insuportáveis, ele conseguira reequilibrar seu organismo sem a cocaína. Ainda lá dentro, teria várias oportunidades de cheirar, mas recusaria, por pura compenetração em seu projeto de retomar a liberdade. Depois que saiu, surpreendeu-se consigo mesmo. Na primeira noitada em que lhe ofereceram pó, arranjou um jeito de desviar-se dele. Não se tratava mais de uma questão moral ou disciplinar: tinha simplesmente enjoado de cheirar. E olhando de fora os que continuavam cheirando, foi tendo mais clareza sobre o que era a cocaína. Uma droga verborrágica, tensa, superficial, egoísta. Enfim, uma droga careta.

Como a relação com Juliana nunca fora ancorada no ritual de cheirar e beber, ele descobriu ao lado dela novas possibilidades da vida noturna, até a de se divertir numa mesa de bar tomando guaraná. Mas uma heresia dessas, naturalmente, não passaria impune no mundo da boemia. Além das provocações dos amigos, numa dessas primeiras jornadas não alcoólicas no Hipódromo, Baixo Gávea, João notou o olhar desconfiado dos garçons. Seus velhos amigos Rafael e João, que lhe serviam (muito) chope havia mais de dez anos, a certa altura pararam a alguns metros de sua mesa e tiveram uma pequena conferência, captada por um amigo da mesa vizinha:

– O que houve com ele?

– Não sei, acho que tá doente. Deve ser alguma coisa grave.

– Não tá com cara, não. Tá com mais jeito de negócio de Bíblia.

– É isso. Virou crente.

Mas João Guilherme sequer tinha parado de beber. Apenas aprendera a não beber todos os dias. E logo os garçons João e Rafael teriam de volta o prazer de servir-lhe pencas de chopes, com uma ponta de frustração por nunca vê-lo dar nem uma cambaleada. Era o tipo de bêbado que não cai, raramente enrola a língua e ainda faz a checagem da conta:

– Peraí, Rafael. Trinta chopes? A gente tomou no máximo 25. Tu tá me roubando, porra.

– Não tô, não. Tá certinho. Quando tu era barão eu te roubava, agora não faria uma coisa dessas com você... – disse o garçom sacana, virando as costas e deixando o outro com a pulga atrás da orelha.

Numa dessas noites em que não quis saber de guaraná, João teve um reencontro especial na Pizzaria Guanabara, Baixo Leblon. Amigo desde as peladas no condomínio da Pacheco Leão, integrante daquele bando que formara uma pátria ambulante no Rio de 1980, Manoel Gallier, o Maneco, era um dos que tinham tentado puxá-lo para fora do crime. Encontrara-o pelo menos duas vezes na época em que já circulava na noite que o amigo se tornara um peixe grande do tráfico. Numa delas, chamou-o de lado e olhou nos olhos dele:

– Tô sabendo que você tá pegando pesado. Presta atenção: sai fora enquanto é tempo. Porque, quando tu se fuder, meu irmão, não vai ter mais volta.

João se fudeu, mas teve volta, e era a ela que os dois brindariam dezenas de vezes aquela noite na Pizzaria Guanabara. Como sempre acontecia, a conversa foi bater no período da cadeia, e João procurou explicar mais uma vez como tinha recebido uma pena tão reduzida. Estava falando da sua condição de viciado, dos laudos etc. quando foi interrompido por Maneco:

– Viciado? Essa não, tu nunca foi viciado!

– Claro que fui. Os peritos comprovaram e a juíza reconheceu. Isso foi a base da minha defesa, porra.

– Ah, é? Todo mundo acreditou nisso? Sensacional. Mas o João Guilherme que eu conheço não foi viciado porra nenhuma. Queria só se divertir sem trabalhar! – arrematou Maneco, dando uma gargalhada.

Felizmente, aquilo não era uma audiência judicial e João não precisava sair daquela sinuca, nem provar mais nada a ninguém. Bastava mudar de assunto. Mas, antes disso, o próprio Maneco interrompeu a conversa. Estava sendo solicitado na mesa ao lado. Deu o último gole, sapecou mais um beijo na bochecha do amigo e retirou-se dizendo, talvez pela milésima vez naquela noite: "João, eu te amo!"

No dia 13 de novembro de 2001 João e Ju tomaram o café da manhã preocupados. A seleção brasileira se preparava para o seu último jogo nas eliminatórias da Copa do Japão e Coreia, e só se classificaria se ganhasse. Nas conversas de bar, os dois estavam entre os poucos que ainda tinham fé na desacreditada seleção de Felipão. Mas a situação era grave, e o casal fanático achava que alguma coisa precisava ser feita para evitar o desastre. Chegaram à conclusão de que a única providência ao seu alcance era ir ao jogo e torcer muito. Mas havia um problema: eles estavam na Padaria Século 20, Jardim Botânico, Rio de Janeiro, e a partida seria disputada em São Luís do Maranhão. No dia seguinte.

Deixaram o café pela metade e correram para o telefone. Conseguiram a combinação de voos que os faria chegar antes de o jogo começar, e arranjaram duas vagas num hotel qualquer. Mas logo viram na TV que os ingressos estavam se esgotando. Ou seja, bateriam com a cara na porta do estádio. Ligaram de novo para o hotel e depois de perturbar a gerente por quase meia hora convenceram-na de tirar dinheiro do caixa e comprar as entradas para eles.

Algumas horas depois o casal que jogara suas fichas no time de Felipão colheria seus dividendos, ao vivo, no estádio do

Castelão, a muitos e muitos quilômetros da Padaria Século 20: Brasil 3 x 0 Venezuela, primeiro passo para a conquista do pentacampeonato.

Como em 1970 e 1994, João comemoraria ruidosamente a Copa ganha pelo Brasil. Mas se na festa do tetra ele começara a discutir sua conexão clandestina para a Europa, desta vez a discussão em que se metera era um pouco menos grave: no meio do salão, João e Juliana brigavam para ver de quem tinha sido a ideia de ir ver o jogo da classificação em São Luís. Era atrito de soltar faísca para todos os lados, mas não por muito tempo. Depois que esclarecessem qual dos dois acreditara primeiro em Felipão, o mundo voltaria ao normal.

20
A destruição do espelho

João Guilherme já se encontrava por mais de duas horas na sala de espera da 13ª Vara. Na sentença em que fora condenado por tráfico de drogas não estava escrito que ele, depois de cumprir a pena, passava a ser cidadão de segunda classe. Mas, na prática, sentia na pele essa condenação branca. A começar pelo tratamento recebido dentro do próprio poder Judiciário, ao qual não devia mais nada. A Justiça é que devia a ele: o certificado, posterior ao ofício de soltura, atestando que cumprira integralmente a pena recebida – uma espécie de "nada consta", essencial para tocar sua vida adiante, viajar, trabalhar etc. Mas estava difícil.

Já era a segunda vez que tentava ser atendido no Fórum, e novamente ficara mofando, como se estivesse ali pedindo um favor. Já se apresentara no balcão, recebera a ordem para esperar (sentado), e dali para a frente ficara tentando decifrar os critérios de prioridade no atendimento. Do jeito que a coisa ia, a samambaia ressecada do canto da sala acabaria sendo chamada antes dele. A rigor, era a única que chegara ali na sua frente. Chegavam a toda hora advogados engravatados, solicitando apressadamente processos para consulta, e eram prontamente atendidos. E chegavam também pessoas comuns, estagiários, curiosos, gente que batera ali por engano – todos passavam-lhe a frente naquela estranha fila, que só andava do penúltimo em diante.

Às vezes João tentava fazer seu olhar cruzar com o de um dos funcionários, tentando emitir-lhe algum sinal visual. Quem sabe não tinham esquecido dele? Levantava, pigarreava, tossia alto, ia até a samambaia, cumprimentava-a, sentava de novo. Nada adiantava. Ali ele era, antes de tudo (ou depois de tudo) um ex-preso. E lugar de ex-preso, perante uma lei não escrita e impronunciável, é no fim da fila, no último degrau do desprezo alheio.

Já estava pensando em encerrar a vigília por aquele dia e se mandar quando teve uma visão inesperada. Poucos metros à sua frente a sineta do elevador soou pela enésima vez, iluminando a setinha de subida. Mas dessa vez não era mais um freguês para passar a sua frente na fila de espera. Detrás da porta automática, escoltada por dois seguranças, surgiu a figura de Marilena Soares Reis Franco, a juíza que, por assim dizer, salvara sua vida. Ao primeiro passo para fora do elevador ela focalizou-o de imediato e quebrou o burburinho da pequena sala de repartição com uma saudação efusiva:

– João Guilherme, que bom te ver! O que você está fazendo aqui, menino?

Todos os olhares voltaram-se instantaneamente para ele, inclusive – e principalmente – aqueles que faziam questão de ignorá-lo até então. Afinal, tratava-se provavelmente da maior autoridade a passar por ali naquele dia inteiro, a Excelentíssima titular da 13ª Vara, recém-promovida a desembargadora, que qualquer burocrata daqueles daria seu horário de almoço inteirinho pela mera oportunidade de uma bajulação. Mas era ao ex-preso, há horas decorando aquela saleta com status de samambaia, que a eminente magistrada dedicava atenção e intimidade.

João cumprimentou-a e respondeu, genericamente, que estava ali para resolver algumas pendências do seu processo. Sem nem perguntar do que se tratava exatamente, Marilena Soares foi até o balcão e deu a ordem expressa a um dos funcionários, em alto e bom som:

– Resolve agora a situação dele. Vê tudo o que ele precisa e o que tem que ser feito. Obrigada.

Para completar, diante de todos, convidou o cidadão de segunda classe a acompanhá-la até sua sala para um dedo de prosa:

– Vamos lá dentro tomar um café comigo. Na volta você pega os seus papéis.

Se tivesse passado aquele tempo todo pensando em alguma vingança contra tamanho descaso, não imaginaria uma tão cruel. Atravessou a pequena sala ao lado da desembargadora como se pisoteasse a empáfia de todos os que o estavam desprezando havia horas. Tudo graças àquela mulher poderosa que, quando vira pela primeira vez, identificara com a matrona opressora da ópera do Pink Floyd. Se no filme *The wall* o abraço da mãe-sinistra transformava-se num muro intransponível, Marilena se tornara para ele, ao contrário, uma pessoa que abre portas. Inclusive a do seu próprio gabinete.

Tratava-se de uma juíza "mão pesada", como dizia Renato Tonini, conhecida por suas decisões rigorosas. Mas esse rigor tinha menos a ver com perversidade do que com idealismo. Dependendo dos princípios que estivessem em jogo, sua mão podia pesar até em favor do réu. João sentira isso logo na primeira audiência com ela. Dois minutos após entrar na sala da

13ª Vara, cercado por forte aparato policial, ele se surpreenderia ao vê-la determinar aos policiais que retirassem suas algemas. Seu advogado não havia feito qualquer pedido, mas ela provavelmente identificara o clima de intimidação em torno do acusado, e estava dando o seu recado: aquilo ali não era um linchamento.

Marilena Soares não tolerava a montagem de circos romanos em torno de quem quer que fosse. Em 1990, numa decisão pioneira, ela enfrentara a rigidez do Exército brasileiro, no caso do soldado paraquedista Paulo Cesar Quirino de Paula, que se descobrira portador do vírus da Aids. Numa época em que a doença ainda era obscurecida por mitos e preconceitos, ele fora sumariamente desligado da instituição. Menos de seis meses depois, a juíza determinaria às Forças Armadas que reintegrassem o soldado. E já na sua decisão Marilena procurava evitar a montagem de outro circo em torno do militar – o da curiosidade pública, principalmente em torno de seu possível homossexualismo. Além das garantias de assistência médica, financeira e social, ela fazia questão de afirmar, na decisão, o direito sagrado de Paulo Cesar à privacidade.

Sem privacidade não há dignidade, costumava dizer a juíza, arrematando que sem dignidade não há justiça. Era essa bandeira que Marilena Soares empunhava na última vez que se encontrara com João Guilherme, quase um ano antes, durante uma "inspeção" no Manicômio Judiciário. Achava que a forma como os viciados em drogas eram tratados no sistema penitenciário era a receita exata para a formação de bandidos. Por isso, estava pessoalmente empenhada no projeto de construção de alas especiais para a reclusão dos viciados. Enquanto isso não acontecia, fazia o que estivesse ao seu alcance. Como autorizar, por exemplo, a entrada do violão de João no manicômio – o que mudaria sua vida lá dentro (e a rotina do local também). Não era uma concessão ao entretenimento, mas um *upgrade* de dignidade.

Exatamente na época dessa inspeção, agosto de 1997, a investigação do escândalo do Banco Nacional chegava ao seu primeiro resultado concreto. Por mais de duas décadas a imponência do "banco do guarda-chuva" na sociedade brasileira confundira-se, para João, com a força de sua própria família. Seu pai dera a maior parte de sua vida pelo Nacional, e nele colhera também seus melhores frutos. Todo aquele símbolo de solidez desmoronara da noite para o dia, com a falência fraudulenta do banco. Falsificando balanços contábeis, seus dirigentes tinham ocultado um rombo de quase 10 bilhões de reais (quando 1,2 real valia 1 dólar). Após quase três anos de processo, naquele 15 de agosto, um ex-vice-presidente do Nacional, Clarimundo Sant'Anna, um dos principais acusados pelo rombo, era condenado a quatro anos e oito meses de prisão. E a mão que pesara sobre o fraudador do banco que o pai ajudara a construir era a mesma que retirara as algemas do filho e entregara-lhe o violão: a de Marilena Soares Reis Franco.

– Açúcar ou adoçante? – perguntou a copeira ao agora cidadão de primeiríssima classe, já distante da samambaia ressecada e do olhar derrotado dos burocratas. João queria com pouco açúcar, e ainda arriscou-se a dizer à servente, naquele contexto delicado, que de doce bastava a vida. Acabou arrancando uma risada da desembargadora. A autoironia é sinal de cura, emendou ela, sempre buscando a lógica por trás de cada espirro do cotidiano.

Nesse momento, a secretária anunciou a chegada de um juiz, cuja visita estava marcada com antecedência. Marilena Soares disse a ela que o mandasse entrar, e João foi se levantando para se despedir, vendo que ia iniciar-se ali uma reunião de trabalho. Mas sua anfitriã não deixou que ele se retirasse.

– O que é isso? Você está com pressa? Não, sente-se aí. Quero te apresentar à pessoa que vai ficar no meu lugar.

O visitante era o juiz Alexandre Libonati de Abreu, que assumiria a 13ª Vara com a promoção de Marilena a desembargadora. Iriam tratar da transição no cargo, e o convite a João para ficar mais um pouco fora provavelmente um gesto de cortesia. Mas quando a conversa começou, não houve espaço para amenidades. Ela foi direto aos espinhos do ofício e, quando o convidado de última hora percebeu, seu próprio processo tinha virado pauta da reunião. Resumindo ao colega a trajetória do ex-traficante que acabara de cumprir sua pena, e que ela não hesitava em receber em sua própria sala, Marilena Soares terminou de apresentá-lo com uma definição que, palavra por palavra, nunca mais sairia da cabeça dele:

– João Guilherme é a prova viva de que é viável recuperar as pessoas. É o atestado de que a nossa luta não é em vão.

Naquela tarde de inverno carioca, quase noite, João sairia do Fórum com muito mais que o documento do seu "salvo-conduto". Passara a ter em Marilena Soares uma espécie de fiadora moral, uma referência na vida. Sabia que poderia contar com ela eventualmente como uma aliada, mas a questão ia além disso. As convicções agudas da juíza sobre ele sacudiriam a própria ideia que tinha de si mesmo.

Se fosse escolher uma trilha sonora para aquele momento, como sempre gostava de fazer, a ópera inglesa *Tommy*, do bom e velho The Who, se encaixaria com perfeição. A mãe destrói o espelho diante do qual o filho cego, surdo e mudo está paralisado desde a perda do pai, e o liberta. De certa forma, Marilena espatifara o antigo espelho de João, dando-lhe uma nova autoimagem. Ela pressentira suas virtudes, confiara em sua índole. Enfim, jogara suas fichas nele – com uma gana que talvez igualasse, pela primeira vez, a aposta do velho João Estrella no seu primogênito. E o menino crescido não queria mais saber de aposta perdida.

No dia 21 de agosto de 98 o Tribunal Regional Federal da 2ª Região publicava o ato de posse de Alexandre Libonati na 13ª Vara Federal, no lugar da nova desembargadora Marilena

Soares Reis Franco. Era o fim da transição da qual, em dado momento, João fizera parte. Menos de dois meses depois, em meados de outubro, ele estava passando pelo Centro e decidiu dar um pulo no Fórum. Precisava do endereço do novo gabinete de Marilena, e agora, como planejava sua primeira viagem internacional depois da prisão, tinha um pretexto para fazer-lhe uma visita e tirar um dedo de prosa com ela. Aquilo lhe fazia bem, e a própria desembargadora dissera a ele que a procurasse quantas vezes quisesse, qualquer que fosse o motivo.

João subiu até a 13ª Vara e dirigiu-se ao balcão. Ao primeiro funcionário que se aproximou, pediu as coordenadas do novo paradeiro de Marilena Soares. Era o tipo da informação que até o pessoal da faxina devia ser capaz de dar. Mas o endereço que ele queria não existia mais. Entretido com outra tarefa, o funcionário respondeu, sem nem olhar na direção de quem perguntava:

– A doutora Marilena faleceu.

João bambeou com o soco na cara e tentou reagir com um "como assim?", mas o atendente continuava ocupado demais para lhe dar atenção. Esticou então o braço por sobre o balcão e puxou o sujeito para perto de si. Disse que estranhava a notícia, que sua amiga estava ótima outro dia mesmo, que talvez houvesse um mal-entendido, e bombardeou-o com mais uma série de perguntas sobre como aquilo podia ter acontecido.

– Não, não foi acidente. Nem atentado – disse o burocrata. – A desembargadora morreu de câncer, no início da semana passada.

Câncer? Aquilo não fazia sentido. Tinham estado juntos um mês e meio antes, e ela estava vendendo saúde. Seu estado de espírito continuava vibrante como sempre. Ninguém que sabe ter uma doença grave poderia estar radiante daquela maneira. Mas Marilena não sabia. O câncer fulminante matou-a no dia 4 de outubro, um mês depois de descoberto.

João saiu andando sem rumo, e perambulou pelo Centro por mais de uma hora sem saber para onde ir. Teatro Municipal, Cinelândia, Museu Nacional de Belas-Artes, Largo da Carioca, Arcos da Lapa – como as coisas ficavam estúpidas e inúteis diante da morte. Por um momento, até sua liberdade, o bem mais precioso que descobrira possuir, parecia algo trivial e irrelevante. Os deuses tinham errado feio. Fazer desaparecer uma pessoa como aquela, no auge das suas benfeitorias humanas, era simplesmente ridículo.

No meio jurídico, Marilena Soares fora uma daquelas raras unanimidades que pairam sobre o emaranhado de antagonismos pessoais e políticos. Do delegado federal Flávio Furtado, que prendera João, ao advogado do réu, Renato Tonini, todos eram capazes de dar algum testemunho do equilíbrio, da eficiência e do brilhantismo que a juíza conferia até à tarefa mais prosaica. Em sua homenagem, o novo Fórum Regional do Rio, na avenida Venezuela, sede de todas as varas criminais e de execução penal, seria batizado de Fórum Marilena Soares Reis Franco. O próprio João só teria noção da dimensão dela na magistratura quando soube que o Fórum passara a ter seu nome. De certa forma, ele nunca chegara a saber exatamente com quem estava falando.

Com o peito apertado e a cabeça deserta, João voltou para casa e se estatelou no sofá. Veio-lhe então a lembrança de um episódio curioso que estava quase completando dois anos. Tinha recebido sua sentença poucos meses antes, quando lhe chegou um cartão de Natal inusitado. Quem o assinava era Marilena S. R. Franco. Juízes mandam cartões de boas-festas a seus condenados? Achou aquilo engraçado, e guardou-o em qualquer lugar, que já não lembrava onde. Não lhe dera o valor devido. Agora, seria sua única recordação palpável da amiga. Precisava encontrá-lo, até porque tinha esquecido o que estava escrito nele.

Depois de revirar algumas pilhas de papéis entulhados na estante, onde se misturavam velhas contas de luz e rascunhos de músicas inacabadas, encontrou o pequeno e precioso pedaço de cartolina. Releu a mensagem escrita à mão e, abaixo dos desejos de feliz Natal e próspero 1997, a citação da escritora francesa Marguerite Yourcenar – que da primeira vez lhe soara só como um bonito ajuntamento de palavras, mas agora parecia explicar-lhe tudo:

"O verdadeiro lugar de nascimento é aquele em que lançamos pela primeira vez um olhar inteligente sobre nós mesmos."

João Guilherme poderia bater no espelho e voltar para trás, recomeçando tudo desde o primeiro erro. Mas Marilena Soares acreditava que ele seria capaz de fazer a travessia para o outro lado – refundando sua imagem e seu norte. Apostou alto nisso. Se soubesse que ela estava morrendo, João teria corrido à beira de seu leito só para lhe dar a confirmação: parabéns, Excelência, a senhora venceu sua aposta.

Mas uma outra releitura do cartão de Natal aplacou sua angústia. Que bobagem: Marilena Soares já sabia de tudo.

A TAREFA DE VENDER um artista que já fizera sucesso e estava tentando voltar ao mercado não era fácil. Ronaldo tinha estourado com sua banda alguns anos antes, mas não conseguira se manter nas paradas. Agora gravara um novo CD, menos rock e mais bossa, como fazem muitos pós-rebeldes quando passam dos 30 anos. Aquele era um dos projetos em que João Guilherme estava metido, tentando fazer decolar a carreira de produtor musical. Naquela fase, a estratégia não podia ser outra: investimento de tempo e energia em uma penca de artistas, a fundo perdido, para mais adiante tentar colher algum retorno de um ou dois.

Na cartada inicial, porém, cada aspirante desses precisava ser tratado como uma estrela em potencial. A música de Ronaldo tinha algo de poesia urbana carioca, e João achava que cairia bem, para a capa do disco, um cenário misturando natureza e cidade. Escolhera então o píer da Praça XV, na Zona Portuária, para a sessão de fotos com o cantor. Foram para lá num sábado de manhã, e estavam se aproximando da área determinada quando João sentiu um arrepio na espinha e interrompeu bruscamente a caminhada.

Disse ao artista e à fotógrafa que continuassem, enquanto ele retirava uma pedrinha do sapato. O nome da pedrinha era Zé Maria, um traficante de cocaína, maconha e LSD, que estava uns 20 metros à sua frente, telefonando de um orelhão. Fora seu fornecedor durante um bom tempo, por volta de 1991/92. Morava na Freguesia, Zona Oeste da cidade, e a última notícia que tivera dele é que fugira da prisão faltando três meses para o fim da pena. Era dessas figuras persuasoras, renitentes, e diante dele João já se vira algumas vezes praticamente coagido a ficar com a mercadoria oferecida. Definitivamente, não era fácil se livrar de Zé Maria.

Quando a fotógrafa e Ronaldo já estavam bem distantes, ele mudou drasticamente o seu trajeto, passando rente à murada da estação das barcas – o mais distante possível daquele orelhão. De cabeça baixa e passo suave, para não chamar a atenção, João ultrapassou o ponto crucial e já apertava o passo para sumir dali quando ouviu o grito pelas costas:

– Não finge que não me viu, não!

Pronto, fora descoberto. Além de tudo, Zé Maria era excepcionalmente atento, não perdia nada do que se passava à sua volta. Era do tipo que conversa com o olhar em órbita, mal fixando-se no interlocutor. Aproximou-se ruidosamente de João e lhe tascou um abraço asfixiante. Tratava-se, por assim dizer, de um barra-pesada que não perdera a ternura (o que só tornava ainda mais difícil desvencilhar-se dele). Alto, boa-pinta, pele branca contrastando com o longo cabelo preto, era um namorador inveterado e tinha o vírus da Aids há alguns anos. Mas não escondia o fato, tomava direitinho o coquetel anti-HIV e parecia na plenitude de suas forças.

Zé Maria dificilmente estaria ali a passeio, e logo confirmou o que o outro temia que fosse sua missão: tinha nada menos que 50 gramas de cocaína dentro de uma máquina fotográfica, à espera de um cliente que saltaria a qualquer momento de uma das barcas vindas de Niterói. Isto queria dizer que, se naquele instante a polícia desse um bote em Zé Maria, levaria João junto. Com seu currículo, ia ser difícil convencer alguém, nas circunstâncias dadas, de que estava ali apenas para produzir a capa de um CD.

Na cadeia, ele ouvira dizer várias vezes que a presa preferida da polícia é ex-traficante recém-libertado. Basta seguir os passos do sujeito por algum tempo que ele mais cedo ou mais tarde faz as pazes com o crime. Ou seja: naquele momento João podia até estar sendo flagrado, talvez fotografado à distância por um investigador. Se isso acontecesse, a foto com Zé Maria seria imediatamente colada em sua ficha, provavelmente com um "de volta à ativa" datilografado abaixo. Mas o dom-juan da Freguesia continuava segurando-o pelo braço, envolvente, preocupado em não deixá-lo "na mão":

– Olha, estas 50 gramas aqui já tão vendidas. Mas eu tenho 2 quilos da boa pra você. Te entrego hoje mesmo. Vai querer ácido também? Vamos fazer o seguinte: eu te ligo daqui a uma hora e...

Foi interrompido por um grito de João em direção ao cantor e à fotógrafa, mandando um "já vou!", como se tivessem feito algum sinal para ele. Foi recuando e se afastando de Zé Maria, explicando que estava no meio da produção de um disco e já cobravam sua presença. O traficante ainda foi atrás dele e entregou-lhe um pedaço de papel onde rabiscara o número do seu celular. João Guilherme sabia que aquele telefone era a promessa de grandes negócios, e colocou-o no bolso enquanto caminhava em direção a Ronaldo – que, em contraste, era um negócio do qual talvez não saísse um tostão. Mal sumiu do campo de visão de Zé Maria, apanhou de novo o pedaço de papel e sorriu. Sem nem chegar a lê-lo, transformou-o então numa bolinha e o atirou no mar. Ali era o lugar mais seguro para ele.

Ao longe, o traficante permaneceu estático por alguns instantes, intrigado com o comportamento estranho do antigo parceiro:

– Produção de disco? Esse cara pirou...

fim

Este livro foi composto na tipologia Minion, em corpo 10,5/13, e impresso em papel off-set 63g/m^2 no Sistema Cameron da Divisão Gráfica da Distribuidora Record.